O2O 在线微课教程
汽车底盘机械系统检修

主　编　张正中

副主编　冯雪丽　方晓汾　刘正怀

　　　　施卢丹　方韶华　方永寿

参　编　柳　礼　王冬冬

科学出版社

北　京

内 容 简 介

本书根据项目化教学的要求，对接相关教学资源，采用线上线下（online to offline，O2O）的教学模式进行编写。全书共五个项目，分别为常用汽车维修工具的使用、传动系统的结构与检修、行驶系统的结构与检修、转向系统的结构与检修、制动系统的检修。为了更好地让读者达到学习目标，各项目都采用线上微课视频进行导入，并明确学习目标。本书使用大量的清晰图片、线上教学微课视频、线下任务实施案例等来强化重点知识的学习。部分任务还提供了在线测试，以便读者对难点知识进行复习。

本书可作为职业院校的汽车类专业课程的教材，也可作为相关从业人员和汽车爱好者的参考书。

图书在版编目（CIP）数据

O2O在线微课教程：汽车底盘机械系统检修/张正中主编．—北京：科学出版社，2023.6

国家职业教育专业教学资源库配套教材　浙江省普通高校"十三五"新形态教材

ISBN 978-7-03-070653-9

Ⅰ.①O… Ⅱ.①张… Ⅲ.①汽车-底盘-机械系统-车辆检修-高等学校育-教材 Ⅳ.①U472.41

中国版本图书馆CIP数据核字（2021）第235592号

责任编辑：张振华　刘建山／责任校对：马英菊
责任印制：吕春珉／封面设计：东方人华平面设计部

科学出版社出版

北京东黄城根北街16号
邮政编码：100717
http://www.sciencep.com

三河市骏杰印刷有限公司印刷

科学出版社发行　各地新华书店经销

*

2023年6月第 一 版　开本：787×1092　1/16
2023年6月第一次印刷　印张：13 1/4
字数：300 000
定价：56.00元
（如有印装质量问题，我社负责调换〈骏杰〉）
销售部电话 010-62136230　编辑部电话 010-62135120-2005

制造业是立国之本、兴国之器、强国之基，是一国国民经济的主体。汽车产业是我国制造业的重要构成，具有举足轻重的作用。当今世界，汽车产业正经历百年未有之大变局。在这个百年不遇的产业大变革中，我国汽车产业正以更加开放的姿态，开启由汽车大国向汽车强国转身的新征程。

党的二十大报告中深刻指出："加快建设国家战略人才力量，努力培养造就更多大师、战略科学家、一流科技领军人才和创新团队、青年科技人才、卓越工程师、大国工匠、高技能人才。"为了深入贯彻落实二十大报告精神，编者根据二十大报告和《职业院校教材管理办法》《高等学校课程思政建设指导纲要》《"十四五"职业教育规划教材建设实施方案》等相关文件精神，结合编者多年的教学和实践成果，编写了本书。

本书编写紧紧围绕"培养什么人、怎样培养人、为谁培养人"这一教育的根本问题，以落实立德树人为根本任务，以学生综合职业能力培养为中心，以培养卓越工程师、大国工匠、高技能人才为目标。相比以往同类图书，本书的体例更加合理和统一，概念阐述更加严谨，内容重点更加突出，文字表达更加简明易懂，检修案例和思政元素更加丰富，配套资源更加完善。具体而言，主要具有以下几个方面的突出特点。

1. 校企"双元"联合编写，行业特色鲜明

本书是在行业专家、企业专家和课程开发专家的指导下，由校企"双元"联合编写的新形态融媒体教材。编者均来自教学或企业一线，具有多年的教学或实践经验。在编写过程中，编者能紧扣专业培养目标，遵循教育教学规律和技术技能人才培养规律，将行业发展的新理论、新标准、新规范和技能大赛所要求的知识、能力和素养融入教学内容，符合当前企业对人才综合素质的要求。

2. 强调"工学结合"，与实际工作岗位对接

本书从汽车检测与维修的生产实际出发，以真实检修项目、典型工作任务、案例等为载体组织教学内容，能够满足模块化教学、案例式教学等不同教学方式要求。

3. 融入思政元素，落实课程思政

为落实立德树人根本任务，充分发挥教材承载的思政教育功能，本书将精益化生产管理理念、安全意识、质量意识、环保意识、职业素养、工匠精神的培养与教学内容相结合，可以潜移默化地提升学生的思想政治素养。

4. 对接职业标准和大赛标准，体现"岗课赛证"融通

本书编写紧密围绕"知识、技能、素养"三位一体的教学目标，注重对接与1+X职业资格证书和国家职业技能标准以及技能大赛要求，体现"书证"融通、"岗课赛证"融通。

5. 立体化资源配套，便于实施信息化教学

本书是国家职业教育专业教学资源库——汽车检测与维修技术课程的配套教材，配套资源丰富。结合国家职业教育专业教学资源库、"云班课"等平台可进行线上线下混合式教学，实现手机移动端和计算机端的联动，激发学生学习的积极性。

本书配有免费的立体化的教学资源包，包括多媒体课件、微课、视频等；书中穿插有丰富的二维码资源链接，通过扫描可以观看相关的微课视频。

本书由金华职业技术学院张正中担任主编并负责框架设计，杭州科技职业技术学院冯雪丽、衢州职业技术学院方晓汾、金华职业技术学院刘正怀、施卢丹、方韶华、方永寿担任副主编，杭州万向职业技术学院柳礼、浙江汽车职业技术学院王冬冬参与编写，金华职业技术学院戴素江、戴欣平担任主审。

在本书编写过程中，浙江吉利控股集团有限公司、今飞控股集团有限公司、浙江氢途科技有限公司、河北科技工程职业技术大学等单位提供了检修案例、资源及修改建议，在此一并表示衷心的感谢！

由于编者水平有限，书中难免存在不足之处，敬请广大读者批评指正。意见和建议请发至 zhiqingshui@qq.com。

本书课程思政元素设计

为践行、弘扬"富强、民主、文明、和谐，自由、平等、公正、法治，爱国、敬业、诚信、友善"的社会主义核心价值观，落实"立德树人"的育人目标，本书以"习近平新时代中国特色社会主义思想"为指导，结合汽车检测与维修技术岗位群相关岗位的共性职业素养要求，从"家国情怀、民族自信、社会责任、工匠精神、团队意识、质量意识、规范意识、安全意识、法治意识、职业态度、工作素养"等维度出发，紧密围绕"知识、技能、素养"三位一体的教学目标，确定思政目标、设计思政内容，在书中以任务、案例、图表等为载体，将课程思政内容无缝融入，润物细无声地有效传递给读者。

页码	内容导引	课程思政目标	融入方式	课程思政元素
2-3	各种类别扳手的选择和规范使用	培养规范意识以及认真细致的工作态度	引入中国汽车品牌吉利汽车等专用维修工具使用手册，介绍汽车维修工具的规范使用方法，强调树立规范意识并养成认真细致的工作态度	规范意识 职业素养
7-8	千分尺、百分表的使用	培养一丝不苟、精益求精的工作态度	引入千分尺、百分表的规范使用方法，引导养成一丝不苟、精益求精的工作态度	工作态度 职业素养
13-15	汽车传动系统的布置形式	激发爱国情怀，坚定"中国制造"自信	引入吉利汽车、比亚迪汽车、长城汽车的传动系统布置形式，介绍我国汽车自主品牌的技术现状和贡献，激发爱国情怀，坚定"中国制造"自信	爱国情怀 民族自信 文化自信
24-27	离合器的检修	培养严谨细致、认真负责的工作态度	引入吉利汽车4S店的检测维修规范手册，介绍我国汽车自主品牌的汽车维修岗位所需职业素养，引导养成严谨细致、认真负责的工作态度	规范意识 工作态度 职业素养
45-49	手动变速器的拆装和检查	树立质量意识、效率意识	引入手动变速器拆装规范流程，强调变速器对汽车的重要性，引导树立质量意识、效率意识	质量意识 效率意识
71	自动变速器的检查	培养一丝不苟的工作态度和勇于探索与实践的科学精神	引入吉利汽车自动变速器的检修内容，强调汽车自动变速器部件复杂且检测精度要求高，引导养成一丝不苟的工作态度和勇于探索与实践的科学精神	工作态度 科学精神
81-83	球笼式万向节的拆装与检查	养成吃苦耐劳、专注执着的工作态度	介绍球笼式万向节拆装的规范流程，引导养成吃苦耐劳、专注执着的工作态度	职业素养 工作态度
93-97	主减速器的拆装、差速器的拆装	强化规范意识、质量意识，自觉践行行业道德规范	引入汽车主减速器和差速器的拆装规范流程，强调树立规范意识、质量意识并践行行业道德规范	规范意识 质量意识 职业素养
102-105	汽车转向桥结构的认知	培养勤于思考、善于总结、勇于探索的科学精神	分析不同类型汽车的转向桥对汽车性能的影响，引导养成勤于思考、善于总结和勇于探索的科学精神	职业素养 科学精神
111-112	四轮定位的检查与调整	强化规范意识、标准意识，全面提升职业素养和7S素养	引入四轮定位检查与调整对应的国家标准，强调养成规范意识、标准意识	规范意识 标准意识
114-120	汽车轮胎的种类与结构	激发爱国情怀，坚定"中国制造"自信	引入国产轮胎的发展历史以及国产轮胎的结构特点，介绍"中国制造"，激发爱国情怀	中国制造 爱国情怀

续表

页码	内容导引	课程思政目标	融入方式	课程思政元素
135-136	前减振器的更换、前轮轴承的更换	培养认真钻研、一丝不苟的工作态度	引入前减振器的更换、前轮轴承的更换的规范流程，引导养成认真钻研、一丝不苟的工作态度	规范意识工作态度
141-143	汽车转向器的种类及结构分析	培养团队意识，增强沟通能力和问题分析能力	引入不同种类的国产汽车转向器，讨论这些转向器的结构特点，强调团队合作的重要性	团队意识职业素养
155-159	转向油泵的拆装与检修	树立环保意识、成本意识，践行绿色发展理念	引入转向油泵拆装和检修规范流程，介绍转向油泵中油液的处置方法，强调树立环保意识、成本意识并践行绿色发展理念	质量意识成本意识环保意识
160-165	动力转向器的拆卸和分解	强化质量意识、规范意识	引入动力转向器的拆卸和分解的规范流程，强调培养质量意识、规范意识	质量意识规范意识
167-170	动力转向系统典型故障的分析	培养全局意识，善于透过现象看本质	引入国产汽车动力转向系统典型故障，分析故障原因，讨论排除方案，引导培养全局意识	全局意识职业素养
175-176	更换制动液	树立安全意识、环保意识、规范意识	引入国产汽车制动液更换的规范流程，在实施过程中强调随意丢弃制动液对环境的不良影响，在操作过程中强化安全意识、环保意识、规范意识	规范意识安全意识环保意识
186-188	更换制动片	增强安全意识、质量意识，讲求实效	引入国产汽车制动片更换的规范流程，介绍工作过程中的安全操作要求，强调制动片对车辆及人身安全的重要性，强化安全意识、质量意识	质量意识安全意识
193	驻车制动器的检查与调整	培养专注执着、严肃认真的工匠精神	引入国产汽车驻车制动器检查与调整的规范流程，介绍工作过程中的安全操作要求，引导培养专注执着、严肃认真的工匠精神	规范意识工匠精神
194-197	制动系统典型故障的诊断	培养全局意识、创新思维、科学精神，提高分析问题和解决问题的能力	引入国产汽车制动系统典型故障的排除案例，强调培养全局意识、创新思维和科学精神	全局意识创新思维科学精神

注：7S 是指整理（sort）、整顿（straighten）、清扫（sweep）、清洁（sanitary）、素养（sentiment）、安全（safety）、节约（save）。

目 录

在线测试与在线任务目录

项目一
常用汽车维修工具的使用

项目导入

在汽车检测和维修过程中，会使用到各种不同的工具，有些工具是用来拧松或拧紧螺栓的，有些工具是汽车底盘维修的专用工具。让我们一起来了解下吧。

任务　认识和选用常用汽车维修工具

学习目标

（1）熟悉常用汽车维修工具的功能及使用方法。
（2）能正确选用常用汽车维修工具。
（3）树立规范意识、安全意识，严格按照安全操作规程作业。

内容引入

教师在相关教学平台推送一个真实维修场景的微课视频，请学生们在线观看。针对微课视频请学生参与以下内容的在线投票，选出哪些描述是正确的：
（1）汽车维修工具有很多种，与生活中的榔头、扳手不能混用。
（2）汽车维修工具中的螺钉旋具可以用来撬起螺钉。
（3）呆扳手比梅花扳手使用方便，因此可以常常用它来进行维修工作。
（4）工具使用完毕要好好保养，如用砂轮对工具抛光再上油进行养护。
教师根据投票情况，实时点评和分析。

相关知识

汽车底盘维修过程中常用的工具有扳手、钳子、螺钉旋具、锤子、减振器弹簧压缩器、拉马、塞尺、游标卡尺、外径千分尺、百分表和举升机等。

一、扳手

扳手是一种常用的安装与拆卸工具。扳手基于杠杆原理实现拧转螺栓、螺钉、螺母和其他紧固部件。扳手通常在柄部的一端或两端制有夹持螺栓或螺母的开口或套孔，使用时沿螺纹旋转方向在柄部施加外力，就能拧转螺栓或螺母。

1. 套筒扳手

套筒扳手由多个带六角孔或十二角孔的套筒、手柄、接杆等附件组成，特别适用于拧转空间十分狭小或凹陷很深的螺栓或螺母。汽车维修拆装螺栓和螺母时，优先选用套筒扳手。套筒扳手如图 1-1 所示。

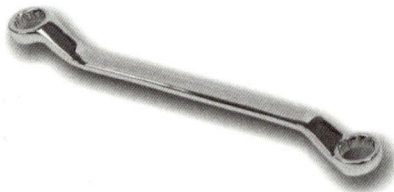

图 1-1　套筒扳手

微课 1-1　套筒扳手的使用

2. 梅花扳手

梅花扳手是指两端为花环状且两端花环尺寸不一样的扳手。从侧面看，梅花扳手的旋转螺栓部分和手柄部分是错开的，这种结构便于拆卸装配在凹陷空间的螺栓或螺母，并可为手指提供操作间隙，防止手指擦伤。梅花扳手有各种尺寸，使用时要选择与螺母或螺栓相匹配的扳手。梅花扳手如图 1-2 所示。

3. 呆扳手

呆扳手一端或两端带有固定尺寸的开口，其开口尺寸与螺钉头、螺母的尺寸相匹配，并根据标准尺寸制作而成，如图 1-3 所示。

图 1-2　梅花扳手

图 1-3　呆扳手

4. 扭力扳手

扭力是指物体受到一个与物体转动方向的切向力作用时产生的力矩，力矩是力和距离的乘积。在紧固螺栓、螺母等螺纹紧固件时，需要控制施加的力矩大小，以保证螺纹紧固且不至于因力矩过大破坏螺纹，此时需要用扭力扳手进行操作。首先设定好扭力值上限，当施加的扭力达到设定值时，扳手会发出"咔嗒"声响或扳手连接处折弯一定角度，这就代表已经完成紧固，不需要再加力了。扭力扳手可以分为预置式扭力扳手、数显扭力扳手、定值扭力扳手和表盘扭力扳手。扭力扳手如图1-4所示，其使用如图1-5所示。

图 1-4　扭力扳手

图 1-5　扭力扳手的使用

📖 **提示**

1. 在使用呆扳手或梅花扳手时，大拇指抵住扳手一端，其余四指握紧扳手柄部往身边拉扳，切不可向外推扳。扳手的平面一定要和螺母平行且用力适度。

2. 在使用扳手的过程中，当遇有紧固过紧的螺栓或螺母时，不可用力过猛。

3. 注意拧转的方向上有没有尖锐的物体，以防螺栓突然松脱，手撞到尖锐物体而受伤。

4. 使用时不准在扳手上任意加套管或锤击。不能将扳手当撬棍使用。

5. 各类扳手的选用原则是：一般优先选用套筒扳手，其次选用梅花扳手，最后选用呆扳手。

---

5. 棘轮扳手

棘轮扳手又称快速扳手，是一种手动螺栓松紧工具，使用非常方便。棘轮扳手组装后，前端为四方孔，其内嵌活动的滚珠只能向一个方向旋转，一般配合套管使用。棘轮扳手如图1-6所示。

图 1-6　棘轮扳手

微课 1-2　棘轮扳手的使用

二、钳子

钳子是一种用于夹持、固定加工工件，或者扭转、弯曲、剪断金属丝线的手工工具。钳子呈 V 形，通常包括手柄、钳腮和钳嘴三部分。

1. 钢丝钳

钢丝钳又称老虎钳，用于把坚硬的细钢丝夹断，有不同的种类，在汽车底盘机械维修中经常用到。钢丝钳如图 1-7 所示。

2. 鲤鱼钳

鲤鱼钳的特点是，钳口的开口宽度有两个调节位置，可放大或缩小使用。鲤鱼钳主要用于夹持圆形零件，钳口后部刃口可用于切断金属丝。鲤鱼钳如图 1-8 所示。

图 1-7　钢丝钳　　　　　　　　　　　图 1-8　鲤鱼钳

3. 尖嘴钳

尖嘴钳用来剪切线径较细的单股与多股线，以及剥塑料绝缘层、对单股导线接头弯圈等，能在较狭小的工作空间工作。不带刃口的尖嘴钳只能进行夹捏操作，带刃口的尖嘴钳能剪切细小零件。尖嘴钳如图 1-9 所示。

4. 大力钳

大力钳用于夹持零件进行铆接、焊接、磨削等加工，其特点是钳口可以锁紧并产生很大的夹紧力，使被夹零件不会松脱，而且钳口有很多个调节位置，可夹紧不同厚度的零件。大力钳如图 1-10 所示。

图 1-9　尖嘴钳　　　　　　　　　　　图 1-10　大力钳

5. 卡簧钳

卡簧钳是一种用来安装内簧环和外簧环的专用工具，属于尖嘴钳，钳头可采用内直、外直、内弯、外弯几种形式，不仅能用于安装簧环，也能用于拆卸簧环。卡簧钳如图 1-11 所示。

图 1-11　卡簧钳

问题

图 1-11 所示的这些类型的卡簧钳区别在哪？它们的使用场合有什么不同？

三、螺钉旋具

常见的螺钉旋具分为十字形、一字形两种。将螺钉旋具的十字头或一字头插入螺钉槽内，旋动手柄可使螺钉松动。

四、锤子

锤子是敲打物体使其移动或变形的工具，常用来敲钉子，矫正或将物件敲开。大多锤子的工作部分是铁质的，如图 1-12 所示。锤子有各种形式，常见锤子由手柄及顶部组成，顶部的一面是平坦的，以便敲击，另一面则是锤头。防振橡皮锤在汽车底盘维修使用过程中可以不损伤工件的表面，如图 1-13 所示。

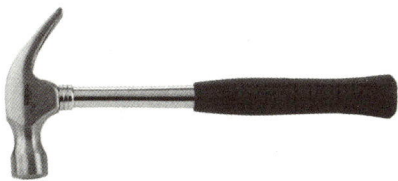

图 1-12　铁锤

图 1-13　防振橡皮锤

五、减振器弹簧压缩器

减振器弹簧压缩器用于拆卸汽车底盘悬架的弹性元件，在使用时，应牢牢地卡住弹簧两端，并将两弹簧对称放置，用扳手拧动螺杆。减振器弹簧压缩器如图 1-14 所示。

六、拉马

拉马是机械维修中经常使用的工具，主要用于将损坏的轴承从轴上沿轴向拆卸下来。拉马主要由旋柄、螺旋杆和拉爪构成。拉马有两爪式和三爪式两种，主要尺寸包括拉爪长度、拉爪间距、螺杆长度，可以适应不同直径及不同轴向安装深度的轴承。在使用拉马时，将螺杆顶尖定位于轴端顶尖孔以调整拉爪位置，使拉爪挂在轴承外环，旋转旋柄使拉爪带动轴承沿轴向向外移动，进行轴承拆除。拉马如图 1-15 所示。

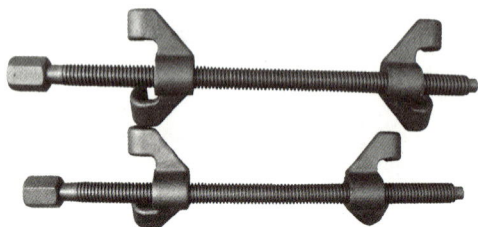

图 1-14　减振器弹簧压缩器

图 1-15　拉马

七、塞尺

塞尺是一种测量工具，主要用于间隙的测量。在将塞尺插入被测零件的间隙时，不要硬塞进去，应选用合适的测量片，若拉动塞尺感到略有摩擦力，则此时塞尺的厚度为被测间隙的间距。使用塞尺时，应保持其清洁，并且不能随意弯曲或摔打。塞尺如图 1-16 所示。

图 1-16　塞尺

微课 1-3　塞尺的使用

八、游标卡尺

游标卡尺是一种测量长度、内外径、深度的量具。游标卡尺由尺身和附在尺身上能滑动的游标两部分构成。尺身一般以 mm 为单位，游标上有 10 个、20 个或 50 个分格。游标卡尺的尺身和游标上有两副活动量爪,分别是内测量爪和外测量爪。内测量爪通常用来测量内径,外测量爪通常用来测量长度和外径。游标卡尺如图 1-17 所示。

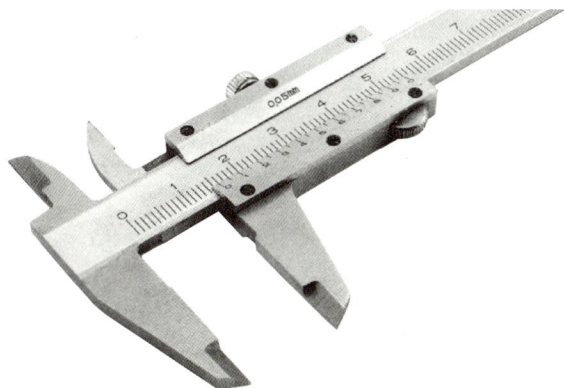

图 1-17 游标卡尺

微课 1-4 游标卡尺的使用

九、外径千分尺

外径千分尺又称螺旋测微器。外径千分尺是比游标卡尺更精密的长度测量仪器,分度值有 0.01mm、0.02mm、0.05mm 三种,加上估读的 1 位,可读取到小数点后第 3 位(千分位),其也因此得名。外径千分尺由固定的尺架、测微螺杆、固定套管、微分筒、测力装置、锁紧装置等组成。固定套管上有一条水平线,这条线上下各有一列间距为 1mm 的刻度线,上面的刻度线恰好在下面两相邻刻度线中间。微分筒上的刻度线是将圆周 50 等分的水平线,微分筒进行的是旋转运动。外径千分尺如图 1-18 所示。

图 1-18 外径千分尺

微课 1-5 外径千分尺的使用

十、百分表

百分表是利用精密齿条齿轮机构制成的表式通用长度测量工具,通常由测头、量杆、防振弹簧、齿条、齿轮、游丝、圆表盘及指针等组成。百分表的工作原理:被测尺寸引起的测杆微小直线移动由齿轮传动放大,转变为指针在圆表盘上的转动,从而显示出被测尺寸的值。百分表是利用齿条齿轮或杠杆齿轮传动,将测杆的直线位移转变为指针角位移的计量器具。百分表如图 1-19 所示。

图 1-19　百分表

微课 1-6　百分表的使用

十一、举升机

举升机是汽车维修过程中用于举升汽车的设备，在使用时，使汽车停到举升机工位，通过人工操作可使汽车举升一定的高度，便于汽车维修。举升机在汽车维修养护中发挥着非常重要的作用，是汽车维修厂的必备设备。专业汽车维修举升机有单柱、双柱（两柱）、龙门、子母大剪、超薄双剪、地藏剪式和移动式等多种形式。举升机是汽车维修保养行业极关键、重要的设备组成部分，为维修汽车、轮胎定位矫正提供了很大的帮助。举升机如图 1-20 所示。

图 1-20　举升机

微课 1-7　举升机的使用

课程内容学习完毕后，在相关教学平台推送10道在线测试题。

教师根据测试情况，实时点评和分析。

1. 在准备使用扳手修理汽车前，优先选择以下哪种工具？（单选）

　　A. 梅花扳手　　　　　B. 套筒扳手　　　　　C. 呆扳手

2. 优先选择套筒扳手作为使用工具的原因有哪些？（多选）

　　A. 套筒扳手的可靠性更高

　　B. 套筒扳手的价格贵，所以方便使用

　　C. 套筒扳手的型号最多

　　D. 套筒扳手对螺栓的旋紧和旋松更加有利

　　E. 使用套筒扳手，更加省时省力

3. 按所拆卸螺栓的力矩和使用的工作环境不同，可将套筒分为大、中、小三个系列，并以配套手柄方榫的宽度来区分。（单选）

　　A. 说法正确　　　　B. 说法不正确　　　　　C. 看情况

4. 钳子可以用来做以下哪些工作？（多选）

　　A. 夹持、固定加工工件

　　B. 扭转、弯曲、剪断金属丝线

　　C. 用于敲击尺寸不是很大的细钉子

　　D. 夹取卡环

5. 以下哪个是用来安装内簧环和外簧环的专用工具？（单选）

　　A. 簧用刀　　　　　B. 卡簧钳　　　　　C. 卡钳　　　　　D. 尖嘴钳

6. 在汽车修理检测过程中，一般可以选用金属榔头直接敲击车身及其附属部件。（单选）

　　A. 说法正确　　　　　B. 说法不正确　　　　C. 看情况

7. 塞尺是一种测量工具，主要用于间隙的测量。以下哪些说法是正确的？（多选）

　　A. 不要硬塞进去，应选用合适的测量片

　　B. 塞尺可以测量很宽的间隙，从 0.01mm 至 60mm

　　C. 若拉动塞尺感到略有摩擦力，则此时塞尺的厚度为被测间隙的间距

　　D. 塞尺可以和金属直尺配合使用，效果更好

　　E. 使用中应保持塞尺的清洁，并且不能随意弯曲或摔打

8. 游标卡尺是一种测量长度、内外径、深度的量具。以下说法哪些是正确的？（多选）

　　A. 游标卡尺由尺身和附在尺身上能滑动的游标两部分构成

　　B. 尺身一般以 mm 为单位，游标上有 10 个、20 个或 50 个分格

　　C. 游标卡尺的尺身和游标上有两副活动量爪

　　D. 内测量爪通常用来测量内径，外测量爪只能用来测量长度

9. 外径千分尺也称螺旋测微器，它是比游标卡尺更精密的长度测量仪器。（单选）

　　A．说法正确　　　　　B．说法不正确　　　　　C．看情况

10. 举升机是汽车维修厂的必备设备，它包括以下哪些结构？（多选）

　　A．单柱、双柱　　　　　　　　　　　　　　B．龙门、子母大剪

　　C．超薄双剪、地藏剪式举升机　　　　　　　D．移动举升机

任务实施

一、汽修专用 120 件套工具的使用

（1）观察汽修专用 120 件套工具上的标识代号，讨论和理解标识代号的含义。

（2）试用 120 件套工具中的套筒扳手和棘轮扳手，在教师准备的手动变速器上，使用正确的扳手组合按照规范动作拆装手动变速器的上盖。

二、整车举升机的使用

（1）在教师的监督下，使用整车举升机抬升汽车到一定高度，并正确锁止举升机。

（2）观察该汽车底盘后，规范地使用整车举升机放下车辆，并复原举升机。

项目二
传动系统的结构与检修

项目导入

观看木质齿轮传动箱装配视频。通过该视频我们可以了解到汽车的性能与传动系统有很大的相关性。请同学们讨论：汽车传动系统机械部分需要实现哪些功能？汽车传动系统由哪些部件组成？

汽车传动系统一般由离合器、变速器、万向传动装置、主减速器、差速器和半轴等组成。传动系统的基本功用是将发动机发出的动力传递给汽车的驱动车轮，以产生驱动力，使汽车达到一定行驶速度。

视频 2-1　木质齿轮传动箱装配

任务一　传动系统的认知

学习目标

（1）熟悉汽车传动系统的功用、组成及布置形式。
（2）能正确识别汽车底盘部件并分析汽车动力传动路线。
（3）培养创新思维，能够举一反三解决实际问题。

内容引入

教师在相关教学平台推送一个汽车传动系统 3D 动态视频，请学生们在线观看。针对视频请学生参与以下内容的在线投票，选出哪些描述是正确的：

（1）因为汽车工业高度发达，所以不同类型的汽车传动路线基本一致。
（2）高性能跑车一般采用发动机后置、后轮驱动传动形式。
（3）四轮驱动就是指四个车轮都能获得发动机传递的转矩。
（4）发动机前置、前轮驱动传动形式的汽车加速性能比发动机前置、后轮驱动传动形式的好。

教师根据投票情况，实时点评和分析。

相关知识

一、底盘的组成

汽车一般由发动机、底盘、车身和电气设备组成，其中底盘包括传动、行驶、转向和制动四大系统。底盘的作用是支承、安装汽车发动机及其各部件、总成，形成汽车的整体造型，并接收发动机的动力，使汽车产生运动，保证汽车正常行驶。汽车底盘的组成如图 2-1 所示。

图 2-1　汽车底盘的组成

微课 2-1　汽车底盘工作情况

二、传动系统的功用与组成

汽车传动系统的功用：将发动机发出的动力传递给驱动车轮，使汽车行驶。传动系统具有减速、变速、倒车、中断动力、轮间差速和轴间差速等功能，与发动机配合工作，能保证汽车在各种工况下正常行驶。此外，传动系统还具有良好的动力性和经济性。

传动系统的组成与其类型、布置形式及驱动形式等许多因素有关。

1. 机械式传动系统

普通双轴货车采用的是机械式传动系统，在该系统中，发动机纵向安置在汽车前部，后轮为驱动车轮。发动机发出的动力经离合器、变速器、万向传动装置传递到安装在驱动桥壳中的主减速器、差速器和半轴，最后传递给驱动车轮。机械式传动系统如图 2-2 所示。

2. 液力机械式传动系统

液力机械式传动系统组合运用液力传动和机械传动，用液力机械变速器取代机械式传动系统的摩擦式离合器和普通齿轮式变速器，其他组成部件及布置形式均与机械式传动系统相同。液力机械式传动系统如图 2-3 所示。

图 2-2　机械式传动系统

图 2-3　液力机械式传动系统

问题

发动机的动力是什么？可以用什么参数来表达？

三、传动系统的布置形式

汽车传动系统的布置形式根据发动机的形式和性能，以及汽车总体结构形式、汽车行驶系统及传动系统本身的结构形式等有多种，具体如下。

1. 发动机前置、后轮驱动（front-engine rear-drive，FR）

FR 是目前普通汽车广泛采用的一种传动系统布置形式。FR 传动形式一般将发动机、离合器和变速器连成一个整体安装在汽车前部，而主减速器、差速器和半轴则安装在汽车后部的后桥壳中，二者之间通过万向传动装置相连。这种传动形式的发动机散热条件好，便于驾驶员直接操纵发动机、离合器和变速器，操纵机构简单，维修方便，并且后驱动车轮的附着力大，易获得足够的牵引力。FR 传动形式如图 2-4 所示。

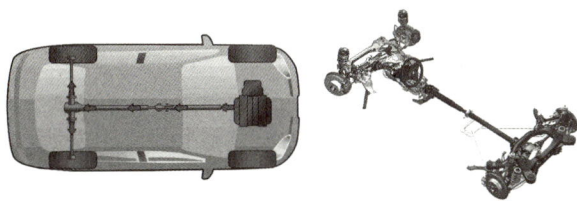

图 2-4　FR 传动形式

2. 发动机前置、前轮驱动（front-engine front-drive，FF）

变速器、主减速器和差速器制为一体，并同发动机、离合器一起集中安装在汽车前部。发动机有纵向布置和横向布置之分。这种传动形式除具有发动机散热条件好、操纵方便等优点外，还省去了很长的传动轴，传动系统结构紧凑，整车重心降低，汽车高速行驶稳定性好。但采用这种传动形式的汽车在上坡时前轮附着力小，易打滑，下坡制动时前轮载荷过重，高速时易发生翻车现象，故主要用于重心较低的轿车。FF 传动形式如图 2-5 所示。

图 2-5　FF 传动形式

3. 发动机后置、后轮驱动（rear-engine rear-drive，RR）

发动机、离合器和变速器制为一体，布置在驱动桥之后。RR 传动形式可以大大缩短传动轴的长度，使结构紧凑、重心降低，并且前轴不易过载，后轮附着力大，能更充分地利用车厢面积。但由于发动机后置，因此其散热条件较差。发动机、离合器、变速器的远距离操纵使操纵机构变得复杂，维修调整不方便。除多用于大型客车外，某些微型或轻型轿车也采用这种传动形式。在这种传动形式中，发动机也有横向布置和纵向布置之分。 RR 传动形式如图 2-6 所示。

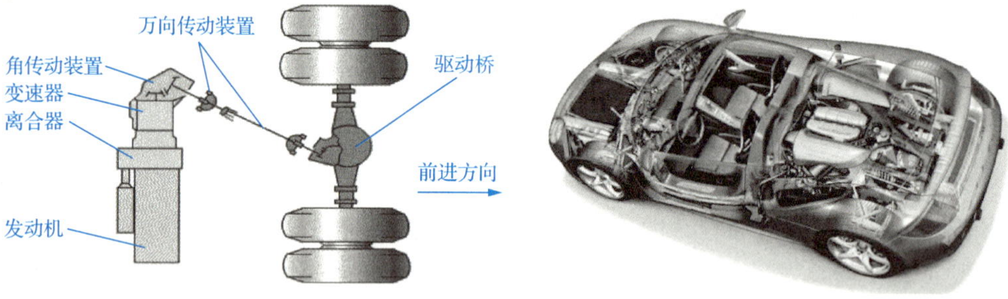

图 2-6　RR 传动形式

4. 发动机中置、后轮驱动（middle-engine rear-drive，MR）

发动机布置在汽车后部，与差速器和手动变速器连成一体，后轮为驱动车轮，发动机布置在前轴的后面。MR 传动形式的最大优点是，发动机可以获得极为优异的转向特性。在转向时，一转动转向盘，汽车很快就跟着转向，二者间的时间差非常短，车身紧随转向动作的性能特别好。MR 传动形式的另外一个优点是，起步和加速性能较好。这是因为在 MR 传动形式中，在起步或减速时，整车的重心向后移动，从而增加了后轮对地面的附着力，驱动力再大也很难使轮胎打滑。这种传动形式目前普遍应用于赛车。MR 传动形式如图 2-7 所示。

5. 全轮驱动（n wheel drive，nWD）

为了充分利用所有车轮与地面之间的附着力，获得尽可能大的牵引力，越野车必要时可采用全轮驱动传动形式。与发动机前置、后轮驱动的 "4×2" 汽车相比，采用全轮驱动汽车的前桥既是转向桥也是驱动桥。为了将发动机传递给变速器的动力分配给前后驱动桥，在变速器后面增设了分动器，并相应增设了从变速器通向分动器、从分动器通向前后驱动桥之间的万向传动装置。由于前驱动桥也是转向桥，所以左右两根半轴均分为两段，并与转向桥上的万向节相连。全轮驱动传动形式如图 2-8 所示。

图 2-7　MR 传动形式

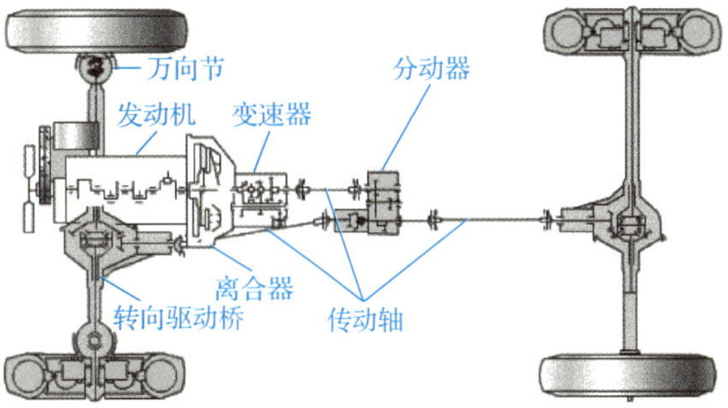

图 2-8　全轮驱动传动形式

在线测试二

课程内容学习完毕后，在相关教学平台推送 8 道在线测试题。

教师根据测试情况，实时点评和分析。

1. 汽车是否能跑得快，主要由其底盘的性能决定。（单选）

　　A. 说法正确　　　　　　B. 说法不正确　　　　C. 看情况

2. 汽车由下面哪些部件组成？（多选）

　　A. 发动机　　　　　　　B. 底盘机械系统　　　　C. 车身

　　D. 电气及控制系统　　　　　　　　　　　　　E. 智能控制系统

3. 底盘的作用是支承、安装汽车发动机及其各部件、总成，形成汽车的整体造型，并接收发动机的动力，使汽车产生运动，保证汽车正常行驶。（单选）

　　A. 说法正确　　　　　　B. 说法不正确　　　　C. 看情况

4. 传动系统的布置形式有哪些？（多选）

　　A. 发动机前置、前轮驱动　　　　　　B. 发动机前置、后轮驱动

　　C. 发动机中置、后轮驱动　　　　　　D. 发动机后置、后轮驱动

　　E. 全轮驱动

5. 汽车离合器具有哪些作用？（多选）

　　A. 可以切断动力　　　　　　　　　　B. 可以防止动力过载

　　C. 可以传递动力　　　　　　　　　　D. 可以手动加速

　　E. 可以实现失效保护

6. 机械式传动系统传动效率比液力机械式传动系统的高。（单选）

　　A. 说法正确　　　　　　B. 说法不正确　　　　C. 看情况

7. 下列哪些可能是离合器打滑的原因？（多选）
　　A. 离合器压紧弹簧张紧过度　　　　　B. 离合器自由行程过小
　　C. 离合器螺栓松脱　　　　　　　　　D. 离合器压盘打滑
　　E. 离合器摩擦片磨损变薄
8. 后置发动机的汽车比前置发动机的汽车动力性能好。（单选）
　　A. 说法正确　　　　B. 说法不正确　　　　C. 看情况

任务实施

确定汽车底盘传动系统的传动路线

（1）使用整车举升机抬升实训汽车到一定高度，观察汽车底盘的各个部件。

（2）讨论实训汽车的传动系统布置形式，思考动力是如何传递到汽车车轮上的。

任务二　离合器的检修与更换

学习目标

（1）熟悉汽车离合器的功用、布置、组成和工作原理。

（2）熟悉离合器踏板自由行程的作用及其不正常的危害。

（3）掌握膜片弹簧式离合器的检修方法。

（4）掌握汽车离合器的拆装步骤和方法。

（5）能正确进行离合器的检修和维护，以及总成的拆装。

（6）培养严谨细致、认真负责的工作态度。

内容引入

教师在相关教学平台推送一个汽车离合器基本介绍视频，请学生们在线观看。针对视频请学生参与以下内容的在线投票，选出哪些描述是正确的：

（1）只有装配手动变速器的汽车才有离合器这一工作部件。

（2）离合器仅具有分离和传递发动机的动力的作用。

（3）驾驶员每次换挡都需要脚踩离合器踏板。

（4）汽车离合器是依靠部件的摩擦力来传递动力的，因此产生的力矩较小。

教师根据投票情况，实时点评和分析。

相关知识

一、离合器的功用与布置

1. 离合器的功用

离合器的功用：保证汽车平稳起步；保证传动系统在换挡时工作平顺；防止传动系统过载。

2. 离合器的形式

离合器的形式：摩擦式离合器；液力式离合器；电磁式离合器。

3. 离合器的布置

离合器位于发动机与变速器之间，安装在变速箱前盖内，离合器踏板位于驾驶室的最左侧。离合器位置及踏板如图 2-9 所示。

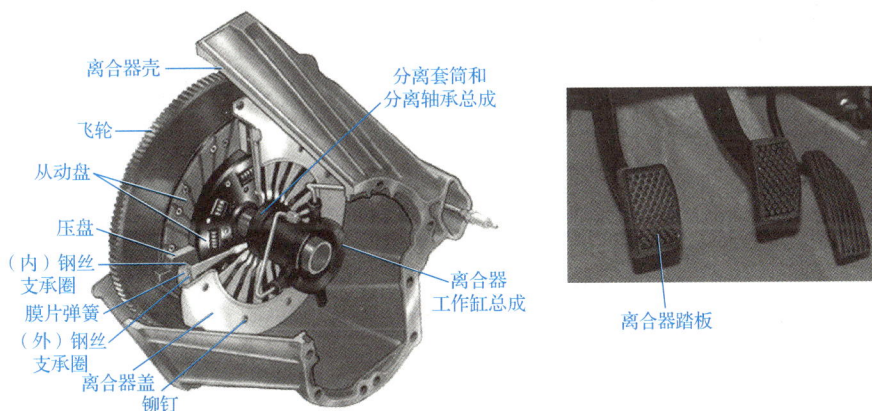

图 2-9　离合器位置及踏板

二、离合器的组成与工作原理

1. 离合器的组成

离合器主要由主动部分、从动部分、压紧装置和操纵机构四部分组成。

（1）主动部分：由飞轮、离合器盖、压盘等机件组成，此部分与发动机曲轴连接在一起。离合器盖与飞轮由螺栓连接。离合器主动部分如图 2-10 所示。

（2）从动部分：由单片或双片从动盘组成，从动盘正反两面摩擦产生摩擦力，摩擦片通过铆钉铆接于从动盘钢片上。从动部分将主动部分通过摩擦传递来的动力通过花键传递给变速器的输入轴。离合器从动部分如图 2-11 所示。

图 2-10　离合器主动部分

图 2-11　离合器从动部分

讨论

从动盘上有很多弹簧，它们有什么作用？

（3）压紧装置：有膜片弹簧和螺旋弹簧两种形式，如图 2-12 所示。压紧装置将压盘压向飞轮，从而将处于飞轮和压盘中间的从动盘压紧。

图 2-12　离合器压紧装置

（4）操纵机构：一般由离合器踏板、分离拉杆、分离叉、分离套筒、分离轴承、分离杆等组成。通过操纵机构可对离合器进行接合与分离控制。离合器操纵机构如图 2-13 所示。

图 2-13　离合器操纵机构

微课 2-2　离合器摩擦片工作情况

微课 2-3　离合器分离轴承

2. 离合器的工作原理

（1）接合状态：汽车在行驶过程中，驾驶员脚不踩踏离合器踏板，此时的飞轮、压盘、从动盘在压紧装置的作用下压紧在一起，发动机的转矩经飞轮、压盘以摩擦力矩形式传递至从动盘，再经从动轴（变速器的一轴）向变速器传递动力。

（2）分离过程：踩下离合器踏板，分离拉杆右移，分离叉推动分离套筒左移，通过分离轴承使分离杆内端左移、外端右移，使压盘克服弹簧的作用力右移，离合器主动部分和从动部分分离，中断动力传递。离合器分离状态如图 2-14 所示。

（3）接合过程：缓慢抬起离合器踏板，压盘在压紧弹簧的作用下逐渐压紧从动盘，传递的转矩逐渐增大，从动盘开始转动，但其转速仍小于飞轮转速，压力不断增加，二者转速逐渐接近，直至相等，打滑消失，离合器完全接合。离合器接合状态如图 2-15 所示。

图 2-14　离合器分离状态　　　图 2-15　离合器接合状态　　　微课 2-4　摩擦片式离合器工作原理

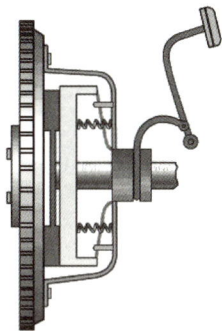

三、离合器踏板自由行程

1. 离合器踏板自由行程的定义

（1）离合器自由间隙：离合器在正常接合状态下，分离杆内端与分离轴承之间留有的间隙一般为几毫米。如果没有自由间隙，那么离合器会打滑。离合器自由间隙如图 2-16 所示。

（2）离合器踏板自由行程：自由间隙的作用反映到离合器踏板上，使踏板产生空行程。改变分离拉杆的长度即可调整踏板的自由行程。离合器踏板自由行程如图 2-17 所示。

2. 离合器踏板自由行程的作用

离合器踏板自由行程主要用于防止从动盘磨损变薄后，分离杆外端不能后移而导致离合器打滑。

3. 离合器踏板自由行程不正常的危害

离合器踏板自由行程过大易导致离合器分离不彻底，而无自由行程则易导致离合器打滑。

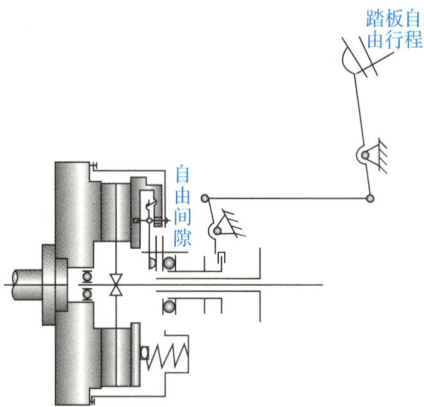

图 2-16　离合器自由间隙

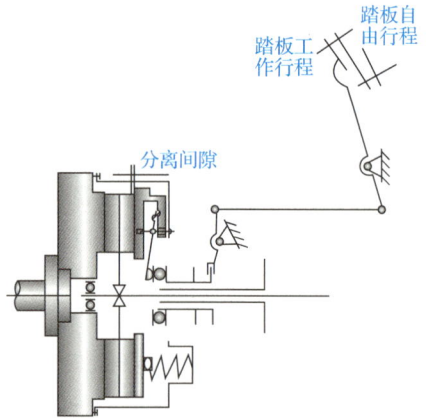

图 2-17　离合器踏板自由行程

微课 2-5　离合器自由间隙和自由行程

四、膜片弹簧式离合器

1. 膜片弹簧式离合器的构造

　　膜片弹簧式离合器用膜片弹簧取代螺旋弹簧及分离杆，构造简单，可免除调整分离杆高度的麻烦，并且膜片弹簧弹性极佳、操作省力，故为目前广泛使用的离合器。膜片弹簧式离合器的构造如图 2-18 所示，该离合器也由主动部分、从动部分、压紧装置和操纵机构组成。

图 2-18　膜片弹簧式离合器的构造

膜片弹簧式离合器与螺旋弹簧式离合器对比图如图 2-19 所示。其中，膜片弹簧式离合器的压紧机构是膜片弹簧，其径向开有若干切槽，形成弹性杠杆。切槽末端有圆孔，固定铆钉穿过圆孔，并固定在离合器盖上。膜片弹簧两侧装有钢丝支撑环。

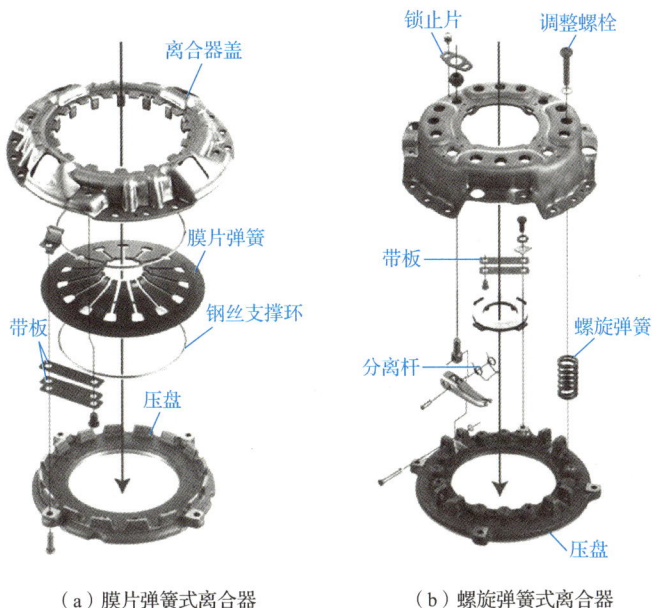

（a）膜片弹簧式离合器　　　（b）螺旋弹簧式离合器

图 2-19　膜片弹簧式离合器与螺旋弹簧式离合器对比图

微课 2-6　膜片弹簧式离合器

2. 膜片弹簧式离合器的工作原理

当离合器盖未安装到飞轮上时，膜片弹簧不受力而处于自由状态，此时离合器盖与飞轮之间有一定距离。当离合器盖通过螺栓固定在飞轮上时，膜片弹簧在钢丝支撑环处受压产生弹性变形，此时膜片弹簧的外圆周对压盘产生压紧力使离合器处于接合状态。当踩下离合器踏板时，分离轴承推动膜片弹簧使膜片弹簧以钢丝支撑环为支点将外圆周向后翘起，分离钩将压盘向远离飞轮方向拉动，使离合器分离。膜片弹簧式离合器的工作原理如图 2-20 所示。

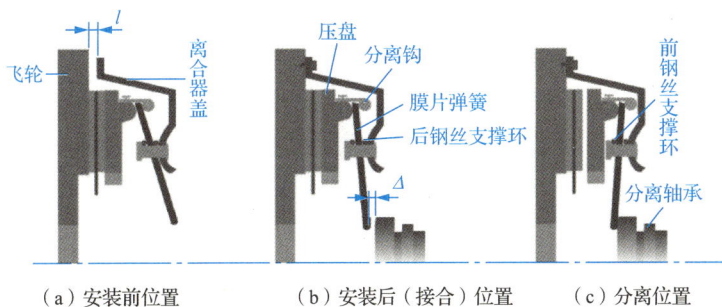

（a）安装前位置　　　（b）安装后（接合）位置　　　（c）分离位置

图 2-20　膜片弹簧式离合器的工作原理

微课 2-7　膜片弹簧式
离合器工作原理

膜片弹簧既是压紧弹簧，也是分离杆，结构简单。此外，膜片弹簧的特性优于螺旋弹簧，工作可靠，操纵轻便。

3. 膜片弹簧式离合器的操纵机构

离合器的操纵机构是驾驶员用于使离合器分离又使之柔性接合的一种机构。按照所需操纵能源的不同，离合器操纵机构分为人力式和助力式两种。其中，人力式又分为机械式和液压式，助力式又分为气压助力式和弹簧助力式。

乘用车中应用较多的有机械式操纵机构和液压式操纵机构。

1）机械式操纵机构

机械式操纵机构的离合器踏板和分离轴承之间通过机械杆件和绳索相连。离合器机械式操纵机构如图 2-21 所示，绳索相连离合器操纵机构如图 2-22 所示。

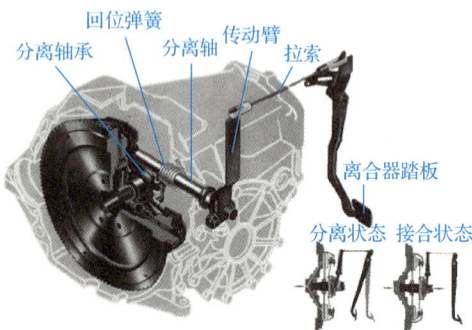

图 2-21　离合器机械式操纵机构

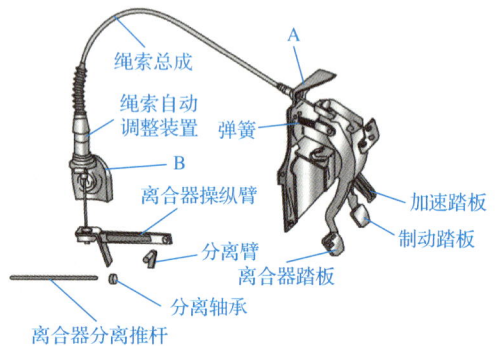

图 2-22　绳索相连离合器操纵机构

2）液压式操纵机构

离合器踏板和分离轴承之间通过主缸、工作缸及液压管路相连，离合器由人力作用下产生的液压力控制。离合器液压式操纵机构如图 2-23 和图 2-24 所示。

图 2-23　离合器液压式操纵机构（一）

图 2-24　离合器液压式操纵机构（二）

3）踏板助力式操纵机构

为了减小所需的离合器踏板力，又不致因传动装置的传动比过大而增加踏板行程，一些大中型货车和轿车上采用了离合器踏板弹簧助力装置，如图2-25和图2-26所示。

图2-25 离合器踏板弹簧助力装置（一）

图2-26 离合器踏板弹簧助力装置（二）

微课2-8 膜片弹簧式离合器液压操纵机构

微课2-9 离合器液压操纵机构工作原理

在线测试三

课程内容学习完毕后，在相关教学平台推送10道在线测试题。

教师根据测试情况，实时点评和分析。

1. 汽车离合器的主动部件和从动部件一样，汽车发动机转动时二者能一起转动。（单选）

    A．说法正确　　　　B．说法不正确　　　　C．看情况

2. 螺旋弹簧式离合器和膜片弹簧式离合器有哪些不同点？（多选）

    A．一个是液压操控，一个是机械操纵

    B．膜片弹簧式离合器也有回位弹簧

    C．螺旋弹簧式离合器弹簧和分离杆是同一个部件的

    D．膜片弹簧式离合器没有分离杆

    E．膜片弹簧式离合器压紧弹簧就是膜片

3. 离合器操纵机构有液压式、机械式和气压式三种。（单选）

    A．说法正确　　　　B．说法不正确　　　　C．看情况

4. 产生离合器自由行程的原因是什么？（多选）

    A. 离合器分离杆的初始位置

    B. 离合器分离轴承的大小

    C. 离合器自由间隙

    D. 离合器操纵机构上的传动间隙

5. 在拆装离合器时，以下说法正确的是哪一项？（单选）

    A. 离合器压紧盘可以用螺栓旋紧

    B. 离合器盖可以不拆卸

    C. 离合器的输出轴要单独拆除

    D. 首先要把发动机总成和变速器分离

6. 汽车离合器有以下哪些作用？（多选）

    A. 可以切断动力   B. 可以防止动力过载

    C. 可以传递动力   D. 可以手动加速

    E. 可以实现失效保护

7. 下列哪些是离合器产生打滑可能的原因？（多选）

    A. 离合器压紧弹簧张紧过度   B. 离合器自由行程过小

    C. 离合器螺栓松脱   D. 离合器压盘打滑

    E. 离合器摩擦片磨损变薄

8. 以下哪些是离合器检修时要检测的项目？（多选）

    A. 从动盘径向跳动   B. 摩擦片磨损

    C. 压盘翘曲度   D. 输出轴直线度

9. 离合器踏板自由行程越大越好。（单选）

    A. 说法正确   B. 说法不正确   C. 看情况

10. 车辆紧急制动时，一定要踩离合器踏板防止车辆熄火。（单选）

    A. 说法正确   B. 说法不正确   C. 看情况

任务实施

一、离合器的检修

1. 从动盘的检查

1）目视检查

从动盘的目视检查如图 2-27 所示。目视检查从动盘摩擦片是否有裂纹、铆钉外露、减振器弹簧断裂等情况，若有则需要更换从动盘。

2）检查从动盘摩擦片的磨损程度

检查从动盘摩擦片的磨损程度，如图 2-28 所示。用游标卡尺测量摩擦片的厚度，若测量值与规定值不符，则应更换从动盘。从动盘摩擦片有轻微的油污时，可用汽油清洁；有轻微的硬化或烧损时，可用纱布打磨。

图 2-27　从动盘的目视检查

图 2-28　检查从动盘摩擦片的磨损程度

3）检查从动盘摩擦片上的铆钉

检查从动盘摩擦片上的铆钉，如图 2-29 所示。用游标卡尺测量从动盘摩擦片上的铆钉深度，铆钉头埋入深度一般应不小于 0.3mm。若检查结果超过规定值，则应进行更换。

4）从动盘翘曲检测

用百分表在半径为 120～150mm 处进行测量，从动盘的翘曲量应不大于 0.80mm。

5）其他检查

检查从动盘的花键毂，如图 2-30 所示。检查从动盘的花键毂是否存在过度磨损或缺齿问题；检查减振器弹簧是否断裂或有明显变形。从动盘花键毂与变速器第一轴的配合间隙应不大于 0.60mm，若超过该值，则应更换从动盘。

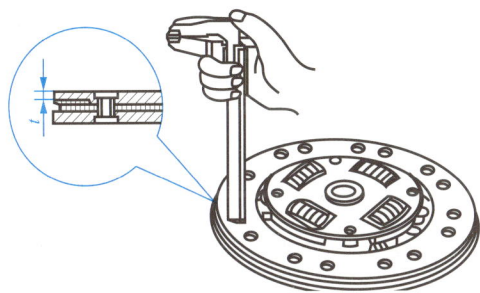

图 2-29　检查从动盘摩擦片上的铆钉

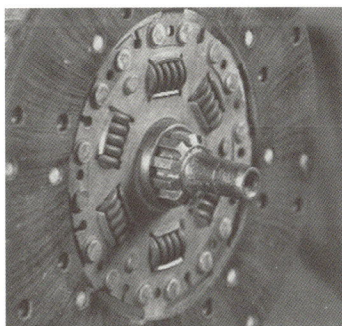

图 2-30　检查从动盘的花键毂

2. 压盘和离合器盖的检查

压盘损伤主要表现为翘曲、破裂或过度磨损等。

1）检查压盘表面粗糙度

目测检查压盘表面，如图 2-31 所示。压盘表面不应有明显的沟槽，沟槽深度应小于 0.3mm。

2）检查压盘平面度

检查压盘平面度，如图 2-32 所示。先用刀口尺压在压盘上，然后用塞尺测量。离合器压盘平面度不应超过 0.2mm。

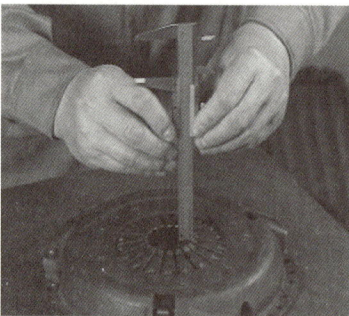

图 2-31　目测检查压盘表面

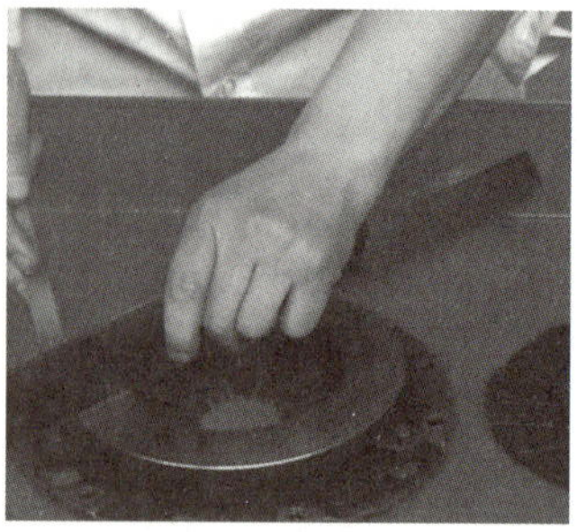

图 2-32　检查压盘平面度

3）检查离合器盖与飞轮接合面的平面度

离合器盖与飞轮接合面的平面度应小于 0.5mm，若有翘曲、裂纹、螺纹磨损等，则应更换离合器盖。

3. 膜片弹簧的检查

1）检查膜片弹簧的磨损程度

检查膜片弹簧的磨损程度，如图 2-33 所示。用游标卡尺测量膜片弹簧与分离轴承接触部位磨损的深度和宽度：深度应小于 0.6mm，宽度应小于 5mm，否则应更换膜片弹簧。

2）检查膜片弹簧的分离指端

检查膜片弹簧的分离指端，如图 2-34 所示。目视检查膜片弹簧的分离指端是否在同一高度，是否有断裂和过度磨损现象。如果不在同一高度，或者有断裂和过度磨损现象，则应更换压盘总成。

图 2-33　检查膜片弹簧的磨损程度

图 2-34　检查膜片弹簧的分离指端

4. 分离轴承的检查

检查分离轴承，如图 2-35 所示。用手固定分离轴承内圈，转动其外圈，同时在轴向上施加压力，若有阻滞或明显的间隙感，则应更换分离轴承。

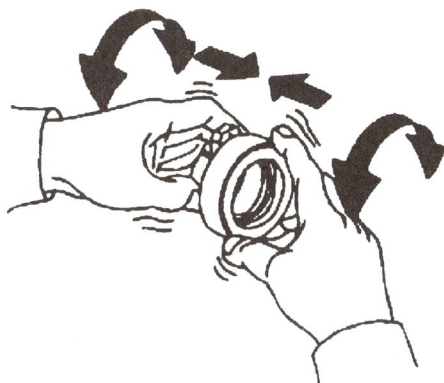

图 2-35　检查分离轴承

5. 飞轮的检查

1）目视检查

检查齿圈轮齿是否磨损或打齿，检查飞轮端面是否有烧蚀、沟槽、翘曲和裂纹等，若有则应修理或更换飞轮。

2）检查飞轮上的轴承

检查飞轮上的轴承，如图 2-36 所示。用手转动轴承，在轴向上加力，若有阻滞或有明显间隙感，则应更换轴承。

3）检查飞轮轴向圆跳动

检查飞轮轴向圆跳动，如图 2-37 所示。将百分表安装在发动机机体上，百分表测头抵在飞轮的外圈，转动飞轮，测量飞轮的轴向圆跳动值，该值应小于 0.1mm。如果超过标准，则应修磨或更换飞轮。飞轮每次拆卸后，都应更换连接螺栓。在将飞轮安装到曲轴上时，应用对角线方式根据规定的力矩逐次拧紧。

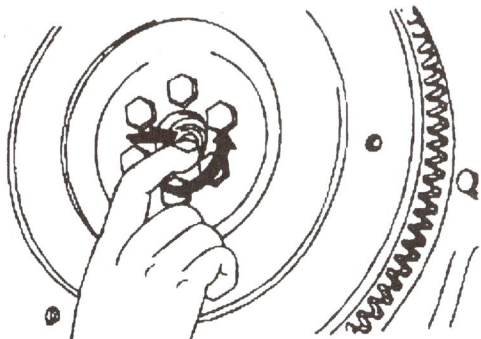

图 2-36　检查飞轮上的轴承

图 2-37　检查飞轮轴向圆跳动

二、变速器总成的拆装

1. 拆卸

步骤 1　拆下变速器总成，如图 2-38 所示。

步骤 2　从手动变速器壳体内部的分离叉位置拆下离合器的分离轴承，如图 2-39 所示。

图 2-38　拆下变速器总成

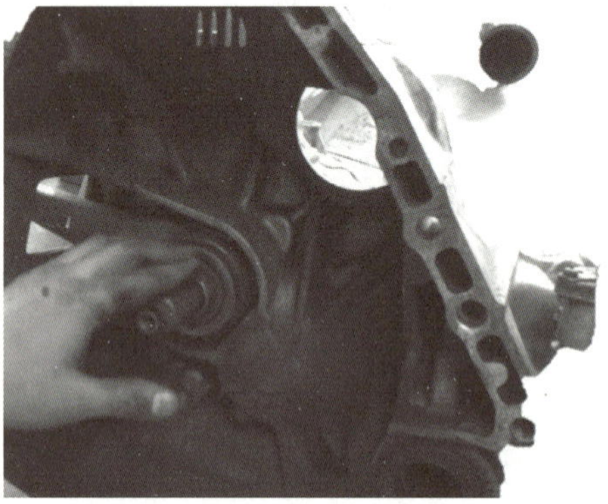

图 2-39　拆下离合器的分离轴承

步骤 3　分解前应做出装配标记，以便装合时辨认，保持原有的平衡状态，如图 2-40 所示。

步骤 4　用对角线方式拧松螺栓，如图 2-41 所示，应用专用工具压紧离合器进行分解。

图 2-40　做出装配标记

图 2-41　用对角线方式拧松螺栓

2. 安装

步骤 1　确定离合器盖、从动盘的安装位置和方向。

步骤 2　用定心棒定位从动盘，如图 2-42 所示。将一根定心棒插在飞轮的轴心内，再将从动盘沿定心棒轴向推到飞轮侧，对从动盘进行定位。

步骤 3　将离合器盖安装到发动机飞轮上，如图 2-43 所示，拧上固定螺栓。

图 2-42　用定心棒定位从动盘

图 2-43　将离合器盖安装到发动机飞轮上

步骤 4　检查并确认离合器从动盘位于飞轮的中心位置后，上下左右轻微地移动定心棒，检查并调整离合器盖到正确的位置，然后分 2～3 次用对角线方式按照规定力矩拧紧固定螺栓。

步骤 5　安装分离轴承，并在分离轴、分离叉和分离叉支撑部件上涂抹润滑脂。

三、离合器的维护

离合器的维护主要包括离合器储液罐油面高度的检查、离合器液压操纵机构泄漏情况的检查、离合器踏板自由行程的检查与调整、离合器工作情况的检查、离合器液压系统中空气的排除等。

1. 离合器储液罐油面高度的检查

检查离合器主缸储液罐内离合器油油面的高度，如果低于最低油面的标记，则应补加离合器油，并进一步检查离合器液压操纵机构是否有泄漏的部位。

2. 离合器液压操纵机构泄漏情况的检查

离合器液压操纵机构泄漏情况的检查主要包括检查主缸与油管、工作缸与油管以及油封等部位是否有离合器油的痕迹。

3. 离合器踏板自由行程的检查与调整

（1）踩下离合器踏板，检查是否存在下列故障：踏板回弹无力、有异响、踏板过度松动、踏板沉重。

（2）检查离合器踏板自由行程，如图 2-44 所示。离合器踏板行程（高度）包括自由行程和有效行程。自由行程是为了保证离合器分离彻底，而有效行程可以调整离合器接合点的高低。

步骤 1　关闭发动机，将一个直尺抵在驾驶室地板上。

步骤 2　测量离合器踏板完全放松时的高度。

步骤 3　用手轻按离合器踏板,当感到阻力增大时按住不动,再次测量离合器踏板高度。

步骤 4　两次测量的高度差即离合器踏板的自由行程。

（3）调整离合器踏板自由行程。如果离合器踏板自由行程不符合规定,则应进行调整。液压式操纵机构一般通过调整主缸推杆的长度来调整离合器踏板自由行程,具体步骤如下。

步骤 1　将主缸推杆锁紧螺母旋松,如图 2-45 所示。

步骤 2　转动主缸推杆,调整主缸推杆长度。若主缸推杆变短,则离合器踏板自由行程变小;若主缸推杆变长,则离合器踏板自由行程变大。

步骤 3　调整完毕后,将锁紧螺母旋紧。

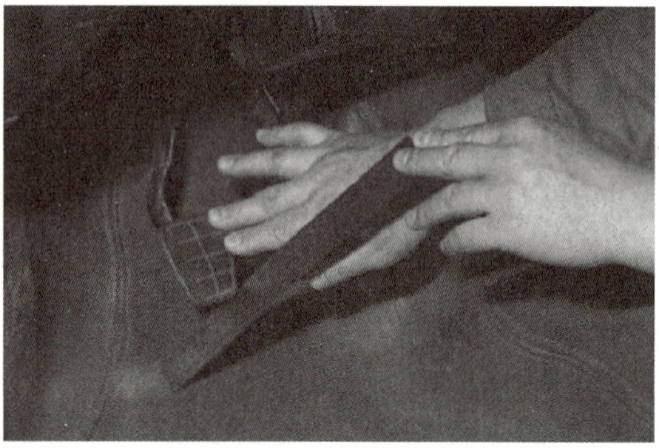

图 2-44　检查离合器踏板自由行程

图 2-45　将主缸推杆锁紧螺母旋松

4. 离合器工作情况的检查

汽车可靠停驻,拉起驻车制动操纵杆。起动发动机,发动机怠速运转,踩下离合器踏板,换到一挡或倒挡,检查是否有噪声、换挡是否平稳。如果有噪声或换挡不平稳,则说明离合器分离不彻底。

5. 离合器液压系统中空气的排除

离合器液压系统在经过检修后,管路内可能进入空气;在添加制动液时,也可能使液压系统中进入空气。空气进入,会使主缸推杆行程（即踏板工作行程）缩短,离合器分离不彻底。因此,当液压系统检修后或怀疑液压系统中进入空气时,需要排除液压系统中的空气,排除步骤如下。

步骤 1　将主缸储液罐中的制动液加至规定高度。

步骤 2　在离合器工作缸的放气螺钉上安装塑料软管,塑料软管另一端接到盛有制动液的容器内。

步骤 3　排除空气需要两个人的配合,一个人慢慢地踩离合器踏板数次,当感到有阻力时踩住不动,另一个人拧松放气螺钉直至制动液开始流出,然后拧紧放气螺钉。

步骤 4　连续按上述方法操作几次,直到流出的制动液中部出现气泡。

步骤5　空气排净后，再次检查及调整离合器踏板自由行程。

步骤6　再次检查主缸储液罐液面高度，必要时添加制动液。

任务三　手动变速器的检修

学习目标

（1）熟悉手动变速器各挡位的传动路线。

（2）掌握摩擦式惯性同步器的基本工作原理。

（3）熟悉变速器锁止装置的结构与作用。

（4）能正确拆装和检修手动变速器。

（5）树立质量意识、效率意识，精益求精，讲求实效。

内容引入

教师在相关教学平台推送一个汽车手动变速器基本介绍视频，请学生们在线观看。针对视频请学生参与以下内容的在线投票，选出哪些描述是正确的：

（1）装备手动变速器的汽车比装备自动变速器的汽车省油。

（2）手动变速器可实现变速变矩。

（3）手动变速器只能用齿轮传递动力。

（4）只有装备了手动变速器的汽车才可以用"手推汽车"的方式来发动汽车。

（5）手动变速器都有超速挡。

（6）三轴式手动变速器在工作时，所有齿轮都会转动。

教师根据投票情况，实时点评和分析。

相关知识

一、手动变速器的认识

1. 手动变速器的功用

汽车行驶的道路条件复杂，要求车轮转矩和转速能够在较大范围内变化，并且需要汽车能够倒向行驶，而发动机不能直接满足上述情况。为此，在传动系统中设置手动变速器，其功用如下。

（1）改变传动比，从而改变传递给驱动车轮的转矩和转速（前进挡）。

（2）实现倒车（倒挡）。

（3）利用空挡中断动力的传递（空挡）。

2. 手动变速器的位置、组成和分类

手动变速器与发动机直接相连，置于发动机之后，如图 2-46 所示。手动变速器由变速传动机构和变速操纵机构组成，其内部结构如图 2-47 所示。变速杆在驾驶员的右侧（地挡），如图 2-48 所示。有些汽车的变速杆在转向盘的右下方（怀挡），如图 2-49 所示。手动变速器按照工作轴的数量不同可以分为三轴式和二轴式两种。

图 2-46　变速器与发动机连接位置

图 2-47　手动变速器的内部结构

图 2-48　变速杆地挡位置

图 2-49　变速杆怀挡位置

讨论

图 2-48 和图 2-49 中手动变速器挡位上的数字和字母分别表示什么？如果汽车要起步行驶，那么应该使用什么挡位？

3. 手动变速器的基本原理

手动变速器变速传动机构主要由齿轮、轴及变速器壳体等零部件组成。手动变速器主要采用斜齿轮传动，其具有啮合平稳、冲击小、噪声小、承载能力强等特点。有些手动变速器的一挡和倒挡齿轮采用的是直齿圆柱齿轮。

1）变速和变矩原理

当齿轮啮合传动时，若小齿轮为主动轮并带动大齿轮转动，则输出转速降低，转矩增大；若大齿轮为主动轮并驱动小齿轮，则输出转速升高，转矩减小。

变速和变矩用传动比（i）表示，传动比是主动齿轮转速与从动齿轮转速之比，也等于二者齿数的反比。

微课 2-10　传动比理解与应用

2）换挡原理

降速挡：转矩增大、转速降低，传动比大于 1 且传动比随着挡位增大而减小。直接挡：转矩、转速不变，传动比等于 1。超速挡：转矩变小、转速升高，传动比小于 1。小齿轮为主动轮，大齿轮为从动轮，传动比大于 1，如图 2-50 所示，减速增扭。大齿轮为主动轮，小齿轮为从动轮，传动比小于 1，如图 2-51 所示，增速减扭。

3）变向原理

外啮合齿轮传动的特点是：每出现一次啮合，其从动齿轮转向改变一次。在原先前进挡的基础上加一个倒挡齿轮就能使输出轴齿轮转向改变一次，进而实现汽车的倒向行驶。齿轮变向原理如图 2-52 所示。

图 2-50　传动比大于 1　　图 2-51　传动比小于 1　　图 2-52　齿轮变向原理　　微课 2-11　手动变速器换挡原理

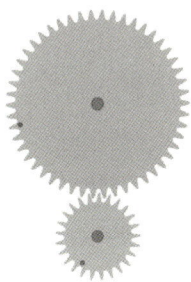

二、手动变速器传动机构

1. 三轴式手动变速器

三轴式手动变速器用于发动机前置、后轮驱动的汽车。例如，东风 EQ1092 采用的就是三轴式手动变速器，其原理图如图 2-53 所示，其实物图如图 2-54 所示。该变速器有 3 根主要的传动轴，分别是一轴、二轴和中间轴，另外还有一个倒挡轴。

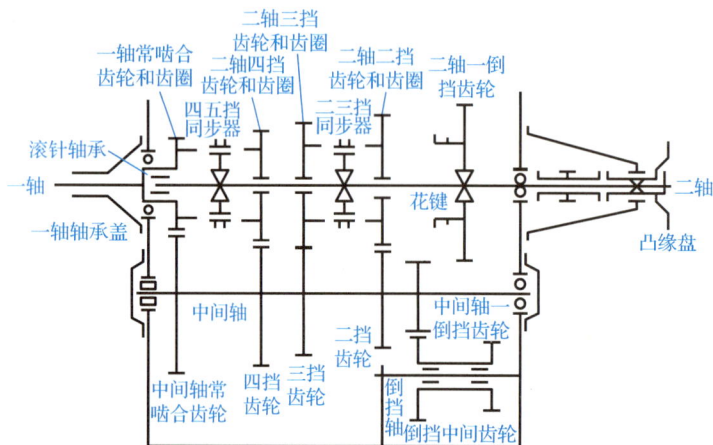

图 2-53　东风 EQ1092 三轴式手动变速器的原理图

图 2-54　东风 EQ1092 三轴式
手动变速器的实物图

东风 EQ1092 三轴式手动变速器各挡位的传动情况如下。

（1）空挡。二轴上的各个接合套、传动齿轮均处于中间空转的位置，动力从一轴传递而来，但不传递给二轴。

（2）一挡。前移动一倒挡直齿滑动齿轮与中间轴一挡齿轮啮合。动力经一轴齿轮→中间轴常啮合齿轮→中间轴齿轮→二轴一倒挡齿轮传递给二轴。

（3）二挡。后移动二三挡同步器接合套与二轴二挡齿轮的接合齿圈啮合。动力经一轴齿轮→中间轴常啮合齿轮→中间轴二挡齿轮→二轴二挡齿轮→二挡齿轮接合圈→二三挡同步器接合套→二三挡同步器花键毂传递给二轴，使其顺时针旋转。

（4）三挡。前移动二三挡同步器接合套与二轴三挡齿轮的接合齿圈啮合。动力经一轴齿轮→中间轴常啮合齿轮→中间轴三挡齿轮→二轴三挡齿轮→三挡齿轮接合圈→二三挡同步器接合套→二三挡同步器花键毂传到二轴，使其顺时针旋转。

（5）四挡。后移动四五挡同步器接合套与二轴四挡齿轮的接合齿圈啮合。动力经一轴齿轮→中间轴常啮合齿轮→中间轴四挡齿轮→二轴四挡齿轮→四挡齿轮接合圈→四五挡同步器接合套→四五挡同步器花键毂传递给二轴，使其顺时针旋转。

（6）五挡。前移动四五挡同步器接合套与一轴常啮合齿轮的接合齿圈啮合。动力直接经一轴→一轴常啮合齿轮→一轴常啮合齿轮接合齿圈→四五挡同步器接合套→四五挡同步器花键毂传递给二轴，传动比为1，故此挡又称直接挡。

（7）倒挡。后移二轴上的一倒挡直齿滑动齿轮与倒挡齿轮啮合。动力经一轴常啮合齿轮→中间轴常啮合齿轮→中间一倒挡齿轮→倒挡中间齿轮→二轴一倒挡直齿滑动齿轮传递给二轴，使其逆时针旋转，从而使汽车倒向行驶。

在相关教学平台推送一个汽车三轴式手动变速器基本介绍视频，请学生们在线观看，并推送 O2O 在线任务：结合东风 EQ1092 三轴式手动变速器的拆装规范，拍摄照片并绘制传动路线图，以图片的形式进行结果输出。

教师根据小组上传任务情况，实时点评和分析。

学生完成的三轴式手动变速器传动路线示意图如图 2-55 所示。

图 2-55　学生完成的三轴式手动变速器传动路线示意图　微课 2-12　三轴式齿轮变速器传动路线解析

2. 二轴式手动变速器

二轴式手动变速器用于发动机前置、前轮驱动的汽车，一般与驱动桥（前桥）共同构成手动变速驱动桥。前置发动机有纵向布置和横向布置两种形式，与其配合使用的二轴式手动变速器也有不同的结构形式。

图 2-56 所示为桑塔纳 2000 型轿车二轴式五挡手动变速器的结构图，该变速器传动路线示意图如图 2-57 所示。

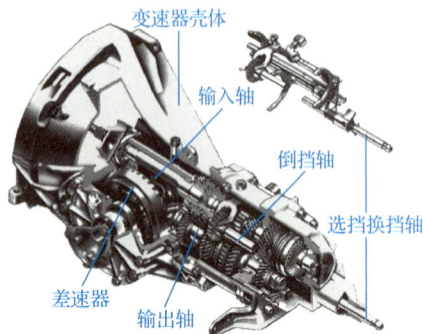

图 2-56 桑塔纳 2000 型轿车二轴式五挡手动
变速器的结构图

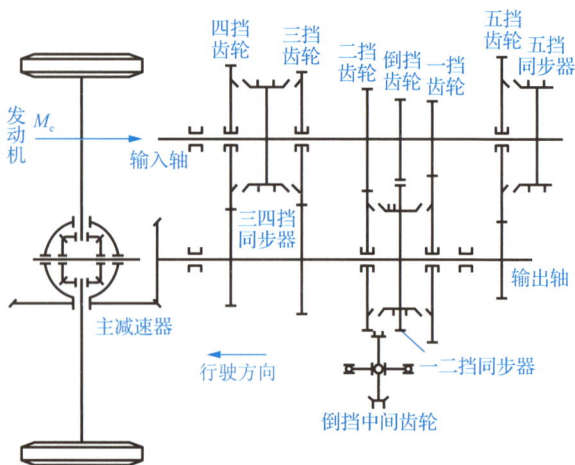

图 2-57 桑塔纳 2000 型轿车二轴式五挡手动变速器
传动路线示意图

　　该变速器的变速传动机构包括输入轴和输出轴，两轴平行布置，输入轴同时是离合器的从动轴，输出轴同时是主减速器的主动锥齿轮轴。该变速器具有 5 个前进挡和 1 个倒挡，全部采用锁环式惯性同步器换挡。

　　桑塔纳 2000 型轿车二轴式五挡手动变速器的传动路线如下。

　　（1）一挡。后移输出轴上一二挡同步器的接合套与输出轴上一挡齿轮的接合齿圈啮合。动力经输入轴→输入轴一挡齿轮→输出轴一挡齿轮→输出轴一挡齿轮齿圈→一二挡同步器的接合套→一二挡同步器的花键毂传递给输出轴。一挡传动路线如图 2-58 所示。

　　（2）二挡。前移输出轴上一二挡同步器的接合套与输出轴上二挡齿轮的接合齿圈啮合。动力经输入轴→输入轴二挡齿轮→输出轴二挡齿轮→输出轴二挡齿轮齿圈→一二挡同步器的接合套→一二挡同步器的花键毂传递给输出轴。

　　（3）三挡。后移输出轴上三四挡同步器的接合套与输出轴上三挡齿轮的接合齿圈啮合。动力经输入轴→三四挡同步器的花键毂→三四挡同步器的接合套→输入轴三挡齿轮齿圈→输入轴三挡齿轮→输出轴三挡齿轮传递给输出轴。三挡传动路线如图 2-59 所示。

　　（4）四挡。前移输出轴上三四挡同步器的接合套与输出轴上四挡齿轮的接合齿圈啮合。动力经输入轴→三四挡同步器的花键毂→三四挡同步器的接合套→输入轴四挡齿轮齿圈→输入轴四挡齿轮→输出轴四挡齿轮传递给输出轴。

　　（5）五挡。前移输出轴上五挡同步器的接合套与输出轴上五挡齿轮的接合齿圈啮合。动力经输入轴→五挡同步器的花键毂→五挡同步器的接合套→输入轴五挡齿轮齿圈→输入轴五挡齿轮→输出轴五挡齿轮传递给输出轴。五挡传动路线如图 2-60 所示。

　　（6）倒挡。动力经输入轴→输入轴倒挡齿轮→倒挡轴倒挡齿轮→输出轴倒挡齿轮传递给输出轴，动力反向输出。倒挡传动路线如图 2-61 所示。

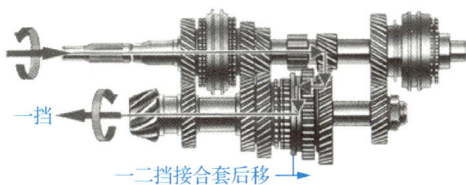

图 2-58　一挡传动路线

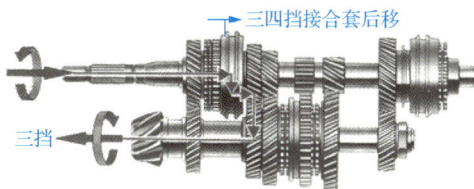

图 2-59　三挡传动路线

图 2-60　五挡传动路线

图 2-61　倒挡传动路线

思考

以上二轴式手动变速器的二挡传动路线和四挡传动路线没有绘出，你能否在变速器实物中确定它们的传动路线？

微课 2-13　二轴式手动变速器传动路线解析

3. 同步器

同步器是利用摩擦原理实现同步的。现代汽车上广泛使用的是惯性式同步器，它可以从结构上保证待啮合的接合套与接合齿轮的花键齿圈在达到同步之前不可能接触，可以避免齿间冲击和噪声。同步器的功用是使接合套与待啮合的齿圈迅速同步，缩短换挡时间，并防止在同步前啮合而产生换挡冲击。如果没有同步器，那么在把一个慢速旋转的齿轮强行塞入一个高速旋转的齿轮中时，会发生打齿现象。图 2-62 所示为滑动齿轮换挡。

图 2-63 所示为接合套换挡，若要实现在无同步器换挡时不产生换挡冲击，则须采取较复杂的操作，不仅易使驾驶员疲劳，而且会缩短齿轮的使用寿命。

同步器是在接合套的基础上发展起来的。同步器换挡如图 2-64 所示。目前汽车传动系统所采用的同步器几乎都是摩擦式惯性同步器，根据锁止装置的不同，它可分为锁环式惯性同步器和锁销式惯性同步器。

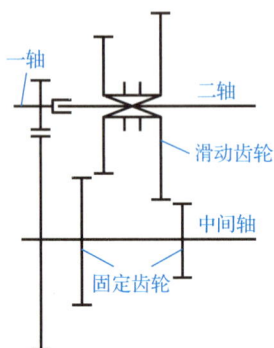

图 2-62　滑动齿轮换挡　　　　图 2-63　接合套换挡　　　　图 2-64　同步器换挡

1）锁环式惯性同步器

锁环式惯性同步器是依靠摩擦作用实现同步的，其换挡过程可分为三个阶段。

第一阶段：同步器离开中间位置，进行轴向移动并紧贴在摩擦面上。摩擦面相互接触瞬间，由于齿轮的角速度和滑动齿套的角速度不同，因此在摩擦力矩作用下，锁销相对滑动齿套转动一个不大的角度，并占据锁止位置。此时锁止面互相接触，阻止了滑动齿套向换挡方向移动。

第二阶段：手柄传至换挡拨叉并作用在滑动齿套上的力，经过锁止元件又作用在摩擦面上。由于齿轮的角速度和滑动齿套的角速度不同，因此在上述表面产生摩擦力。滑动齿套和齿轮分别与整车和变速器输入转动零件相连接。于是，在摩擦力矩作用下，滑动齿套和齿轮的转速逐渐接近，其角速度差逐渐减小。在角速度差等于零的瞬间，同步过程结束。

第三阶段：角速度差等于零，摩擦力矩消失，而轴向力仍作用在锁止元件上，使之解除锁止状态。此时滑动锁套和锁销上的斜面相对移动，从而使滑动齿套占据了换挡位置。

锁环式惯性同步器的结构图如图 2-65 所示，其实物图如图 2-66 所示。

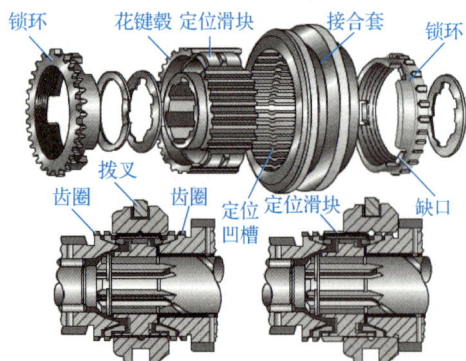

图 2-65　锁环式惯性同步器的结构图　　　图 2-66　锁环式惯性同步器　　　微课 2-14　锁环式惯性
　　　　　　　　　　　　　　　　　　　　　　　　　实物图　　　　　　　　　同步器工作原理

2）锁销式惯性同步器

锁销式惯性同步器与锁环式惯性同步器的工作原理类似。换挡时，在摩擦锥环和摩擦锥盘两锥面的摩擦作用下，准备啮合的两齿轮迅速达到同步。同步前，在惯性力的作用下，接合套与锁销倒角始终抵触，防止同步前强行啮合。锁销式惯性同步器的结构图如图 2-67 所示，其实物图如图 2-68 所示。

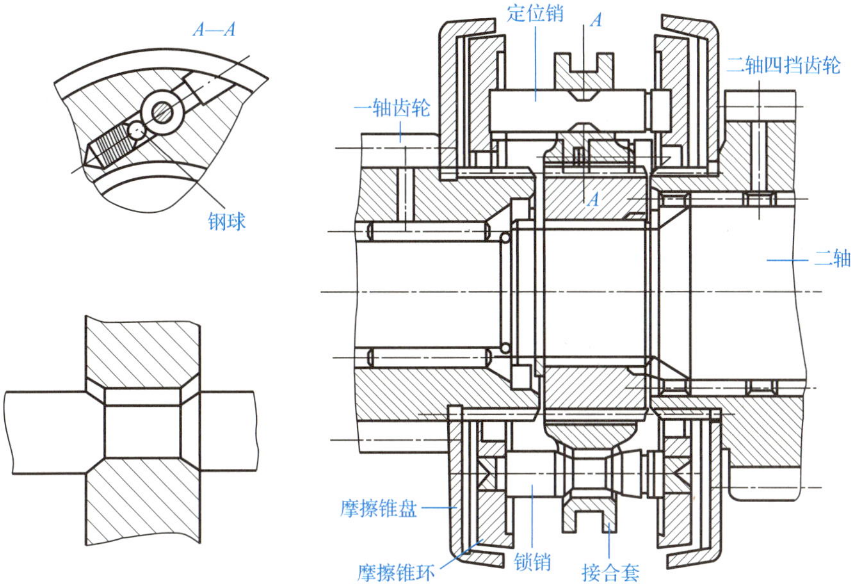

图 2-67　锁销式惯性同步器的结构图

图 2-68　锁销式惯性同步器实物图　　　微课 2-15　锁销式惯性同步器工作原理

三、手动变速器换挡控制机构

手动变速器换挡控制机构应保证驾驶员能准确可靠地将变速器挂入所需要的挡位，随时可以退回空挡，并可防止变速器自动换挡、自动脱挡、同时换入两个挡位和误挂倒挡等。换挡控制机构由操纵装置、拨叉组件和锁止装置组成。

1. 操纵装置

操纵装置分为直接操纵式和远距离操纵式两种。

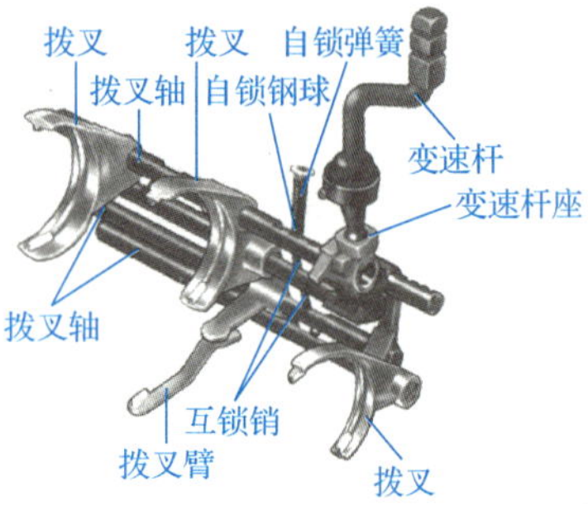

图 2-69　北京吉普切诺基汽车手动变速器的操纵装置结构图

直接操纵式操纵装置用于大多数发动机前置、后轮驱动的货车或越野车。例如，图 2-69 所示为北京吉普切诺基汽车手动变速器的操纵装置结构，4 条拨叉轴两端支撑在变速器盖的孔中，可轴向滑动；拨叉和拨块用弹性销固定在拨叉轴上，三四挡拨叉顶部和拨块有凹槽。该变速器在空挡时，所有凹槽对齐，叉形拨杆下端的球头伸入凹槽中；换挡时，变速杆纵向摆动，带动拨块、拨叉轴及拨叉向前或向后移动，挂上相应的挡位。

对于发动机后置和发动机横置前驱的汽车，由于变速器的安装位置距离驾驶员座位较远，因此在变速杆与变速器之间加装了一套传动装置，以便远距离操纵。手动变速器远距离操纵装置的结构图如图 2-70 所示，其实物图如图 2-71 所示。

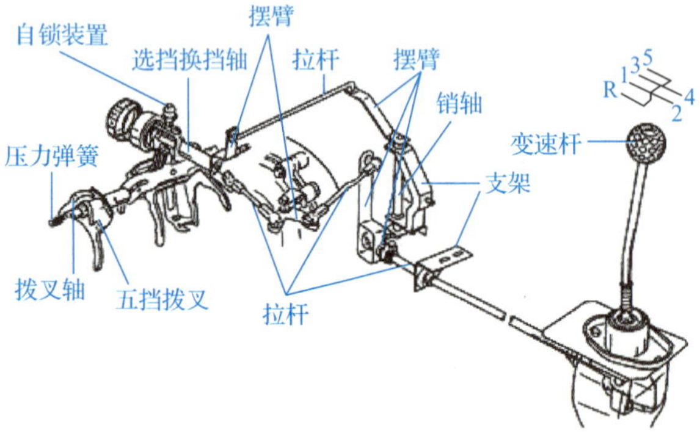

图 2-70　手动变速器远距离操纵装置的结构图

图 2-71　手动变速器远距离操纵装置实物图

2. 拨叉组件

拨叉组件由拨叉、拨叉轴、拨块及凹槽组成。拨叉和拨块用弹性销与拨叉轴固定在一起，拨叉轴上有球面凹坑，用于挡位的自锁和互锁。拨叉下端的叉口分别卡在同步器的接合套或滑动齿轮的环槽内。拨叉组件如图 2-72 所示。

图 2-72　拨叉组件

3. 锁止装置

1）自锁装置

自锁装置主要用于防止变速器自动换挡和自动脱挡，它主要由自锁钢球和自锁弹簧组成。每根拨叉轴的上表面沿轴向均分布有三个凹槽，中间凹槽定位空挡。自锁装置的结构图如图 2-73 所示。

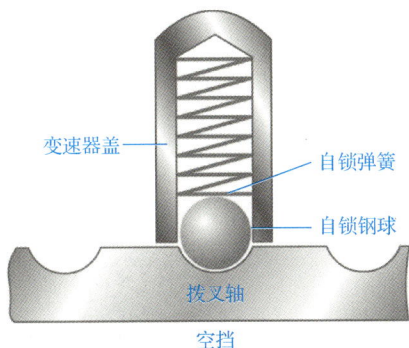

图 2-73　自锁装置的结构图

微课 2-16　自锁装置工作原理

2）互锁装置

互锁装置由互锁钢球和互锁销组成，主要用于保证变速器不会同时挂入两个挡位。当某一拨叉轴被移动而在挡位上时，另外两个拨叉轴便被互锁装置固定在空挡位置而不能再进行轴向移动。两个钢球直径之和等于相邻两拨叉轴圆柱表面之间的距离加上一个凹槽的深度。中间拨叉轴上两个侧面之间有通孔，孔中有一根可横向移动的互锁销，互锁销的长度等于拨叉轴的直径减去一个凹槽的深度。汽车变速器自锁和互锁装置如图 2-74 所示。

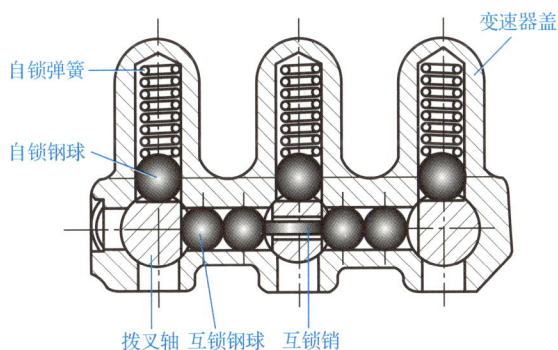

图 2-74　汽车变速器自锁和互锁装置

微课 2-17　互锁装置工作原理

3）倒挡锁装置

倒挡锁装置主要由倒挡锁销和倒挡锁弹簧组成，主要用于防止误挂入倒挡。驾驶员在挂倒挡时，必须用较大的力使变速杆的下端压缩倒挡锁弹簧，将倒挡锁销推入，才能使变速杆下端进入倒挡拨块的凹槽内，从而使拨叉轴推入倒挡。倒挡锁装置结构图如图 2-75 所示。

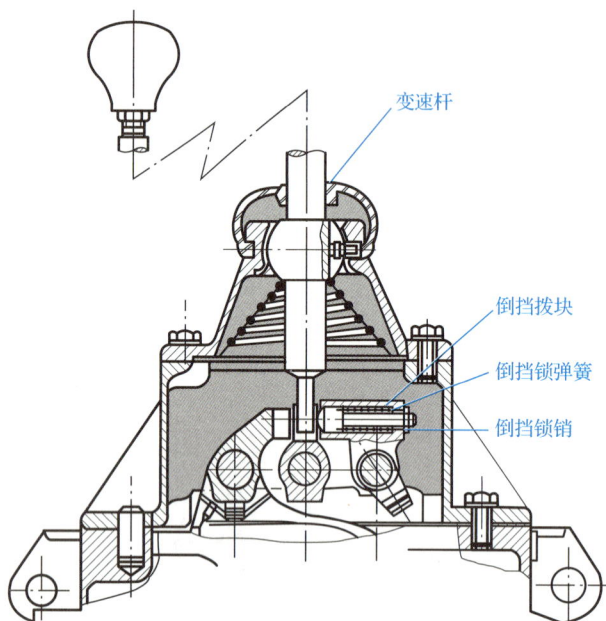

图 2-75　倒挡锁装置结构图

微课 2-18　倒挡锁装置工作原理

四、分动器

四轮驱动汽车采用分动器将变速器输出的动力分配到各驱动桥。分动器的位置图如图 2-76 所示，其实物图如图 2-77 所示。

图 2-76　分动器的位置图

图 2-77　分动器实物图

（1）分动器的作用：可以将变速器输出的动力分配到各驱动桥；有些汽车的分动器还有高低两挡，兼具副变速器的作用。分动器的输入轴与变速器的二轴相连，有两个或两个以上输出轴，通过万向传动装置分别与各驱动桥相连。

（2）分动器的结构：除具有高低两挡及相应的换挡机构外，还有前桥接合套及相应的控制机构。当越野车在良好路面上行驶时，只需要后轮驱动，此时可以用操纵手柄控制前桥接合套，切断前驱动桥输出轴的动力。分动器的结构图如图 2-78 所示，其传动示意图如

图 2-79 所示。

图 2-78 分动器结构图

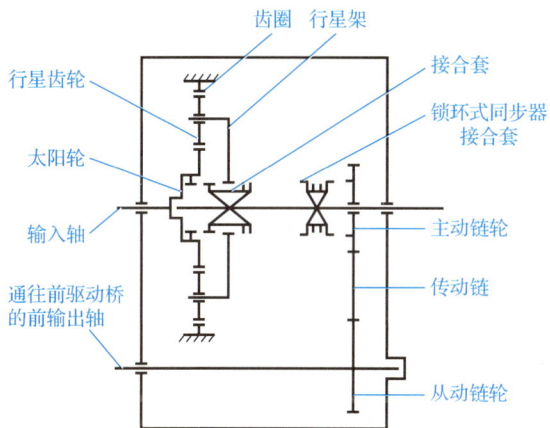

图 2-79 分动器传动示意图

微课 2-19 二轴式分动器

⊞ 讨论

下图是三轴式两挡分动器传动简图，请说明其工作原理并绘制其传动路线。

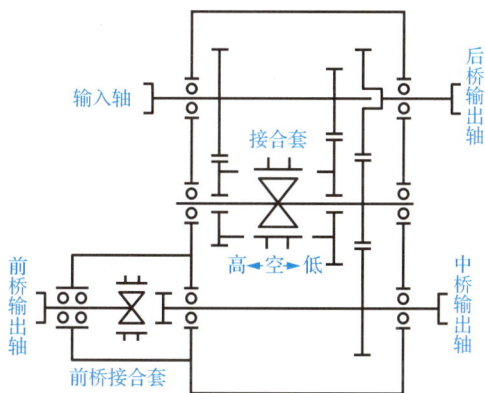

在线测试四

课程内容学习完毕后，在相关教学平台推送 10 道在线测试题。

教师根据测试情况，实时点评和分析。

1. 手动变速器在高挡位时，以下哪个说法是正确的？（单选）

    A. 可以急加速超车   B. 传动比小于 1

    C. 发动机转速高   D. 适合高速行驶状态

2. 手动变速器同步器有哪些作用和特点？（多选）

    A. 可以实现动力的传递   B. 可以用来连接换挡动作装置

    C. 增加接合时的动作时间   D. 有一个同步器就有两个挡位

    E. 锁环式同步器比锁销式同步器的尺寸大且结构更复杂

3. 手动变速器都是由齿轮啮合传递动力的。（单选）

    A. 说法正确   B. 说法不正确   C. 看情况

4. 以下关于手动变速器的说法正确的是哪几项？（多选）

    A. 手动变速器有几个挡位就有几个传动比

    B. 手动变速器挡位越多，汽车的动力性能越好

    C. 手动变速器的三挡传动比比五挡的大

    D. 手动变速器传动路线都是机械刚性传递的

    E. 换挡操纵装置有直接操纵和远距离操纵之分

5. 关于手动变速器传动路线的说法正确的是哪一项？（单选）

    A. 传动路线都要经过同步器

    B. 传动路线上有同步器或齿轮的啮合

    C. 传动路线越长，传动比越大

    D. 有时传动路线有两条

6. 以下哪些是手动变速器的基本工作内容？（多选）

    A. 改变车速   B. 调整制动性能

    C. 传递动力   D. 多动力进行分路传递

    E. 设立倒车使用场景

7. 以下哪些情况是造成手动变速器乱挡的原因？（多选）

    A. 自锁装置失效   B. 齿轮轴向间隙过大

    C. 互锁装置失效   D. 换挡拨叉失效

    E. 齿轮磨损

8. 以下说法哪些是不正确的？（多选）

    A. 越野车多用自动变速器

    B. 汽车传动路线的传动比就是手动变速器的传动比

    C. 除手动变速器外，汽车还有改变传动比的部件

    D. 手动变速器也要定期更换变速器油

9. 手动变速器不适合用于运动竞速等赛车。（单选）
　　A. 说法正确　　　　B. 说法不正确　　　　C. 看情况
10. 手动变速器比自动液力变速器低速时的传动效率高。（单选）
　　A. 说法正确　　　　B. 说法不正确　　　　C. 看情况

任务实施

一、手动变速器的拆装

1. 拆卸

下面以桑塔纳二轴式变速器为拆卸主体，具体拆卸步骤如下。

步骤1　准备所需要的拆装工具。

步骤2　拧下手动变速器的输出端紧固螺栓，拆卸手动变速器后端盖。

步骤3　轻轻上移中间的换挡拨叉轴，用带有磁性的螺钉旋具取出互锁销（注意：换挡拨叉轴上移不得超过1mm，否则将影响自锁装置），如图2-80所示。

步骤4　挂上挡位（同时挂上倒挡和一挡），从而卡住传动齿轮。使用扳手旋出输出轴后端大螺母，如图2-81所示。

步骤5　恢复手动变速器至空挡，继续拆卸变速器中部总成端盖螺栓，如图2-82所示。

图2-80　取出互锁销　　　　图2-81　旋出输出轴后端大螺母　　　　图2-82　拆卸变速器中部总成端盖螺栓

步骤6　取出二轴式手动变速器总成，需要两人配合，一人扶住变速器中部总成外壳。拆出后，要保证同步器在空挡，滑块没有滑出，如图2-83所示。

步骤7　用呆扳手抵住换挡拨叉轴进行辅助支撑，取出输入轴三四挡同步器换挡拨叉弹簧销，如图2-84所示。

步骤8　把输入轴三四挡同步器换挡拨叉轴转动90°取出（因为要避开互锁装置和自锁装置）。取出该拨叉轴上互锁销，并取出三四挡拨叉轴之间的弹簧销。

步骤9　用卡环钳取出变速器输入轴后端外卡环和垫片，如图2-85所示。用木头垫底，放置好变速器体，用专用工具取出变速器输入轴。

图 2-83　取出二轴式手动
变速器总成

图 2-84　取出输入轴三四挡
同步器换挡拨叉弹簧销

图 2-85　取出变速器输入轴
后端外卡环和垫片

步骤 10　检查变速器输入轴上齿轮，如图 2-86 所示，取下同步器接合套，检查滑块、钢丝弹簧是否变形或移位。

步骤 11　拆出变速器输入轴的卡环，如图 2-87 所示，取出齿轮及同步环等部件，对其表面进行清洁、清理和抹油。

步骤 12　装回变速器输入轴上部件。装同步器接合套：同步环的三个凹槽对准接合套上的三个凹槽，三个手指同时用力下压，并推入同步器接合套，如图 2-88 所示。

图 2-86　检查变速器输入轴上齿轮

图 2-87　拆出变速器输入轴的
卡环

图 2-88　装同步器接合套

步骤 13　拆倒挡。旋下倒挡拨叉与外壳体连接螺母，转动 90°取下倒挡拨叉轴，如图 2-89 所示。

步骤 14　拆变速器输出轴上后端的弹簧销，如图 2-90 所示，取出后端换挡槽块。

步骤 15　拆变速器输出轴总成（图 2-91）。用三角木头架起变速器输出轴总成，用铜棒击打总成。检查变速器输出轴上齿轮、轴承是否完好，检查外壳，检查自锁装置并上油。

图 2-89　取出倒挡拨叉轴

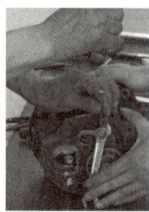

图 2-90　拆变速器输出轴上后端的弹簧销

图 2-91　拆变速器输出轴总成

2. 安装

具体安装步骤如下。

步骤1　进行安装前的检查,检查完毕,开始安装。调整变速器输出轴齿轮和花键毂间隙,用专用工具击打,直到间隙消除,如图 2-92 所示。

步骤2　安装输出轴。输出轴放置在空挡位置,并与其拨叉轴同步安装(注意规避拨叉轴的自锁装置)。输出轴轴承用专用工具敲入。拿起输出轴总成并摇晃,检查是否有异动,没有异动则表明已安装到位,如图 2-93 所示。

步骤3　安装倒挡。先安装倒挡拨叉轴,确认其拨叉轴的互锁装置在内侧无干扰处,再安装倒挡下部件及齿轮轴,然后旋入拨杆与外壳固定的连接螺母并旋紧,如图 2-94 所示。

图 2-92　消除间隙　　　图 2-93　安装输出轴　　　图 2-94　安装倒挡

步骤4　安装变速器输入轴。装上轴承,可以使用铜棒轻轻击打轴承外轴套,然后安装好垫片及外卡环,如图 2-95 所示。

步骤5　安装三四挡拨叉轴,注意方向,如图 2-96 所示。敲入弹簧销,用手转动输入轴进行检查,能自由转动即可,并给各齿轮上油。

步骤6　放入变速器总成至壳底,如图 2-97 所示。一人同时同向转动两边输出轴,一人同时下压变速器总成。按照规定扭矩装回其他螺栓等部件。

图 2-95　装变速器输入轴　　　图 2-96　安装三四挡拨叉轴　　　图 2-97　放入变速器总成至壳底

二、手动变速器的检查

1. 齿轮与花键的检查

步骤1　检查齿面,如图 2-98 所示。若有明显的疲劳斑点、划痕或阶梯形磨损,则应更换齿轮。

步骤 2　检查斜齿轮齿面的磨损程度，如图 2-99 所示。磨损量如果超过原齿面的 15%，则应更换齿轮。

步骤 3　检查啮合情况，如图 2-100 所示。检查齿轮与齿轮、齿轮与轴以及齿轮与花键之间各啮合间隙，如果不符合规定，则应进行更换。

图 2-98　检查齿面　　　　图 2-99　检查斜齿轮　　　　图 2-100　检查啮合情况
齿面的磨损程度

2. 变速器轴的检查

步骤 1　目视检查，如图 2-101 所示。如果变速器轴上有裂纹或破损，那么应该进行更换。

步骤 2　检查变速器轴的弯曲变形情况，如果不符合标准，那么应该进行校正或更换。

步骤 3　检查磨损情况，如图 2-102 所示。用游标卡尺测量变速器轴颈或定位凹槽的磨损情况，如果超出规定值，则应进行更换。

图 2-101　目视检查　　　　　　　　图 2-102　检查磨损情况

3. 同步器的检查

步骤 1　检查端面间隙，如图 2-103 所示。用塞尺测量锁环和换挡齿轮端面的间隙，若超过标准值，则应更换同步器。

步骤 2　检查磨损情况，如图 2-104 所示。检查同步器滑块和滑块槽，如果出现磨损，则应更换同步器。

图 2-103 检查端面间隙

图 2-104 检查磨损情况

4. 变速器壳体的检查

检查变速器壳体，如图 2-105 所示。

步骤 1 检测变速器壳体的轴承座孔、定位销孔和螺纹孔等重要部位，如果出现裂纹，则应更换壳体。

步骤 2 检查变速器壳体端面的平面度，如果端面变形出现严重偏差，则应进行更换。

5. 变速器盖的检查

检查变速器盖有无裂纹，与变速器壳体结合面的平面度是否在允许范围内，拨叉轴与轴孔的间隙是否合格。

6. 轴承的检查

检查滚动体与内外圈，不得有麻点、麻面和烧灼等，保持架应完好。检查轴承是否转动灵活，若不灵活，则应更换。检查轴承，如图 2-106 所示。

7. 操纵装置的检查

步骤 1 检查操纵机构各零件的连接情况，若有松动则及时紧固。

步骤 2 检查变速杆、拨叉轴和拨叉的变形情况，若有变形则须校正。

步骤 3 检查拨叉与接合套、拨叉与拨叉轴以及拨叉与选挡换挡轴是否有磨损，若有磨损，则需要进行更换。检查拨叉及拨叉轴的变形情况，如图 2-107 所示。

图 2-105 检查变速器壳体

图 2-106 检查轴承

图 2-107 检查拨叉及拨叉轴的变形情况

任务四　自动变速器的检修

学习目标

（1）熟悉液力变矩器的结构与工作原理。
（2）熟悉自动变速器机械部件的结构和工作原理。
（3）熟悉辛普森式齿轮变速机构各挡位传动路线。
（4）能正确检查自动变速器、油泵、液力变矩器，进行自动变速器执行元件的检修。
（5）培养一丝不苟的工作态度和善于分析问题、解决问题的能力。

内容引入

教师在相关教学平台推送一个汽车自动变速器基本介绍视频，请学生们在线观看。针对视频请学生参与以下内容的在线投票，选出哪些描述是正确的：
（1）装备自动变速器的汽车行驶得比较快。
（2）装备自动变速器的汽车在急加速时也需要降挡。
（3）自动变速器没有使用离合器。
（4）自动变速器一定也需要液力传动的部件。
（5）自动变速器传动效率比手动变速器的低。
教师根据投票情况，实时点评和分析。

相关知识

一、自动变速器的认识

自动变速器即自动操纵式变速器。汽车自动变速器可根据发动机负荷和车速等工况的变化，自动变换传动系统的传动比，使汽车获得良好的动力性能和燃油经济性，同时有效减少发动机排放污染，显著提高汽车行驶的安全性、乘坐舒适性和操纵轻便性。

常见的汽车自动变速器有四种形式，分别是自动液力变速器（automatic transmission，AT）、机械无级变速器（continuously variable transmission，CVT）、机械式自动变速器（automated mechanical transmission，AMT）、双离合变速器（double clutch transmission，DCT）。轿车普遍使用的是自动液力变速器，该变速器几乎成了自动变速器的代名词。自动液力变速器、机械无级变速器、机械式自动变速器、双离合变速器分别如图 2-108 ～

图 2-111 所示。

图 2-108 自动液力变速器

图 2-109 机械无级变速器

图 2-110 机械式自动变速器

图 2-111 双离合变速器

一般来说，自动变速器的挡位分为 P 挡、R 挡、N 挡、D 挡、2 挡、L 挡等，如图 2-112 所示，有些汽车的自动变速器还有 1 挡。

图 2-112 自动变速器的挡位

微课 2-20 自动变速器综合介绍

P 挡（parking gear）：用于停车，需要配合驻车制动操纵杆使用。P 挡利用机械装置锁紧汽车的转动部分，使汽车不能移动。当汽车需要在一个固定位置停留较长时间或在停稳之后驾驶员离开驾驶室前，应该拉起驻车制动操纵杆并将变速杆移至 P 挡。

R 挡（reverse gear）：倒挡，汽车倒车时用。通常要按下变速杆上的保险按钮才可将变速杆移至 R 挡。需要注意的是，当汽车尚未完全停定时，禁止强行转至 R 挡，否则变速器会受到严重损坏。

N 挡（neutral gear）：空挡。在将变速杆置于 N 挡后，发动机与变速器之间的动力已经切断分离。当需要短暂停留时，可将变速杆置于此挡并拉起驻车制动操纵杆，右脚可移离制动踏板稍作休息。

D 挡（drive gear）：前进挡，用于在一般道路上行驶。由于各国车型有不同的设计，所以 D 挡一般包括从 1 挡至高挡，或者从 2 挡至高挡，并会根据车速及负荷的变化自动换挡。将变速杆置于 D 挡，驾驶员只要控制好加速踏板就可以控制车速快慢。

2 挡（second gear）：前进挡，但变速器只能在 1 挡、2 挡之间切换，不会跳到 3 挡或 4 挡等高挡位上。将变速杆置于 2 挡，汽车由 1 挡起步，当速度增加时，自动换为 2 挡。2 挡可用于上下斜坡。汽车在上下斜坡时，会稳定地保持在 1 挡或 2 挡。在上斜坡时，变速器不会因为上斜坡的负荷或车速不平衡而不停地换挡；在下斜坡时，汽车利用发动机低转速的阻力进行制动，也不会越行驶越快。

1 挡（first gear）：前进挡。当变速杆置于 1 挡时，变速器只能在 1 挡工作，不能变换到其他挡位。该挡在严重交通堵塞时和斜度较大的斜坡上最能发挥功用。在上斜坡或下斜坡时，可充分利用汽车发动机的扭力。

二、液力变矩器

自动液力变速器是由液力变矩器、行星齿轮和液压操纵系统组成的，它通过液力传递和齿轮啮合的方式实现变速变矩。其中，液力变矩器是自动液力变速器最重要的部件，它由泵轮、涡轮和导轮等构件组成，兼有传递转矩和离合的作用。

液力变矩器的前身是液力耦合器。液力耦合器示意图如图 2-113 所示，其中泵轮与发动机曲轴相连，涡轮与从动轴相连，泵轮和涡轮之间没有机械连接关系，二者之间靠液体流动传递动力。可以根据水泵带动水轮机转动和一个风扇通过气流带动另一个风扇转动来理解液力耦合器的原理，如图 2-114 和图 2-115 所示。

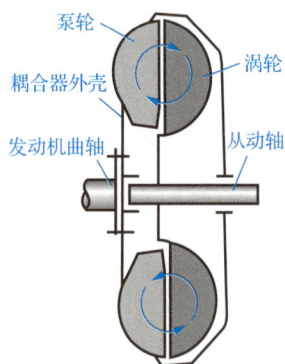

图 2-113　液力耦合器示意图　　图 2-114　水泵带动水轮机转动　　图 2-115　一个风扇通过气流带动另一个风扇转动

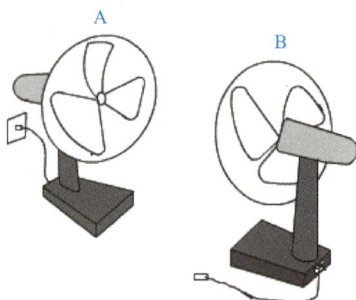

1. 液力变矩器的组成及作用

液力变矩器示意图如图 2-116 所示，它与液力耦合器的最大区别是其增加了导轮。液力变矩器能够自动无级地根据负载变化改变涡轮的转速，提高汽车的通过能力。液力变矩器通过液体连接泵轮和涡轮，这样可以减小发动机对传动系统的冲击，延长传动系统的寿命。液力变矩器在起步时能够提高汽车的起动变矩比，从而增强汽车的动力性能，使汽车起步平稳柔和，提高乘坐舒适性。图 2-117 所示为液力变矩器实物分解图。

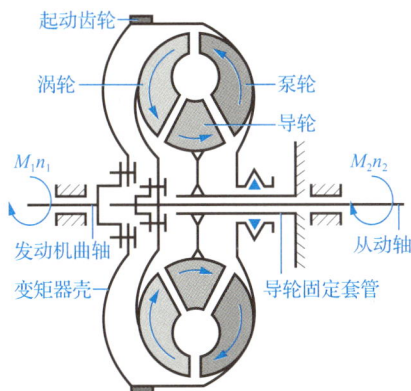

图 2-116　液力变矩器示意图

图 2-117　液力变矩器实物分解图

讨论

液力耦合器和液力变矩器在结构上有什么区别？它们的功用有什么不同？

2. 液力变矩器的工作原理

液力变矩器与液力耦合器转换能量、传递动力的原理相同。液体在循环流动的过程中，导轮在一定条件下可以改变其流向，这相当于给涡轮增加了一个反作用力矩，从而使涡轮输出转矩不同于泵轮输入转矩，导轮在这里起到了"变矩"的作用。液力变矩器的工作原理如图 2-118 所示。

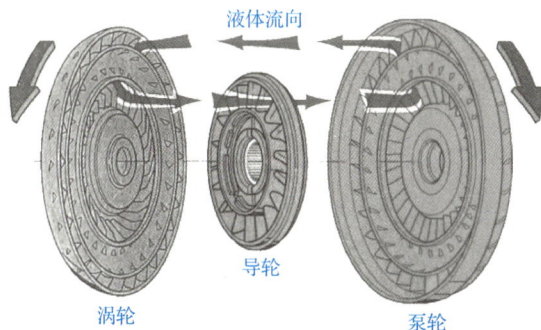

图 2-118　液力变矩器的工作原理

液力耦合器在工作时，工作油液从泵轮流向涡轮，之后再流回泵轮。工作油液从涡轮流出时的方向与泵轮的运动方向相反，有阻碍泵轮正常旋转的趋势，即泵轮的运动受到涡轮回油的阻碍。这是液力耦合器的最大缺点，也是它不能增大力矩的原因。

液力变矩器中增加了导轮，工作油液从涡轮流出后流向导轮，再流向泵轮。

当汽车未起步或重载低速时，涡轮不动，泵轮开始转动，工作油液在导轮叶片的作用下，其流动方向会改变。当工作油液再次流到泵轮时，其流向与泵轮的运动方向相同。由于受到单向离合器的约束，因此导轮静止不动。这样就增大了泵轮的旋转力矩，进而增大了涡轮的力矩。工作油液在液力变矩器中的流向（导轮锁止）如图 2-119 所示。

图 2-119　工作油液在液力变矩器中的流向（导轮锁止）

随着涡轮转速逐渐升高，即涡轮的牵连速度逐渐增加，从涡轮流入导轮的工作油液会有所变化。在涡轮转动产生的离心力的作用下，工作油液不再直接流向导轮，而是越过导轮直接回到泵轮，因此失去了增扭作用，此时的液力变矩器变成了液力耦合器。工作油液在液力变矩器中的流向（导轮不动）如图 2-120 所示。

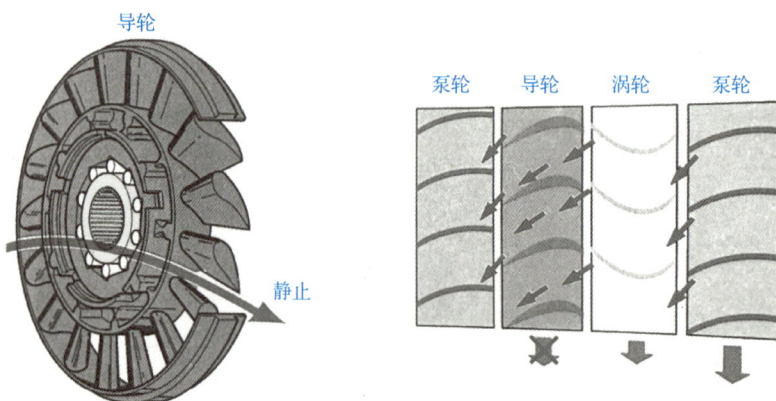

图 2-120　工作油液在液力变矩器中的流向（导轮不动）

随着涡轮转速继续升高，从涡轮流入导轮的工作油液冲击导轮的背面，导轮在工作油液冲击力的作用下开始转动，转动方向与涡轮和泵轮的转动方向一致。工作油液在液力变矩器中的流向（导轮转动）如图 2-121 所示。当涡轮转速升高至与泵轮转速相同时，工作油液在导环中停止流动，液力变矩器失去传递动力的能力。

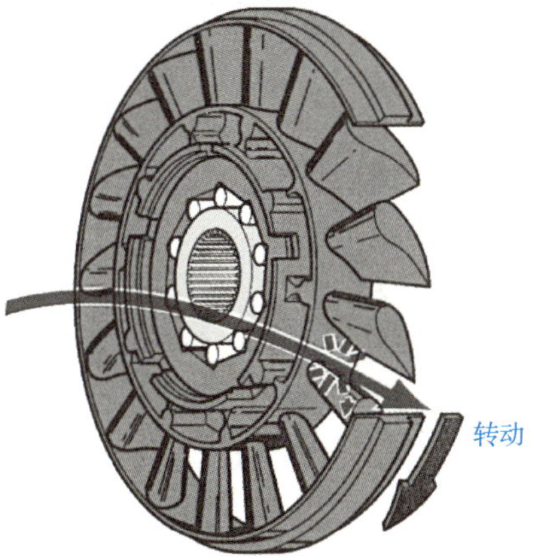

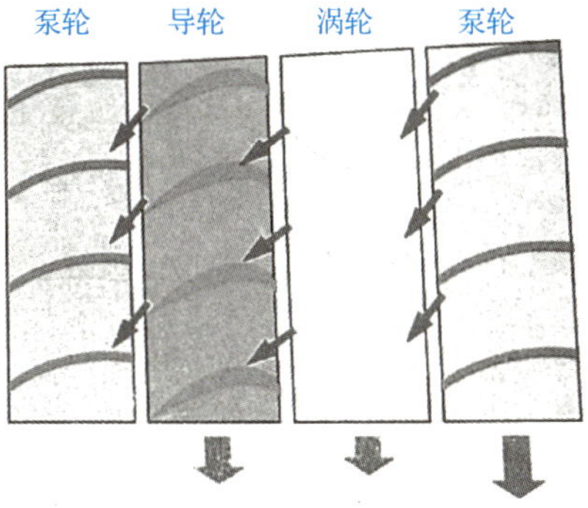

图 2-121 工作油液在液力变矩器中的流向（导轮转动）

3. 三元件综合式液力变矩器

1）基本构造

三元件综合式液力变矩器是由泵轮、涡轮和导轮三个主要元件组成的液力变矩器。泵轮的作用是使发动机的机械能转换为液体动能。涡轮的作用是将液体动能转化为涡轮轴的机械能。导轮的作用是通过改变液体的流动方向实现变矩。三元件综合式液力变矩器示意图和实物分解图分别如图 2-122 和图 2-123 所示。

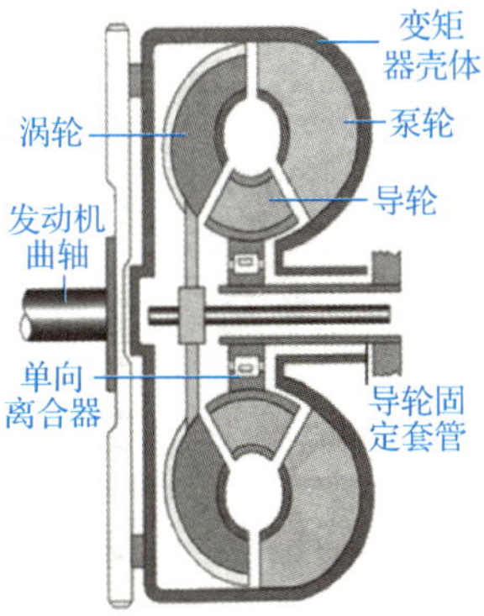

图 2-122 三元件综合式液力变矩器示意图

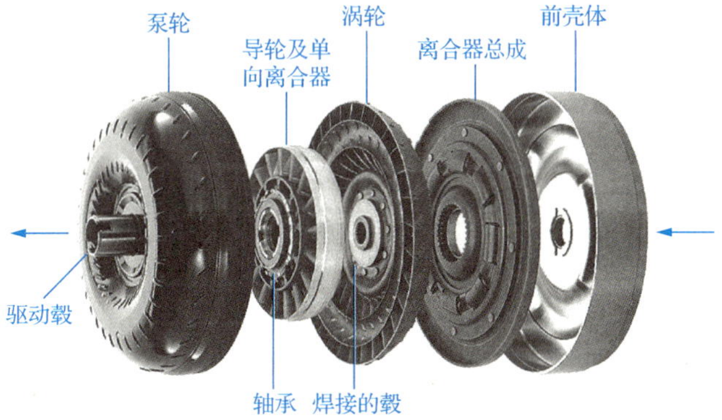

图 2-123 三元件综合式液力变矩器实物分解图

（1）泵轮：与变矩器壳体连成一体，其内部径向装有许多扭曲的叶片，叶片内缘装有可使变速器工作油液平滑流过的导环。变矩器壳体与发动机曲轴后端的驱动盘相连接。

（2）涡轮：其上也装有许多叶片，但涡轮叶片的扭曲方向与泵轮叶片的扭曲方向相反。涡轮中心通过花键孔与变速器输入轴相连接。泵轮叶片与涡轮叶片相对安装，二者之间有3～4mm 的间隙。

（3）导轮：位于泵轮与涡轮之间，通过单向离合器安装在与变速器壳体相连接的导管轴上。导轮也是由许多扭曲叶片组成的。

微课 2-21　泵轮介绍　　　　微课 2-22　导轮介绍

2）单向离合器

单向离合器在液力变矩器中起单向导通的作用，当涡轮与泵轮转速差较大时，单向离合器处于锁止状态，导轮不能转动。

（1）滚柱式单向离合器。滚柱式单向离合器由外座圈、内座圈、滚柱及弹簧组成。当导轮逆时针旋转时，滚柱向外座圈和内座圈形成的楔形槽较宽处滚动，滚柱与外座圈（包括导轮）一起绕内座圈滚动。当导轮顺时针旋转时，滚柱向楔形槽较窄处滚动，从而阻止外座圈（包括导轮）的滚动。滚柱式单向离合器示意图如图 2-124 所示。

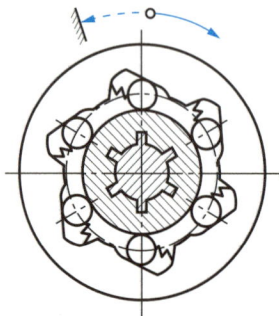

图 2-124　滚柱式单向离合器示意图　　　　微课 2-23　滚柱式单向离合器

（2）楔块式单向离合器。楔块式单向离合器的工作原理：内座圈固定，当外座圈顺时针旋转时，楔块顺时针旋转，L_1 小于 L，外座圈可相对楔块和内座圈旋转；反之，当外座圈逆时针旋转时，楔块逆时针旋转，L_2 大于 L，楔块阻止外座圈旋转。楔块式单向离合器的构造如图 2-125 所示。

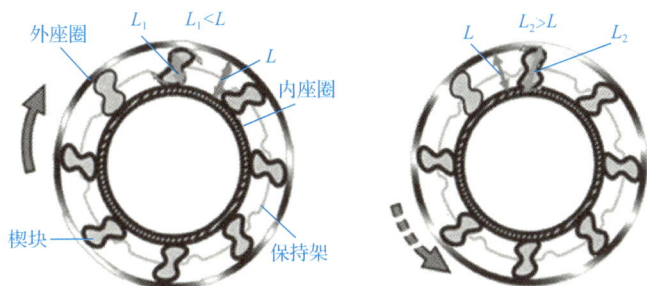

图 2-125　楔块式单向离合器的构造　　　　　微课 2-24　楔块式单向离合器工作原理

3）锁止离合器

带锁止离合器的液力变矩器的特点：当汽车在变工况下行驶（如起步、经常加减速）时，锁止离合器分离，相当于普通液力变矩器；当汽车在稳定工况下行驶时，锁止离合器接合，动力不经液体传递，直接通过机械传递，变矩器效率为 1。带锁止离合器的液力变矩器的结构示意图和实物图分别如图 2-126 和图 2-127 所示。

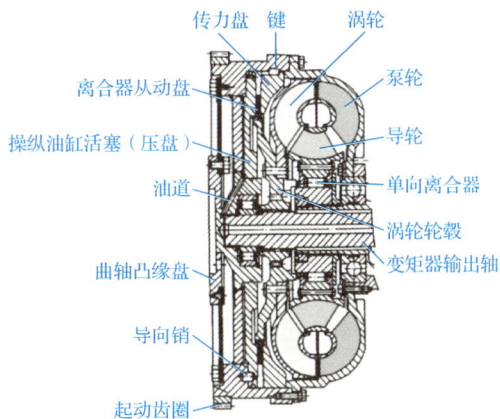

图 2-126　带锁止离合器的液力变矩器的结构示意图

图 2-127　带锁止离合器的液力变矩器的实物图　　　微课 2-25　锁止离合器工作原理

三、变速机构

1. 行星齿轮变速机构

1）行星齿轮变速机构的组成

自动液力变速器中的液力传动装置的扭矩变化范围小，无法满足汽车在不同条件下行驶的需要，所以在液力传动装置后面设置了行星齿轮变速机构。行星齿轮变速机构扩大了扭矩的变化范围，可以满足汽车在不同路况下的行驶需求。

虽然自动液力变速器行星齿轮变速机构是从最简单的单排单级行星齿轮机构的基础上发展而来的，但其结构比较复杂。每个自动液力变速器行星齿轮变速机构均是由一个太阳轮、一个齿圈、一个行星架和支承在行星架上的几个行星齿轮组成的，称为一个行星排，其三元件为太阳轮、齿圈、行星架。行星齿轮变速机构示意图如图 2-128 所示。行星齿轮变速机构的太阳轮实物图、行星齿轮实物图、齿圈实物图分别如图 2-129 ～图 2-131 所示。

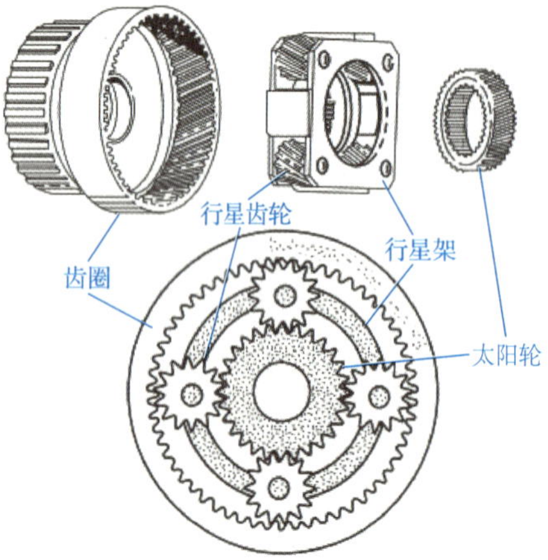

图 2-128　行星齿轮变速机构示意图

图 2-129　行星齿轮变速机构的太阳轮实物图

图 2-130　行星齿轮变速机构的行星齿轮实物图

图 2-131　行星齿轮变速机构的齿圈实物图

2）行星齿轮变速机构的工作原理

构成行星齿轮变速机构的三元件，即太阳轮、行星架和齿圈，可以绕同一转动轴心转动；也可以将其中任意一个元件锁定，另外两个元件中的任意一个为主动件，一个为从动件。

（1）齿圈固定，太阳轮主动，行星架从动。此种组合为降速传动，通常传动比为 2.5 ～ 5.0，并且主动件和从动件转向相同，如图 2-132 所示。

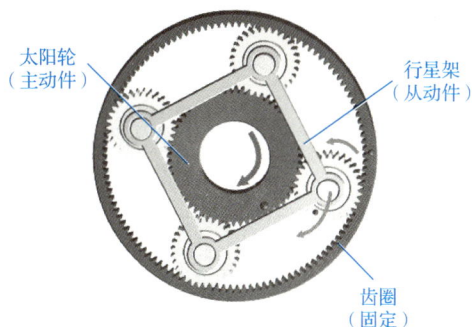

图 2-132　齿圈固定，太阳轮主动，行星架从动

微课 2-26　行星齿轮工作原理 1

（2）齿圈固定，行星架主动，太阳轮从动。此种组合为升速传动，传动比为 0.2 ～ 0.4，并且主动件和从动件转向相同，如图 2-133 所示。

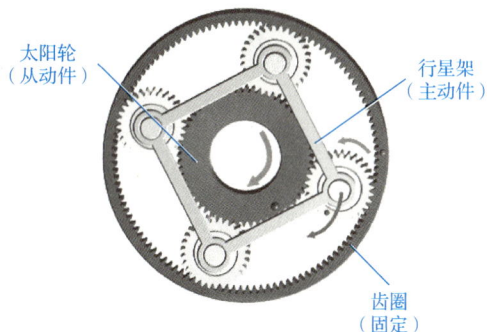

图 2-133　齿圈固定，行星架主动，太阳轮从动

微课 2-27　行星齿轮工作原理 2

（3）太阳轮固定，齿圈主动，行星架从动。此种组合为降速传动，传动比为 1.25 ～ 1.67，并且主动件和从动件转向相同，如图 2-134 所示。

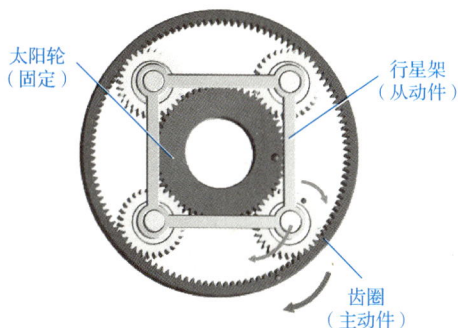

图 2-134　太阳轮固定，齿圈主动，行星架从动

微课 2-28　行星齿轮工作原理 3

（4）太阳轮固定，行星架主动，齿圈从动。此种组合为升速传动，传动比为 0.6 ～ 0.8，并且主动件和从动件转向相同，如图 2-135 所示。

图 2-135　太阳轮固定，行星架主动，齿圈从动

微课 2-29　行星齿轮工作原理 4

（5）行星架固定，太阳轮主动，齿圈从动。出此种组合为降速传动，传动比为 1.5 ～ 4.0，并且主动件和从动件转向相反，如图 2-136 所示。

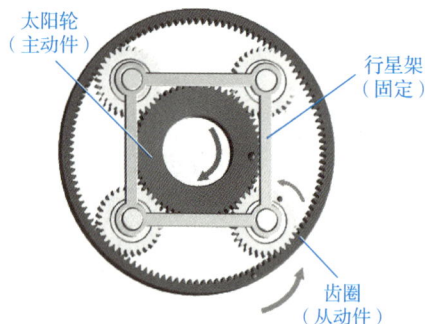

图 2-136　行星架固定，太阳轮主动，齿圈从动

微课 2-30　行星齿轮工作原理 5

（6）行星架固定，齿圈主动，太阳轮从动。此种组合为升速传动，传动比为 0.25 ～ 0.67，并且主动件和从动件转向相反，如图 2-137 所示。

图 2-137　行星架固定，齿圈主动，太阳轮从动

微课 2-31　行星齿轮工作原理 6

（7）把三元件中任意两个元件接合为一体（图 2-138）：把行星架和齿圈接合为一体作

为主动件，太阳轮为从动件；或者把太阳轮和行星架接合为一体作为主动件，齿圈作为从动件。

行星齿轮间没有相对运动，作为一个整体运转，传动比为 1，并且转向相同。汽车上常用此种组合方式组成直接挡。

图 2-138 任意两元件接合为一体

微课 2-32 行星齿轮工作原理 7

（8）三元件中以任意一个元件为主动件，其余的两元件自由：从以上分析中可知，其余两元件无确定的转速输出。

行星架固定、齿圈主动、太阳轮从动的组合方式由于升速较大，主动件、从动件的转向相反，汽车上通常不采用这种组合，其余的 7 种组合方式比较常用。单排单级行星齿轮变速机构的 8 种工作状态如表 2-1 所示。

表 2-1 单排单级行星齿轮变速机构的 8 种工作状态

工作状态	主动件	从动件	锁定件	传动比	说明
1	太阳轮	行星架	齿圈	$1+\alpha$	
2	行星架	太阳轮	齿圈	$1/(1+\alpha)$	增速减扭
3	齿圈	行星架	太阳轮	$(1+\alpha)/\alpha$	减速减扭
4	行星架	齿圈	太阳轮	$\alpha/(1+\alpha)$	
5	太阳轮	齿圈	行星架	$-\alpha$	
6	齿圈	太阳轮	行星架	$-1/\alpha$	
7	任意两个元件接合为一体			1	直接传递动力
8	既无任意一个元件制动，又无任意两元件接合为一体			三元件自由转动	不传递动力

注：α 为传动系数。

3）传动联想记忆示意图

为了方便记忆，可以将行星齿轮传动联想成普通圆柱齿轮传动：太阳轮相当于最小的齿轮，齿圈相当于中等的齿轮，行星架相当于最大的齿轮。其中，行星架的齿数等于太阳轮齿数与齿圈齿数之和。此时，行星齿轮传动比和普通圆柱齿轮传动比的计算相同。行星齿轮传动联想记忆示意图如图 2-139 所示。

太阳轮　　　行星架　　　齿圈

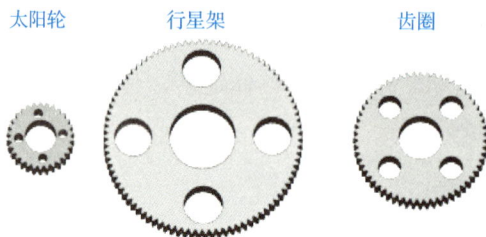

图 2-139　行星齿轮传动联想记忆示意图

2. 自动变速器换挡执行机构

根据上述对行星齿轮变速机构的介绍，若要使行星齿轮变速机构实现变速，必须满足有的元件运动、有的元件进行约束的要求。这样就能根据汽车行驶的需要控制变速器的传动比。

约束行星齿轮运动的元件统称为换挡执行机构。在自动液力变速器中，主要的换挡执行机构有离合器、制动器和单向离合器。离合器和制动器是由液压系统控制的，单向离合器的锁止和运动则由部件运动条件所决定。

1）离合器

离合器在自动液力变速器中主要起着连接和连锁的作用。连接是指将行星齿轮变速机构中某一元件与主动部分相连，使该元件成为主动件。连锁是指将行星齿轮变速机构中任意两个元件连锁为一体，使第三个元件具有与该连锁体相同的转速。这时行星齿轮变速机构作为一个刚性整体，可实现直接转动。

离合器结构示意图如图 2-140 所示，离合器接合的状态如图 2-141 所示。

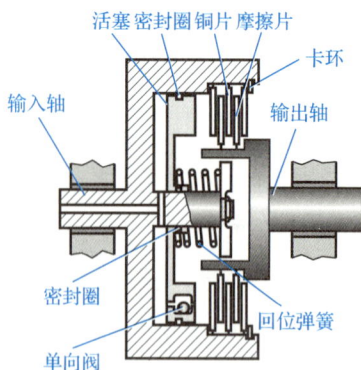

图 2-140　离合器结构示意图　　　图 2-141　离合器接合的状态　　　微课 2-33　离合器工作情况

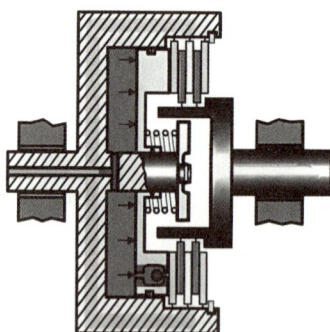

当离合器接合时，控制油压通过输入轴中心孔作用于活塞，活塞克服回位弹簧的作用力将铜片和摩擦片压紧，二者之间产生摩擦力。这时动力从输入轴经过离合器传递到输出轴。当离合器分离时，控制油压通过原来的管路释放，在回位弹簧的作用下，活塞回到初始位置，摩擦片和铜片分离，动力不能传递。

2）制动器

制动器在自动变速器中用来制动、锁定旋转元件。常见的制动器有湿式多片制动器和带式换挡制动器。

图 2-142 和图 2-143 所示分别为湿式多片制动器的实物图和结构示意图。湿式多片制动器与湿式多片离合器的结构基本相同，二者的主要区别在于离合器的壳体是可以旋转的部件，而制动器的壳体和油缸是被固定在变速器壳体上的。

当湿式多片制动器的铜片和摩擦片处于接合状态时，能约束与摩擦片连接的元件，使它们制动。

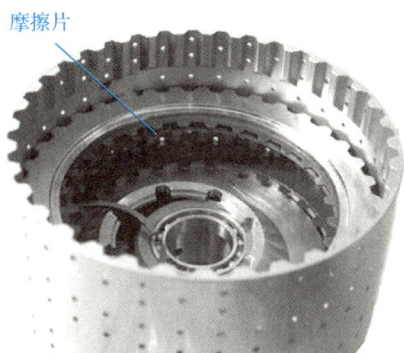

图 2-142 湿式多片制动器的实物图　图 2-143 湿式多片制动器的结构示意图　微课 2-34 片式制动器工作原理

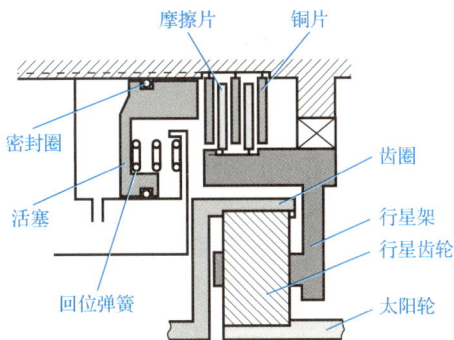

带式换挡制动器是将内侧粘有摩擦材料的钢带卷绕在制动鼓外表面上，故又称外束带式制动器。带式换挡制动器由制动鼓、制动带、推杆、活塞、壳体、调整螺钉、回位弹簧、内弹簧等元件组成。制动带的一端固定在自动变速器壳体上，另一端与控制油缸的推杆相连接。不制动时的制动带与制动鼓之间有一定间隙，此间隙可用调整螺钉调整。带式换挡制动器的实物图和结构示意图分别如图 2-144 和图 2-145 所示。

图 2-144 带式换挡制动器的实物图　图 2-145 带式换挡制动器的结构示意图 微课 2-35 带式制动器

3）单向离合器

单向离合器只允许导轮单向旋转，不允许其逆转。单向离合器分为滚柱式单向离合器和楔块式单向离合器，具体构造如图 2-124 和图 2-125 所示。

⊞讨论

上面已经学习了自动变速器换挡执行机构的结构和工作原理，请在下面的自动变速器解剖图中找到该机构，并把分析结果分享给老师和其他同学。

3. 辛普森式齿轮变速机构

辛普森式齿轮变速机构是由共用一个太阳轮的两组行星齿轮、两个齿圈和两个行星架组成的，具体如图 2-146 所示。辛普森式齿轮变速机构是美国福特汽车公司的一位工程师 Howard Simpson 设计发明的，它是一种性能优越的特殊行星齿轮变速机构。若将两行星排巧妙连接，则挡位数变得更多。辛普森式齿轮变速机构具有结构简单紧密、传动效率高、工艺性好、制造费用低、换挡平稳、操纵性能好等优点，适用于各种自动变速器和动力换挡变速器。

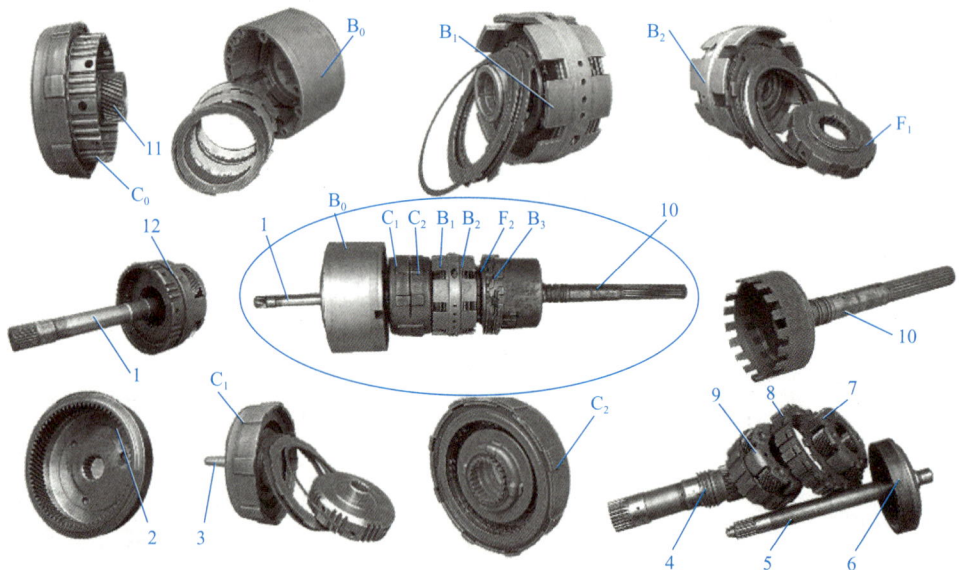

1—输入轴；2—超速行星排齿圈；3—前传动轴；4—太阳轮；5—后传动轴；6—后排齿圈；7—后排行星架；8—前排齿圈；9—前排行星架；10—输出轴；11—超速行星排太阳轮；12—超速行星排行星架；B_0—超速制动器；B_1—1 号制动器；B_2—2 号制动器；B_3—3 号制动器；C_0—超速离合器；C_1—1 号离合器；C_2—2 号离合器；F_1—1 号单向离合器；F_2—2 号单向离合器。

图 2-146 辛普森式齿轮变速机构的组成

辛普森式齿轮变速机构一经问世，便立即被美国福特、通用、克莱斯勒等三家大型汽车公司采用，从 20 世纪 70 年代初期开始，一直大量生产。

汽车降低噪声和提高燃料经济性的需求推动着辛普森式齿轮变速机构向多挡位方向发展，四挡自动变速器很早已成为轿车的标配。四挡自动变速器前后行星排除用一个辅助构件相连外，其他元件完全独立，从而形成具有五个独立元件的辛普森式齿轮变速机构，故可增加一个执行机构（离合器或制动器）实现四挡。丰田 A140 系列自动变速器各元件的运作关系如表 2-2 所示。

表 2-2　丰田 A140 系列自动变速器各元件的运作关系

变速杆位置	挡位	C_0	F_0	C_1	C_2	B_0	B_1	B_2	F_1	B_3	F_2
P	驻车挡	●									
R	倒挡	●			●					●	
N	空挡	●									
D	1 挡	●		●							●
D	2 挡	●		●				●	●		
D	3 挡	●		●	●			●			
D	超速挡				●	●					
2	2 挡	●		●			●		●		
L	1 挡	●	●	●						●	●

注：● 表示执行工作。

为了清晰明了地分析辛普森式齿轮变速机构的机械结构和动力传递路线，把其实际结构转变为结构简图进行表述。辛普森式齿轮变速机构的结构简图如图 2-147 所示。

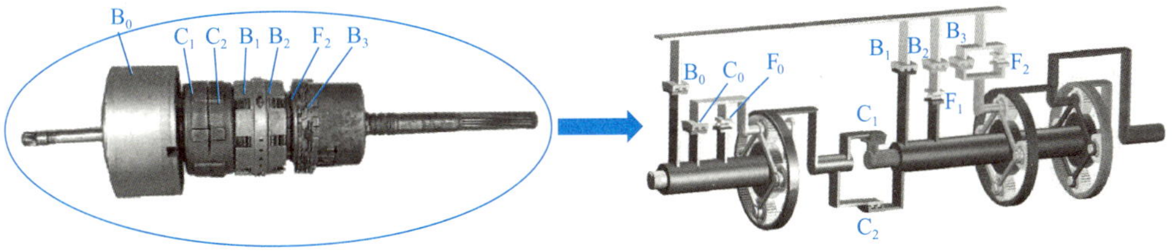

图 2-147　辛普森式齿轮变速机构的结构简图

1）D-1 挡

（1）在 D-1 挡时，控制系统使超速离合器 C_0 和 1 号离合器 C_1 接合，2 号单向离合器 F_2 参加工作。

（2）对超速行星排来说，超速离合器 C_0 接合，将行星架与太阳轮连接在一起，超速行星排自锁。此时行星架与太阳轮作为一个整体并一起转动，传动比为 1。

（3）前传动轴通过 1 号离合器 C_1 带动后传动轴和后排齿圈转动。对于后排行星齿轮机构，后排齿圈顺时针转动，从而使太阳轮逆时针转动。

（4）对于前排行星齿轮机构，太阳轮将动力传递到该机构后，由于单向离合器不允许前排行星架逆时针转动，所以当太阳轮逆时针转动时，前排行星架不转动，后排齿圈顺时针转动，带动输出轴转动，向外输出动力。

（5）在整个传动过程中，两排行星齿轮减速传动，变速器处于 D-1 挡。

辛普森式齿轮变速机构 D-1 挡传动路线示意图如图 2-148 所示。

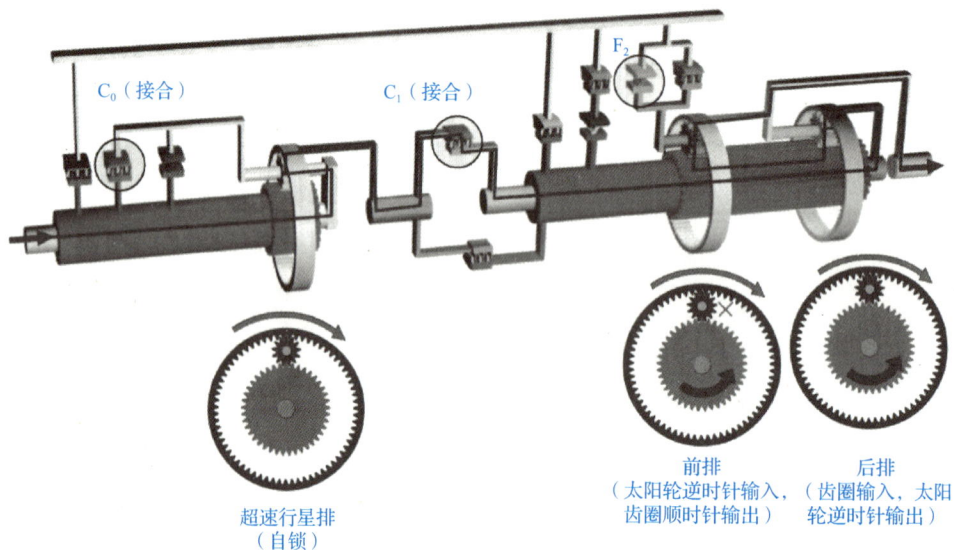

图 2-148　辛普森式齿轮变速机构 D-1 挡传动路线示意图

微课 2-36　D-1 挡工作情况

2）D-2 挡

（1）在 D-2 挡时，超速离合器 C_0 和 1 号离合器 C_1 接合，2 号制动器 B_2 制动，1 号单向离合器 F_1 参加工作。

（2）与 D-1 挡一样，当超速离合器 C_0 接合时，超速行星排的传动比是 1。

（3）1 号离合器 C_1 接合，动力传到后排齿圈。2 号制动器 B_2 和 1 号单向离合器 F_1 工作，不允许太阳轮逆时针转动，只允许它顺时针转动。对于后排行星齿轮机构，后排齿圈顺时针转动，目的是使太阳轮逆时针转动，但此时太阳轮不能转动，所以后排齿圈带动后排行星架转动，后排行星架带动输出轴转动而输出动力。对于前排行星齿轮机构，后排齿圈顺时时针转动，前排行星架自由转动，不影响后排行星齿轮机构输出。在 D-2 挡时，由于后排齿圈带动前后排行星架转动，因此该挡位进行减速传动。

辛普森式齿轮变速机构 D-2 挡传动路线示意图如图 2-149 所示。

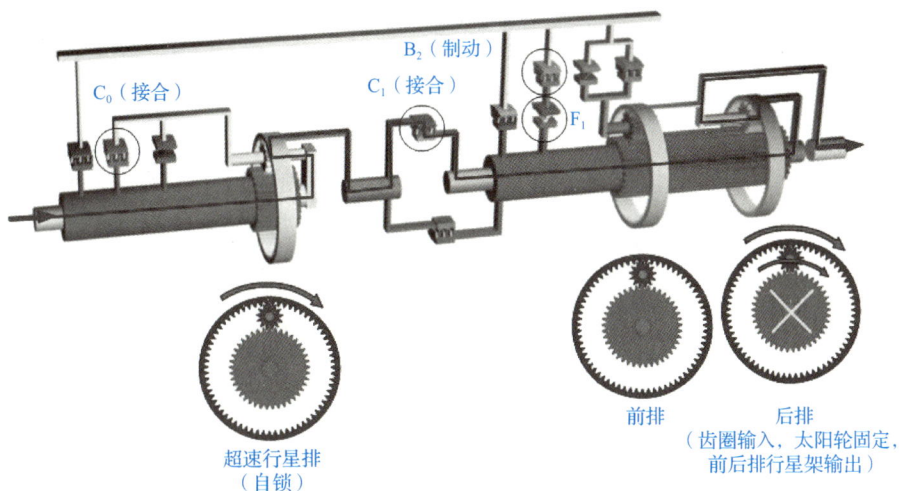

图 2-149　辛普森式齿轮变速机构 D-2 挡传动路线示意图

微课 2-37　D-2 挡工作情况

3）D-3 挡

（1）在 D-3 挡时，超速离合器 C_0、1 号离合器 C_1 和 2 号离合器 C_2 接合。

（2）与 D-1 挡一样，当超速离合器 C_0 接合时，超速行星排的传动比为 1。

（3）1 号离合器 C_1 接合，动力传递到后排齿圈。2 号离合器 C_2 接合，动力传递给太阳轮。对于后排行星齿轮机构，因为后排齿圈和后排行星架都与中间轴相连，所以后排行星齿轮自锁，导致前后排行星齿轮自锁。此时，前后排行星齿轮机构作为一个整体一起转动，向外输出动力。

（4）由于超速行星排和 D-3 挡齿轮排传动比均为 1，所以整个传动机构的传动比为 1，通常称 D-3 挡为直接挡。

辛普森式齿轮变速机构 D-3 挡传动路线示意图如图 2-150 所示。

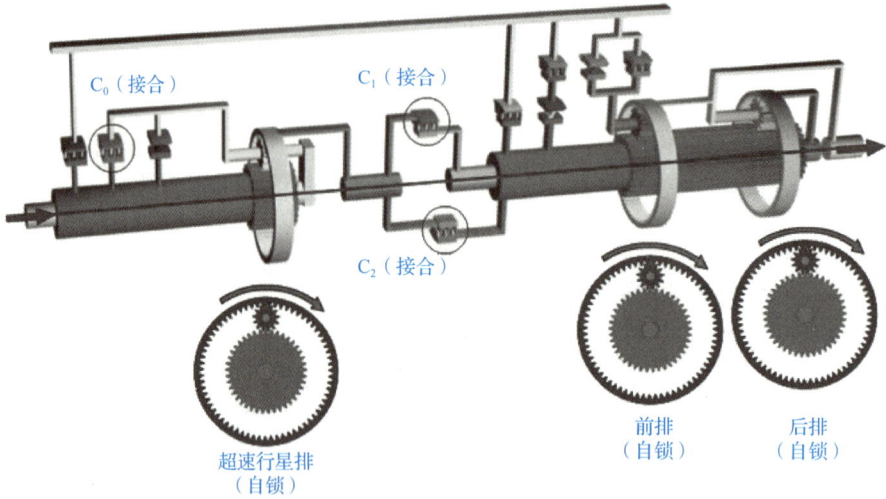

图 2-150　辛普森式齿轮变速机构 D-3 挡传动路线示意图

微课 2-38　D-3 挡工作情况

4）D-4 挡

（1）在 D-4 挡时，超速制动器 B_0 制动，1 号离合器 C_1 和 2 号离合器 C_2 接合。

（2）超速时，超速制动器 B_0 制动，太阳轮固定，超速行星排行星架输入动力，齿圈输出动力，传动比小于 1，此时为超速传动。

（3）超速行星排传动比为 1。

（4）超速部分与 D-3 挡部分整体处于超速传动状态。此时自动变速器处于 D-4 挡。

辛普森式齿轮变速机构 D-4 挡传动路线示意图如图 2-151 所示。

B₀（接合）
C₁（接合）
C₂（接合）

超速行星排
（行星架输入，太阳轮
固定，齿圈超速输出）

前排
（自锁）

后排
（自锁）

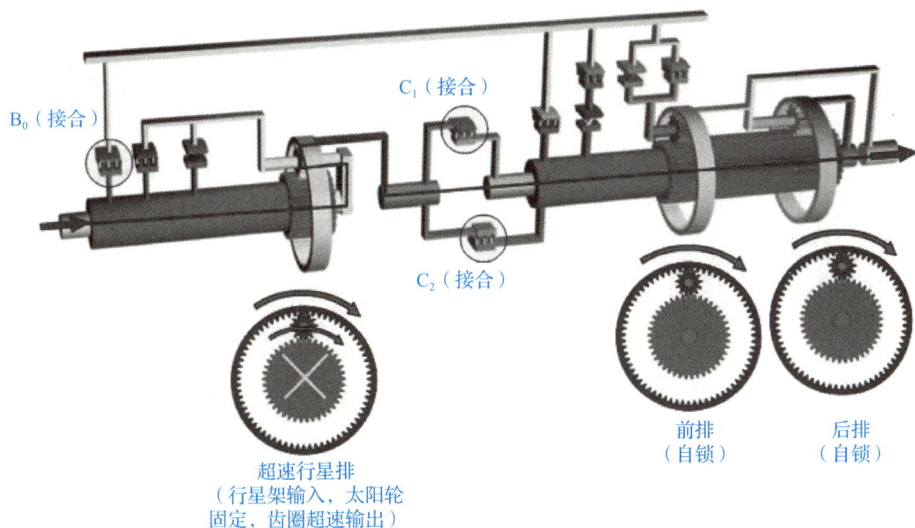

图 2-151　辛普森式齿轮变速机构 D-4 挡传动路线示意图

微课 2-39　D-4 挡工作情况

讨论

　　根据辛普森式齿轮变速机构 D-1 挡～ D-4 挡 4 个前进挡的传动路线知识，绘制辛普森式齿轮变速机构倒挡（R 挡）的传动路线图，并把分析结果分享给老师和其他同学。

在线测试五

课程内容学习完毕后，在相关教学平台推送 10 道在线测试题。

教师根据测试情况，实时点评和分析。

1. 辛普森式自动变速器是没有传动比小于 1 的挡位的。（单选）

　　A. 说法正确　　　　B. 说法不正确　　　C. 看情况

2. 下列关于辛普森式自动变速器液压系统中主压力调节阀的说法中正确的有哪几项？（多选）

　　A. 可以用来缓解来自油泵的液压油冲击力

　　B. 用于操作变速器内的离合器和制动器

　　C. 用于进一步调节变速器内的其他部分压力

D. 可以分配油液

E. 液压系统只有一个压力调节阀

3. 如果四挡辛普森式自动变速器的 C_0 和 C_1 一起工作,那么挡位就是直接挡,传动比是 1。（单选）

　　A. 说法正确　　　　B. 说法不正确　　　　C. 看情况

4. 如果一个自动变速器有 5 个前进挡位,那么它有几个换挡液压阀?（单选）

　　A. 2　　　　　　　B. 3　　　　　　　　C. 4

　　D. 5　　　　　　　E. 6

5. 关于自动变速器液压系统中的节气门压力阀的描述正确的是哪项?（单选）

　　A. 与转向轴相连　　　　　　　　B. 液压大小取决于汽车车速

　　C. 与节气门通过油路相连　　　　D. 随着节气门开口增大,其压力变大

6. 若装备自动变速器的汽车在低速状态下深踩加速踏板,则以下说法不正确的有哪几项?（多选）

　　A. 液压系统压力马上变高　　　　B. 车速阀压力增加

　　C. 节气门阀油压变高　　　　　　D. 液压系统油液去低速挡油路

　　E. 液压系统油液去高速挡油路

7. 下列关于蓄能减振器的说法正确的有哪几项?（多选）

　　A. 和液力变矩器一起工作　　　　B. 含有弹簧部件

　　C. 液压系统中用于稳定油路压力　　D. 液压系统中可以放大液压油压力

　　E. 含有活塞部件

8. 若装备自动变速器的汽车在高速状态下深踩加速踏板,则以下说法正确的有哪几项?（多选）

　　A. 液压系统油液去低速挡油路　　B. 节气门阀液压变高

　　C. 车速阀油压变化剧烈　　　　　D. 系统液压明显降低

9. 辛普森式自动变速器中的直接挡的 1 挡和低速挡位中的 L 挡最大的区别就是对发动机的反拖制动。（单选）

　　A. 说法正确　　　　B. 说法不正确　　　　C. 看情况

10. 液力变矩器有使发动机转矩增大和转速降低的作用。（单选）

　　A. 说法正确　　　　B. 说法不正确　　　　C. 看情况

O2O 在线任务二

　　在相关教学平台推送一个辛普森式齿轮变速机构基本介绍视频,请学生们在线观看,并推送 O2O 在线任务:结合辛普森式齿轮变速机构的规范拆装拍摄照片及绘制传动路线图,以图片的形式进行结果输出。

　　教师根据小组上传任务情况,实时点评和分析。

任务实施

一、自动变速器的检查

1. 自动变速器油面的检查和调整

一般在汽车行驶 10^5 km 后，需要对自动变速器油面高度进行检查：将汽车停放在水平路面，拉起驻车制动操纵杆，把变速杆置于 P 挡，将发动机起动并使其怠速运转 1min 以上；踩下制动踏板，然后把变速杆分别置于 R 挡和 D 挡等，并在每个挡位停留几秒，以使液力变矩器和换挡执行器中充满液压油；最后将变速杆置于 P 挡。

从加油管中拔出自动变速器油尺并擦干，再把油尺重新插入加油管，然后拔出油尺检查油面高度，如图 2-152 所示。如果冷车刚起动后进行油面检查，油面高度较低，那么油面应该在冷状态范围。如果汽车行驶 5min 以上，自动变速器处于热状态，那么油面高度应该在热状态范围。

若油面高度偏低，则应添加符合要求的液压油至标准高度，如图 2-153 所示。添加完液压油后，继续运转发动机，检查自动变速器油底壳、油管接头等处是否有泄漏情况。

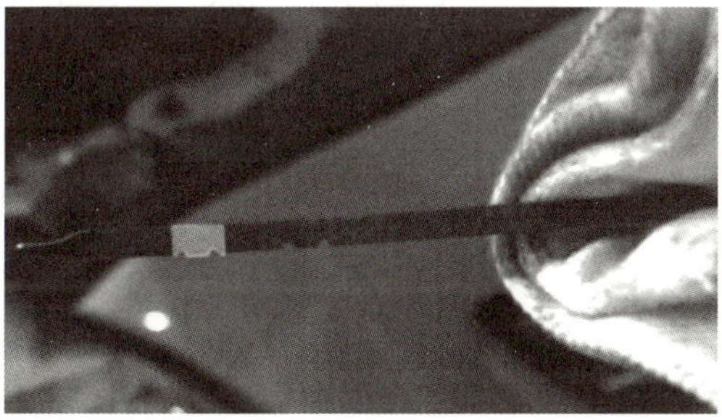

图 2-152　检查自动变速器油面高度

图 2-153　添加自动变速器液压油

2. 自动变速器油质的检查

检查自动变速器液压油的气味和状态，嗅一嗅油尺上液压油的气味，并检查是否有渣粒。正常的自动变速器液压油一般为粉红色，无气味，无渣粒。

二、油泵的检查

检查泵壳端面有无肉眼可见的磨损痕迹，若有磨损痕迹，则更换新件。

分别用塞尺测量从动齿轮与泵体的间隙，用塞尺测量从动齿轮齿顶与月牙板的间隙，用塞尺和直尺测量主动齿轮与从动齿轮的间隙，如图 2-154 和图 2-155 所示。

将组装好的油泵插入液力变矩器中，转动油泵检查其运转性能，油泵齿轮转动应平顺、无异响。检查油泵齿轮平顺性，如图 2-156 所示。

图 2-154　检查间隙（一）　　　　图 2-155　检查间隙（二）　　　　图 2-156　检查油泵齿轮平顺性

三、液力变矩器的检查

1. 液力变矩器内部干涉的检查

液力变矩器内部干涉主要指导轮和涡轮、导轮和泵轮之间的干涉。如果有干涉，那么液力变矩器在运转时会有噪声。

导轮和涡轮之间的干涉检查如图 2-157 所示。在进行检查时，将液力变矩器与飞轮连接侧朝下放在台架上，然后装入油泵总成，确保液力变矩器油泵驱动毂与油泵主动部分接合良好。将自动变速器输入轴（涡轮轴）插入涡轮轮毂中，使油泵和液力变矩器保持不动，然后顺时针、逆时针反复转动涡轮轴；如果转动不顺畅或有噪声，则更换液力变矩器。

导轮和泵轮之间的干涉检查如图 2-158 所示。在进行检查时，将油泵放在台架上，并把液力变矩器安装在油泵上。转动液力变矩器，使其油泵驱动毂与油泵主动部分接合良好。固定好油泵并逆时针转动液力变矩器，如果转动不顺畅或有噪声，则更换液力变矩器。

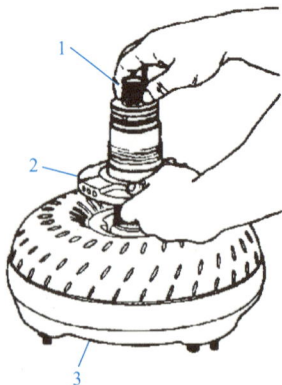

1—涡轮轴；2—油泵总成；3—液力变矩器总成。

图 2-157　导轮和涡轮之间的干涉检查

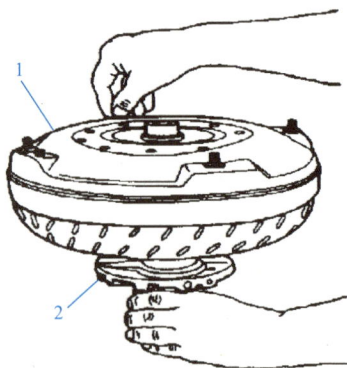

1—液力变矩器总成；2—油泵总成。

图 2-158　导轮和泵轮之间的干涉检查

2. 单向离合器的检查

单向离合器损坏失效后，液力变矩器就没有了转矩放大的功用，将出现一些故障现象：汽车加速起步无力；不踩加速踏板汽车不行驶，但汽车行驶起来后换挡正常；发动机功率正常，失速转速比正常转速低 400 ～ 800r/min。

在进行单向离合器的检查时，用专用工具插入油泵驱动毂和单向离合器外座圈的槽口中，然后用手指压住单向离合器的内座圈并转动单向离合器，检查单向离合器是否顺时针转动平稳而逆时针方向锁止。如果单向离合器损坏，则需要更换液力变矩器总成。

3. 锁止离合器的检查

在锁止离合器接合的情况下行驶汽车，快速将加速踏板踩下超过其行程的 2/3，如果发动机转速没有明显上升，则说明锁止离合器已经接合；如果发动机转速明显上升，则说明锁止离合器没有工作。

锁止离合器的常见故障有不锁止和常锁止两种。不锁止的现象表现为汽车的油耗高、发动机高速运转而车速不够快，在进行具体检查时，要相应检查电路部分、阀体部分及锁止离合器本身，如图 2-159 所示。

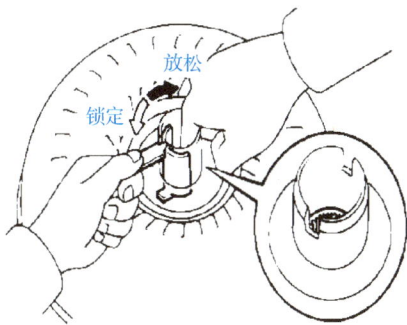

图 2-159　检查锁止离合器

四、自动变速器执行元件的检查

1. 离合器的检查

离合器总成分解后，要对每个零件进行清洗和检查，如检查离合器鼓、花键毂、离合器片、压盘等是否磨损严重、变形，回位弹簧是否断裂、弹性不足，单向球阀是否密封良好等，必要时更换零部件和离合器总成。

离合器重新装配后，要检查离合器的间隙，间隙过大会使换挡滞后、离合器打滑；间隙过小会使离合器分离不彻底。

2. 制动器的检查

检查制动带是否存在破裂、过热、不均匀磨损、表面剥落等缺陷，出现任何一种情况时，都应更换制动带。

检查制动鼓表面是否有污点、划伤、磨光、变形等缺陷。

制动器装配完成后，要调整其工作间隙，调整方法为：先将调整螺钉上的锁紧螺母拧松并退回大约五圈，然后用扭力扳手按规定转矩将调整螺钉拧紧，再按维修手册的要求将调整螺钉退回一定圈数，最后用锁紧螺母紧固。

微课 2-40 丰田 A341E
变速器的拆卸

微课 2-41 自动变速器油
油质检查

微课 2-42 自动变速器
离合器间隙

微课 2-43 自动变速器
摩擦片

任务五 万向传动装置的检修

学习目标

（1）熟悉万向传动装置的应用及万向节的类型。

（2）掌握万向传动装置的动平衡。

（3）能正确进行球笼式万向节的拆装与检查。

（4）发扬吃苦耐劳、专注执着的工匠精神，提升信息素养和职业素养。

内容引入

教师在相关教学平台推送一个汽车万向传动装置基本介绍视频，请学生们在线观看。针对视频请学生参与以下内容的在线投票，选出哪些描述是正确的：

（1）万向传动装置一定要成对使用才可以实现准等速传递动力。

（2）所有万向传动装置都可以实现等速传递。

（3）球笼式万向节是等速万向传动装置。

（4）万向传动装置可以让动力传递方向形成一定角度。

教师根据投票情况，实时点评和分析。

相关知识

一、万向传动装置的认识

万向传动装置由万向节和传动轴组成，当传动轴比较长时，需要加装中间支承。万向传动装置的作用是在轴线相交且相对位置经常变化的两转轴间传递动力。万向传动装置常用于变速器与驱动桥之间、变速器与分动器之间、分动器与驱动桥之间和驱动桥与驱动轮之间。万向传动装置的位置示意图如图 2-160 和图 2-161 所示。

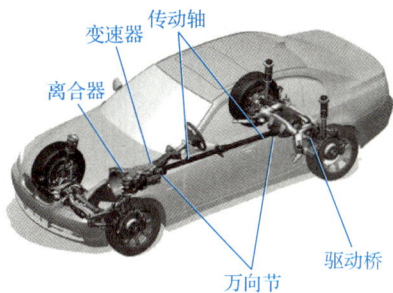

图 2-160　万向传动装置的位置示意图（一）

图 2-161　万向传动装置的位置示意图（二）

二、万向节

万向节是实现转轴之间变角度传递动力的部件。如果万向节在扭转方向没有弹性、动力靠铰链式连接的零件传递，则其为刚性万向节。刚性万向节又分为不等速万向节（如十字轴式万向节）、等速万向节（如球叉式万向节、球笼式万向节等）和准等速万向节（如双联式万向节、三枢轴式万向节等）。

如果万向节在扭转方向有一定弹性、动力靠弹性零件传递且具有缓和冲击的作用，则其为挠性万向节。汽车上应用较多的是刚性万向节。

1. 十字轴式万向节

十字轴式万向节结构简单、工作可靠，并且允许所连接的两轴之间有较大交角，它在汽车上的应用最为普遍。十字轴式万向节主要由一个十字轴、两个万向节叉和四个滚动轴承组成。十字轴轴颈上的滚针轴承装在万向节的叉孔内。允许相邻两轴的最大交角为 20°。十字轴式万向节结构示意图如图 2-162 所示。

为了使滚动轴承的润滑条件良好，在十字轴的一侧安装有注油嘴，通过润滑油道可润滑滚动轴承。为避免灰尘进入滚动轴承，在十字轴轴颈上装有油封。十字轴润滑油道及密封装置如图 2-163 所示。

十字轴式万向节为不等速万向节，其传动的等速条件为：采用双万向节传动；第一万向节两传动轴间的夹角 α_1 与第二万向节两传动轴间的夹角 α_2 相等；第一万向节的从动叉与第二万向节的主动叉在同一平面内。双万向节等速传动布置图如图 2-164 所示。

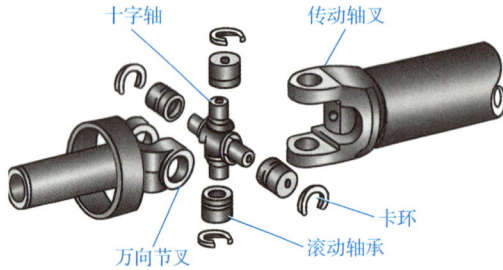

图 2-162　十字轴式万向节

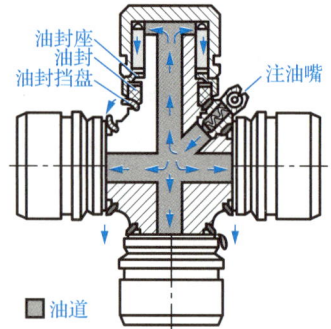

图 2-163　十字轴润滑油道及密封装置

图 2-164　双万向节等速传动布置图

微课 2-44　十字轴式万向节

2. 球笼式万向节

准等速万向节可保证万向节在工作过程中，其传力点永远位于两传动轴交点的平分面上。图 2-165 所示为双联式万向节工作原理图，两个大小相同的锥齿轮的接触点 P 位于两齿轮线交角的平分面上，P 点到两传动轴的垂直距离都为 r，P 点处两齿轮的圆周速度是相等的，因此两个齿轮旋转的角速度也相等。

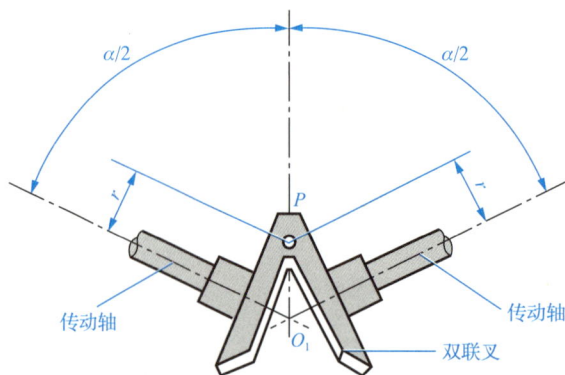

图 2-165　双联式万向节工作原理图

若万向节的传力点在两传动轴轴线的交角变化时始终位于角平分面内，则可使两万向节叉保持等角速度的关系。目前广泛使用的球笼式万向节就是根据这一原理设计的。

球笼式万向节通常分为固定型球笼式万向节（RF 节）和伸缩型球笼式万向节（VL 节）两种。固定型球笼式万向节的特点：在传递转矩的过程中，主从动轴之间只能相对转动，不会产生轴向位移。固定型球笼式万向节的星形套通过内花键与中段半轴相连接，用卡环、隔套和蝶形弹簧轴向限位。星形套的外表面有 6 个曲面凹槽，形成内滚道。球形壳与带花键的外半轴制成一体，其内表面制有相应的 6 个曲面凹槽，形成外滚道。球笼上有 6 个窗口。装合后的 6 个钢球分别装于 6 个曲面凹槽中，球笼使之保持在一个平面内。固定型球笼式万向节的结构示意图如图 2-166 所示，其传动原理图如图 2-167 所示，其实物图如图 2-168 所示。

图 2-166　固定型球笼式万向节结构

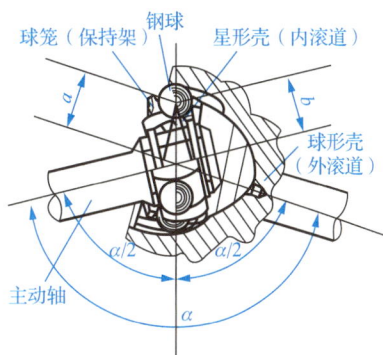

图 2-167　固定型球笼式万向节的传动原理图

图 2-168　固定型球笼式万向节的实物图

微课 2-45　固定型球笼式万向节

伸缩型球笼式万向节的特点：在传递转矩的过程中，主从动轴之间不仅能相对转动，还能产生轴向位移。伸缩型球笼式万向节的结构图及实物图分别如图 2-169 和图 2-170 所示。

图 2-169　伸缩型球笼式万向节的结构图

图 2-170　伸缩型球笼式万向节的实物图

固定型球笼式万向节和伸缩型球笼式万向节被广泛应用于采用独立悬架的轿车转向驱动桥。其中,固定型球笼式万向节靠近车轮处,伸缩型球笼式万向节靠近驱动桥处,如图 2-171 所示。

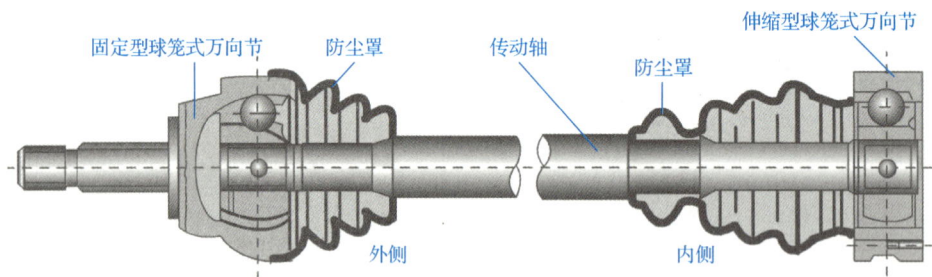

图 2-171　固定型球笼式万向节与伸缩型球笼式万向节在转向驱动桥中的布置

讨论

用文字、图片或视频方式来阐述球笼式万向节的动力传递路线,并通过线上教学平台分享给老师和其他同学。

3. 三枢轴式万向节

三枢轴式万向节包括三个位于同一平面内互成 120°的枢轴,它们的轴线交于输入轴上一点,并且垂直于驱动轴。三枢轴式万向节的结构图和实物图分别如图 2-172 和图 2-173 所示。

三个外表面为球面的滚动轴承分别套在各枢轴上。一个漏斗形的轴在其筒形部分有三个槽形轨道。槽形轨道在筒形圆周上是均匀分布的,轨道配合面为部分圆柱面。三个滚动轴承分别装入各槽形轨道，沿着轨道滑动实现等速传动的效果。

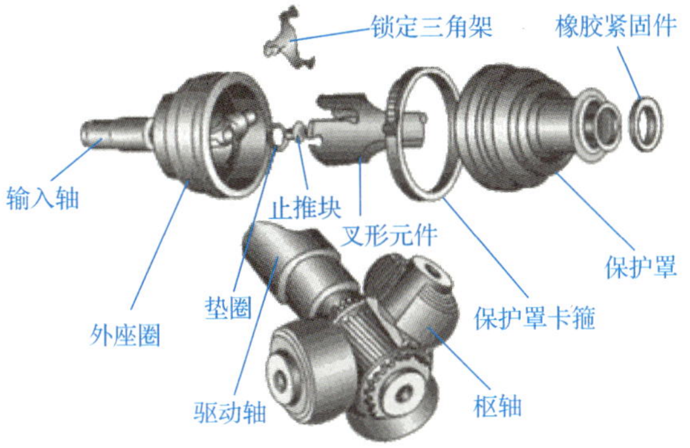

图2-172　三枢轴式万向节的结构图

图2-173　三枢轴式万向节的实物图

4. 挠性万向节

挠性万向节依靠其中弹性元件的弹性变形来保证在相交两轴间传动时不发生机械干涉。由于弹性元件的弹性变形量有限，故挠性万向节一般用于两轴间夹角不大和只有微量轴向位移的万向传动场合。挠性万向节实物图如图2-174所示。

图2-174　挠性万向节实物图

三、传动轴

为了减少摩擦和磨损，有些汽车在花键槽内设置了滚动元件。汽车传动轴与中间传动如图2-175所示，实心轴结构示意图如图2-176所示。

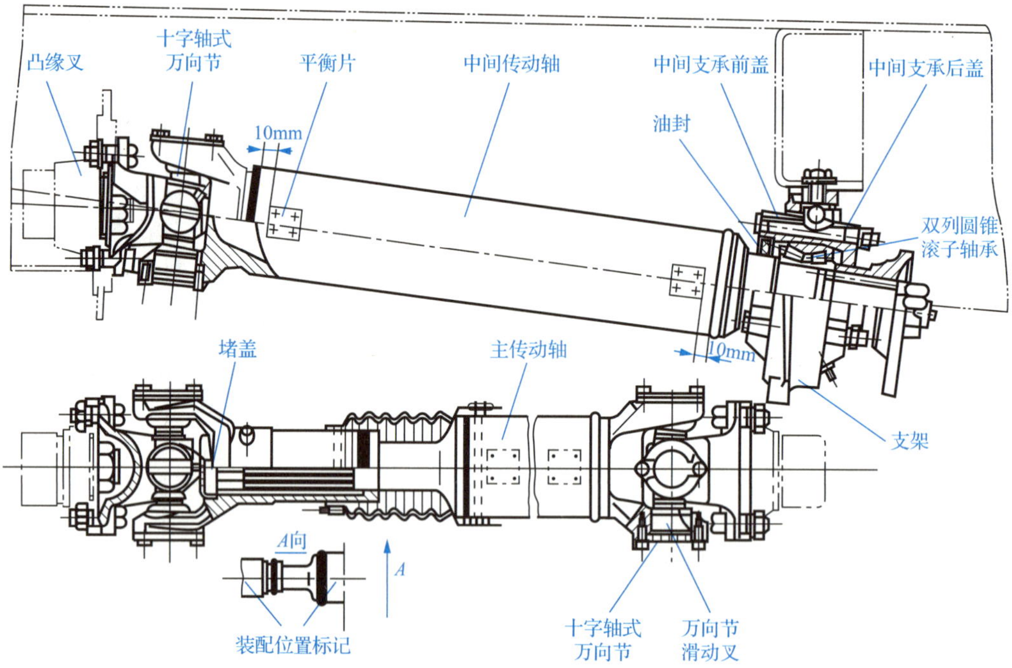

图 2-175　汽车传动轴与中间传动

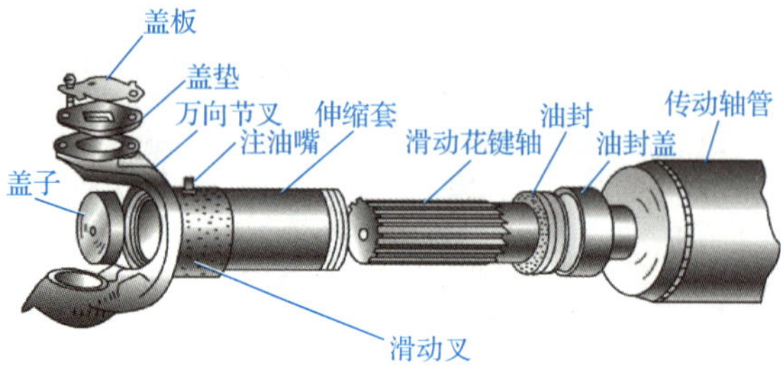

图 2-176　滑动叉与传动轴配合示意图

在线测试六

课程内容学习完毕后，在相关教学平台推送 5 道在线测试题。

教师根据测试情况，实时点评和分析。

1. 下列关于万向节传动装置的说法哪些是正确的？（多选）

　　A. 一定要成对使用才可以实现准等速传递动力

　　B. 都可以实现等速传递

　　C. 传递动力

　　D. 可以让动力传递方向形成一定角度

2. 下列哪个是等速万向节传动装置？（单选）

    A. 十字轴式万向节   B. 双十字轴式万向节

    C. 等臂万向节   D. 球笼式万向节

3. 汽车中很多部位都要用到万向节传动装置，如发动机到变速器、变速器到主减速器。（单选）

    A. 说法正确   B. 说法不正确   C. 看情况

4. 球笼式万向节通常分为哪几种类型？（多选）

    A. 固定型球笼式万向节（RF 节）   B. 回转型球笼式万向节（RF 节）

    C. 伸缩型球笼式万向节（VL 节）   D. 强化型球笼式万向节（VL 节）

5. 下列关于挠性万向节描述正确的有哪几项？（多选）

    A. 挠性万向节依靠其中弹性元件的弹性变形来保证在相交两轴间传动时不发生机械干涉

    B. 弹性元件的弹性变形量有限，故挠性万向节一般用于两轴间的夹角不大和只有微量轴向位移的万向传动场合

    C. 挠性万向节仅可以传递较小的扭矩

    D. 挠性万向节的使用寿命不长

任务实施

球笼式万向节的拆装与检查

下面以桑塔纳轿车为例进行介绍。

1. 万向节的分解

步骤 1 用钢锯将等速万向联轴器金属环锯开，拆卸防尘罩，如图 2-177 所示。

步骤 2 用轻金属锤子用力从传动轴上敲下万向节外圈。拆卸弹簧锁环，如图 2-178 所示。用专用工具压出万向节内圈，如图 2-179 所示。

图 2-177 拆卸防尘罩

图 2-178 拆卸弹簧锁环

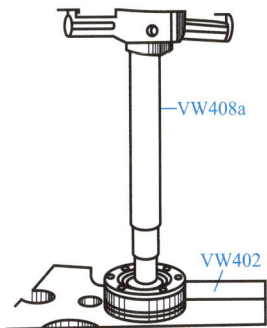

图 2-179 用专用工具压出
万向节内圈

步骤 3　分解外等速万向节。在进行分解之前，用电蚀笔或油石在球笼和球形壳上标出星形套的位置。旋转星形套与球笼，依次取出钢球，如图 2-180 所示。用力转动球笼，直至两个方孔与球形壳对齐，将球形壳连同球笼一起拆下。把星形套上扇形齿旋入球笼的方孔，然后从球笼中取下星形套。拆卸球笼如图 2-181 所示，拆卸星形套如图 2-182 所示。

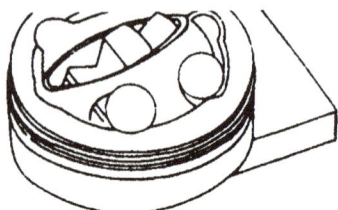

图 2-180　依次取出钢球　　　　图 2-181　拆卸球笼　　　　图 2-182　拆卸星形套

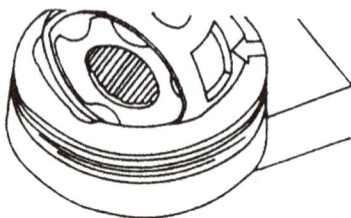

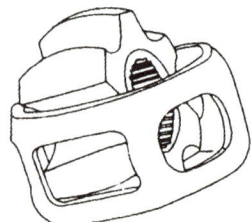

步骤 4　分解内等速万向节。转动星形套与球笼，按图 2-183 箭头所示方向压出球笼中的钢球。星形套与球形壳一起选配，不能互换。取出球笼中的星形套，如图 2-184 箭头所示。

图 2-183　压出球笼中的钢球　　　　　　图 2-184　取出球笼中的星形套

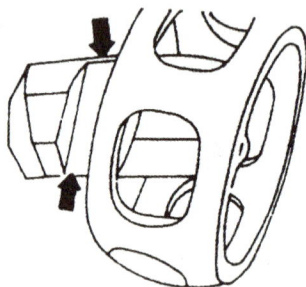

2. 万向节的检查

（1）检查球形壳、星形套、球笼及钢球有无凹陷与磨损。

（2）各球节处的 6 个钢球要求具有一定的配合公差，并与星形套一起构成一组配合件。

（3）如果万向节间隙已经明显过大，则必须更换万向节。如果万向节外表面光滑无磨损，或者能看到钢球在运转，则不必更换万向节。

3. 万向节的组装

1）组装内万向节

步骤 1　将星形套对准曲面凹槽嵌入球笼，星形套在球笼内的位置无关紧要。

步骤 2　将钢球压入球笼，如图 2-185 所示，并注入润滑脂。

步骤 3　将带钢球与球笼的球形壳垂直装入壳体，如图 2-186 所示。安装时应注意，旋转之后，球形壳上的宽间隔（间隔为 a）部位应对准星形套上的窄间隔（间隔为 b）部位，转动球笼，安装到位。星形套内径（花键齿）上的倒角必须对准球形壳的大直径端。

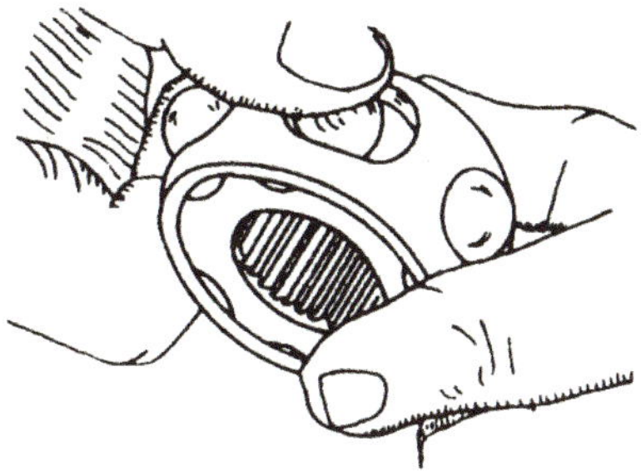

图 2-185　将钢球压入球笼

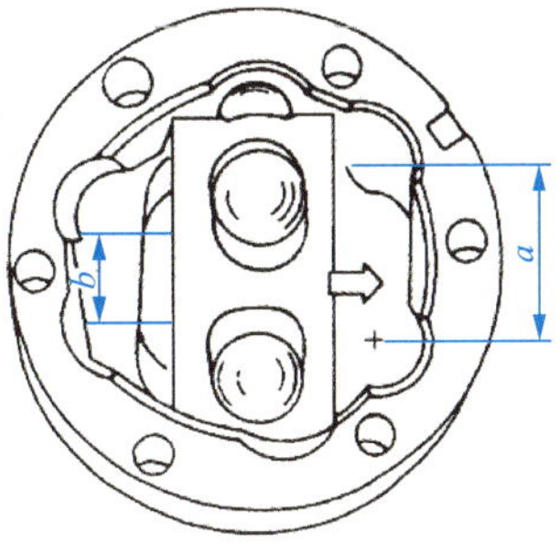

图 2-186　将带钢球与球笼的球形壳垂直装入壳体

步骤 4　扭转星形套,将星形套转出球笼,如图 2-187 所示,以使钢球在与壳体中的球槽相配合时有足够的间隙。

步骤 5　用力按压球笼,将装有钢球的星形套完全嵌入球形壳内,如图 2-188 所示。

步骤 6　用手将星形套在轴向范围内来回推动,检查安装是否正确。

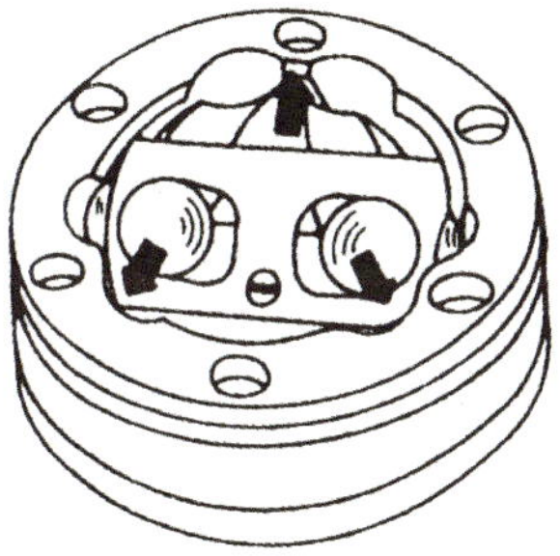

图 2-187　将星形套转出球笼

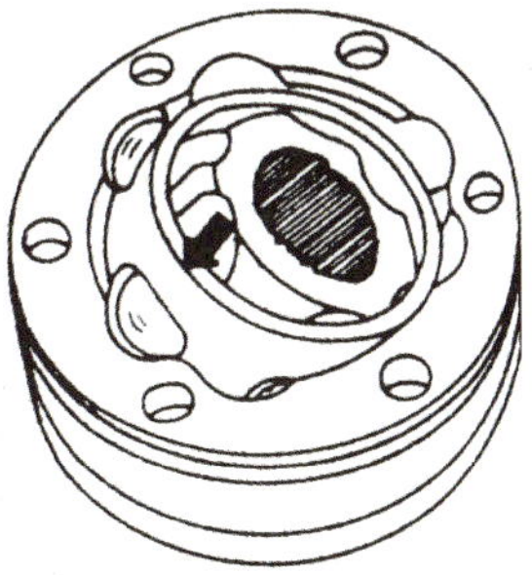

图 2-188　将装有钢球的星形套完全嵌入球形壳内

2)组装外万向节

步骤 1　用汽油清洗各部件。将一半润滑脂注入万向节。

步骤 2　将球箱连同星形套一起装入球形壳。

步骤 3　对角交替地压入钢球,必须保证星形套在球笼及球形壳内的位置与分解前的位置相同。

步骤 4　将弹簧锁环装入星形套。将剩余的润滑脂注入万向节。

步骤 5　用手将星形套在轴向范围内来回推动,检查安装是否正确。

任务六　驱动桥的检修

学习目标

(1)熟悉驱动桥的结构组成。

(2)掌握主减速器的调整方法。

（3）熟悉差速器的工作原理。

（4）熟悉半轴和桥壳的作用。

（5）能正确拆装主减速器和差速器，进行主减速器主从动锥齿轮啮合间隙的检查与调整。

（6）强化规范意识、质量意识，自觉践行行业道德规范。

内容引入

教师在相关教学平台推送一个汽车驱动桥基本介绍视频，请学生们在线观看。针对视频请学生参与以下内容的在线投票，选出哪些描述是正确的：

（1）驱动桥一定在后桥上。

（2）驱动桥中可能没有差速器。

（3）驱动桥中一定有主减速器和差速器。

（4）主减速器就是用于减速的。

（5）没有差速器的汽车不能转向。

教师根据投票情况，实时点评和分析。

相关知识

一、驱动桥认知

驱动桥由主减速器、差速器、半轴、万向节、驱动桥壳体（或变速器壳体）和驱动车轮等零部件组成。

1. 驱动桥的功用

（1）通过主减速器齿轮传动，降低速度，增大转矩。

（2）主减速器采用锥齿轮传动，可以改变动力传递方向。

（3）差速器可以使内外侧车轮以不同转速转动，满足汽车的转向要求。

（4）通过驱动桥壳体和车轮实现承载及传力作用。

2. 驱动桥的类型

（1）整体式驱动桥。这种驱动桥一般采用非独立悬架，驱动桥壳为一刚性整体，驱动桥两端通过悬架与车架相连接，左右半轴始终在一条直线上，即左右驱动车轮不能独立地跳动。整体式驱动桥结构图如图 2-189 所示。

（2）断开式驱动桥。这种驱动桥一般采用独立悬架，主减速器固定在车架上，驱动桥壳制成分段并用铰链连接，驱动桥两端通过悬架与车架相连接，半轴分段用万向节连接，即左右驱动车轮及桥壳可以独立地相对于车架跳动。断开式驱动桥结构图如图 2-190 所示。

驱动桥按其功能特点可以分为独立驱动桥和变速驱动桥。独立驱动桥的特点是：主减速器、差速器、半轴等都安装在独立的驱动桥壳体内。变速驱动桥的特点是：变速器与驱动桥两个动力总成布置在同一驱动桥壳体内。变速驱动桥结构图如图 2-191 所示。

图 2-189　整体式驱动桥结构图

图 2-190　断开式驱动桥结构图

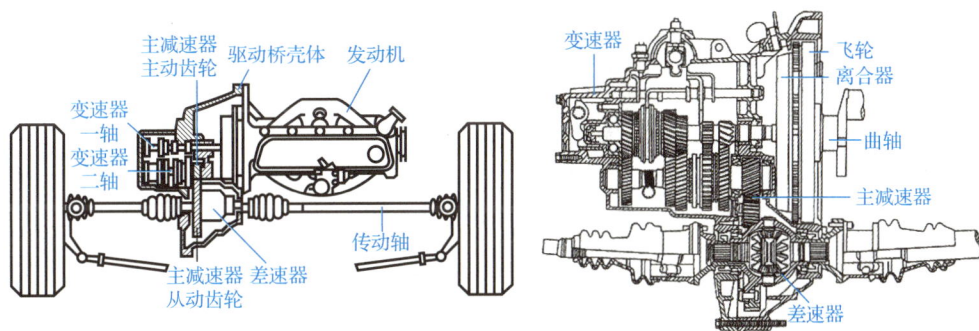

图 2-191　变速驱动桥结构图

二、主减速器

1. 主减速器的功用

（1）降低转速，增大转矩。

（2）改变转矩方向。

2. 主减速器的分类

（1）根据参加减速传动的齿轮副数目划分为单级主减速器（图 2-192）和双级主减速器（图 2-193）。

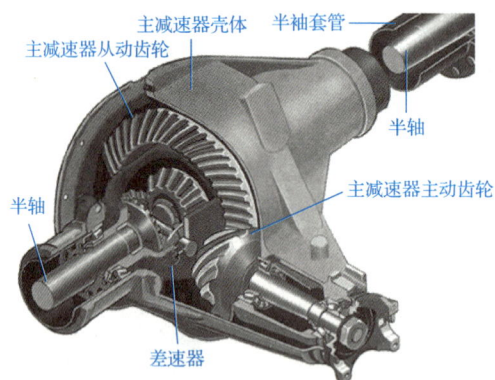

图 2-192 单级主减速器（后驱）

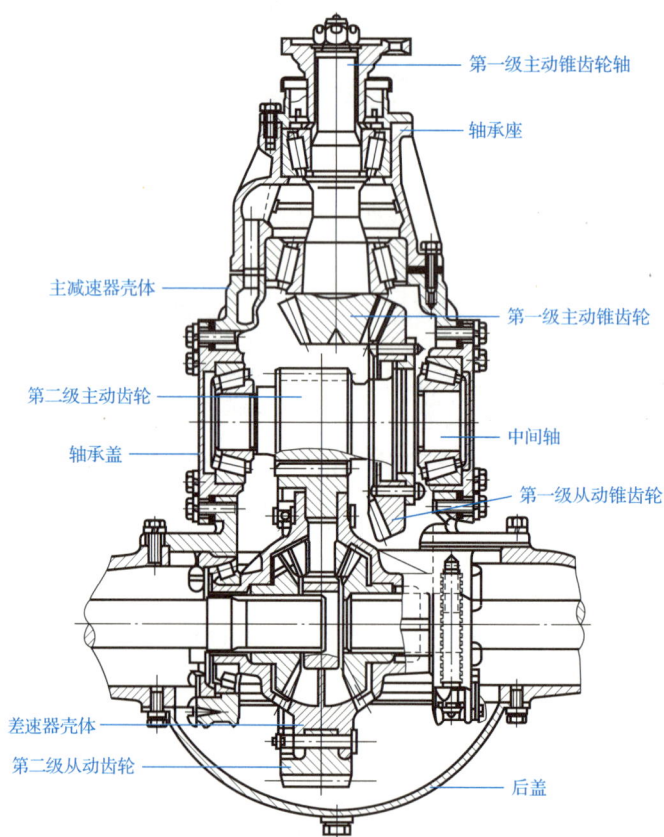

图 2-193 双级主减速器

（2）根据主减速器传动比挡数划分为单速式主减速器和双速式主减速器。

（3）根据齿轮副结构形式划分为圆柱齿轮式主减速器、圆锥齿轮式主减速器和准双曲面齿轮式主减速器。

3. 常见的齿轮形式

（1）斜齿圆柱齿轮，其特点是主从动齿轮轴线平行。

（2）曲线齿锥齿轮，其特点是主从动锥齿轮轴线垂直且相交。

（3）准双曲面锥齿轮，其特点是主从动锥齿轮轴线垂直但不相交，存在轴线偏移。

主动锥齿轮和从动锥齿轮轴线位置如图 2-194 所示。

（a）曲线齿锥齿轮传动　　　　　　（b）准双曲面锥齿轮传动

图 2-194　主动锥齿轮和从动锥齿轮轴线位置

讨论

在设置了变速器的基础上，汽车为什么还需要设置主减速器？

三、差速器

1. 差速器的结构与工作原理

差速器既能向两侧驱动车轮传递转矩，又能使两侧驱动车轮以不同转速转动，以满足在转向时或其他情况下内外驱动车轮以不同转速转动的需要。差速器的结构示意图如图 2-195 所示。

从图 2-196 中可以看出，汽车在转向时，其外侧驱动车轮滚过的路径长，内侧驱动车轮滚过的路径短，要求外侧驱动车轮转速高于内侧驱动车轮转速，即要求内外侧驱动车轮转速不同。

图 2-195　差速器的结构示意图　　图 2-196　汽车转向驱动车轮运动示意图　　微课 2-46　差速器工作情况

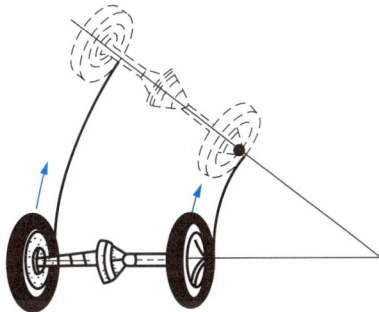

2. 普通齿轮式差速器

应用最广泛的普通齿轮式差速器为锥齿轮差速器。图 2-197 所示为桑塔纳轿车差速器，它由差速器壳体、行星齿轮轴、行星齿轮、半轴齿轮、球形垫圈、从动锥齿轮、里程表主动齿轮等组成。行星齿轮轴装入差速器壳体后，用止动销定位。行星齿轮和半轴齿轮的背面制成球面，与复合式推力垫片相配合，以减少摩擦。

通过运动学分析可以了解差速器的差速原理，通过动力学分析可以了解其转矩分配特性。内摩擦力矩很小的对称式锥齿轮差速器的运动学和动力学特性可以概括为"差速但不差转矩"，即可以使两侧驱动车轮以不同转速转动，但不能改变传给两侧驱动车轮的转矩。

因此，可以得到以下结论。

普通锥齿轮差速器的运动特性：

$$n_1+n_2=2n_0$$

普通锥齿轮差速器的转矩分配特性（图 2-198）：

$$M_1=M_2=M_0/2$$

即转矩等量分配特性。

图 2-197 桑塔纳轿车差速器

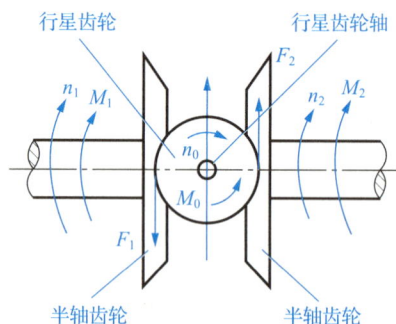

图 2-198 普通锥齿轮差速器的转矩分配特性

3. 强制锁止式差速器

差速器的动力学特性对汽车的通过性有不利影响，可以采用强制锁止式差速器克服这种缺点。强制锁止式差速器的特点：外接合器与半轴通过花键相连，内接合器与差速器壳体通过花键相连。当内外接合器相互接合时，半轴齿轮与差速器壳体连为一体，差速器失去差速功能，传给两侧驱动车轮的转矩可以不同。强制锁止式差速器结构示意图如图 2-199 所示。

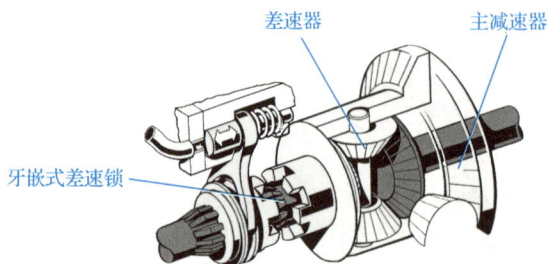

图 2-199 强制锁止式差速器结构示意图

讨论

越野车中的差速器需要实现什么样的功能？请查阅相关资料获得该问题答案，并分享给老师和其他同学。

4. 防滑差速器

防滑差速器根据工作原理可分为转矩敏感式防滑差速器、转速敏感式防滑差速器和主控制式防滑差速器。

转矩敏感式防滑差速器根据结构可以分为锥盘式防滑差速器、轮齿式防滑差速器和摩擦片式防滑差速器三种。转速敏感式防滑差速器利用液体的黏性摩擦特性，即硅油的黏性摩擦特性感知速度差，实现防滑功能。摩擦片式防滑差速器结构示意图如图 2-200 所示。黏性联轴器是一种利用液体的黏性阻力来传递转矩的转速敏感式防滑差速器，其工作原理类似于多片式离合器。在输入轴（图 2-201 中的前传动轴）上装有许多内叶片（从动摩擦片），交替插在输出轴壳体内的许多外叶片（主动摩擦片）当中，并充入高黏度的硅油。黏性联轴器通常安装在以前轮驱动为基础的全轮驱动汽车上，这种汽车平时按前轮驱动方式行驶。黏性联轴器的最大特点是：无须驾驶员操纵就可根据需要自动地把动力分配给后驱动桥。黏性联轴器结构示意图如图 2-201 所示。

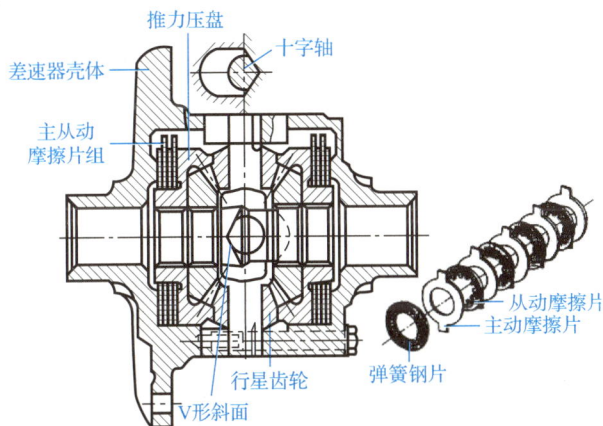

图 2-200　摩擦片式防滑差速器结构示意图　　　图 2-201　黏性联轴器结构示意图

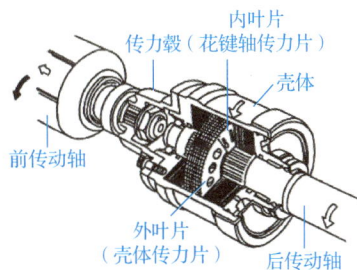

托森差速器是一种转矩敏感式防滑差速器。托森差速器利用蜗轮蜗杆传动的不可逆性原理和齿面高摩擦条件，使差速器根据其内部内摩擦力矩大小而自动锁死或松开。托森差速器常用于全轮驱动轿车的中央轴间差速器、后驱动桥的轮间差速器，但通常不用于转向驱动桥的轮间差速器。托森差速器位置示意图如图 2-202 所示。

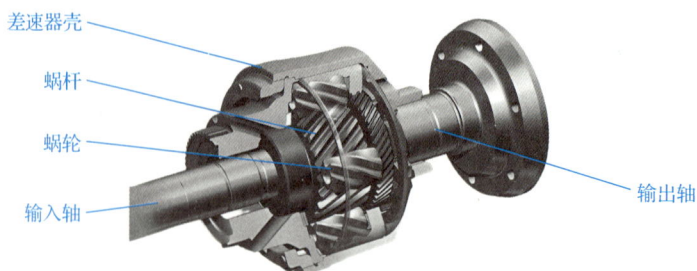

图 2-202 托森差速器位置示意图

四、半轴和桥壳

1. 半轴

半轴的内侧通过花键与半轴齿轮相连，外侧用凸缘与驱动车轮的轮毂相连。半轴既受转矩作用，也受弯矩作用。半轴常用于轿车、微型客车和微型货车，其结构示意图如图 2-203 所示。

根据半轴外端受力状况的不同，半轴分为半浮式半轴、3/4 浮式半轴和全浮式半轴三种。下面主要介绍半浮式半轴和全浮式半轴。

1）半浮式半轴

图 2-204 所示为半浮式半轴结构示意图，其特点是：外端以圆锥面形式用键与轮毂相固定支承在一个圆锥滚子轴承上，向外的轴向力由圆锥滚子轴承承受，向内的轴向力通过滑块传递给另一侧半轴的圆锥滚子轴承。

图 2-203 半轴结构示意图

图 2-204 半浮式半轴结构示意图

2）全浮式半轴

全浮式半轴的特点是：半轴外端与轮毂相连接，轮毂通过圆锥滚子轴承支承在驱动桥壳体的半轴套管上，作用在车轮上的力通过半轴传递给轮毂，轮毂又通过圆锥滚子轴承将力传递给驱动桥壳体，半轴只受转矩作用，不受弯矩作用。全浮式半轴用于轻型、中型、重型货车，以及越野车和客车上。全浮式半轴结构示意图如图 2-205 所示。

2. 驱动车轮传动装置中的万向节

转向驱动桥和断开式驱动桥驱动车轮的传动装置中必须采用万向节，以便转向车轮能够转向。断开式驱动桥的摆动半轴能够摆动。转向驱动桥驱动车轮的传动装置如图 2-206 所示。

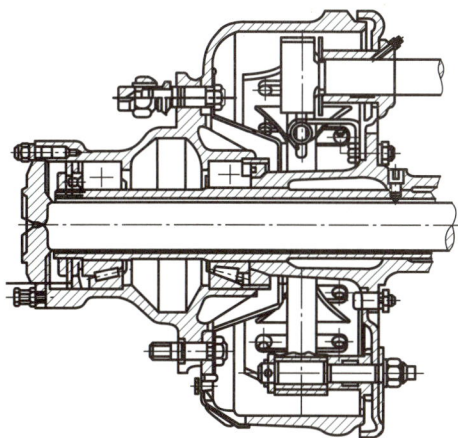

图 2-205　全浮式半轴结构示意图

图 2-206　转向驱动桥驱动车轮的传动装置

3. 驱动桥壳体

驱动桥壳体的作用是支承并保护主减速器、差速器和半轴等。驱动桥壳体可分为整体式驱动桥壳体和分段式驱动桥壳体。分段式驱动桥壳体具有易于铸造、加工简便的特点，但装车后不利于驱动桥的维修。整体式驱动桥壳体结构示意图如图 2-207 所示。分段式驱动桥壳体结构示意图如图 2-208 所示。

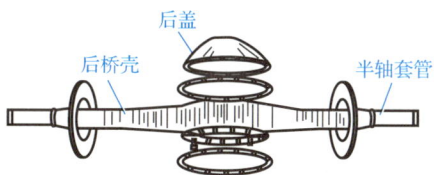

图 2-207　整体式驱动桥壳体结构示意图

图 2-208　分段式驱动桥壳体结构示意图

在线测试七

课程内容学习完毕后，在相关教学平台推送 7 道在线测试题。

教师根据测试情况，实时点评和分析。

1. 汽车驱动桥内部有离合器、差速器和差速器锁止装置。（单选）

　　A．说法正确　　　　B．说法不正确　　　　C．看情况

2. 主减速器的作用有哪些？（多选）

　　A．改变发动机传动方向

　　B．降低发动机传递来的转速

　　C．保证左右车轮动力相同

　　D．增加发动机传递来的转矩

　　E．增加发动机传递来的转速

3. 只有装备了差速器的车辆才能转向行驶。（单选）

　　A．说法正确　　　　　B．说法不正确　　　　C．看情况

4. 汽车差速器有哪些特点？（多选）

　　A．可以实现左右轮差速

　　B．可以防止转向过度

　　C．可以实现等转矩分配动力

　　D．可以防止转速轮打滑

　　E．可以实现减速增扭

5. 根据驱动桥的分类方法，下列哪些是正确的驱动桥？（多选）

　　A．浮动式驱动桥

　　B．整体式驱动桥

　　C．带差速器锁止式驱动桥

　　D．主减速器式驱动桥

　　E．断开式驱动桥

6. 以下说法哪些是正确的？（多选）

　　A．浮动式驱动桥轴需要安装轴承

　　B．差速器是由圆锥齿轮组成的

　　C．驱动桥中有滚针轴承

　　D．主减速器一定是大齿轮正旋

　　E．主减速器是由圆锥齿轮组成的

7. 驱动桥的传动比是大于 1 的。（单选）

　　A．说法正确　　　　B．说法不正确　　　　C．看情况

任务实施

一、主减速器的拆装

下面以桑塔纳 2000 型轿车为例进行介绍。该轿车采用二轴式变速器，其输出轴上的锥齿轮即主减速器的主动锥齿轮；采用单级式主减速器，主减速器齿轮是一对螺旋伞齿轮，齿面为准双曲面；采用行星齿轮式差速器，车速里程表的主动齿轮安装在差速器壳体上。主减速器和差速器分解图如图 2-209 所示。

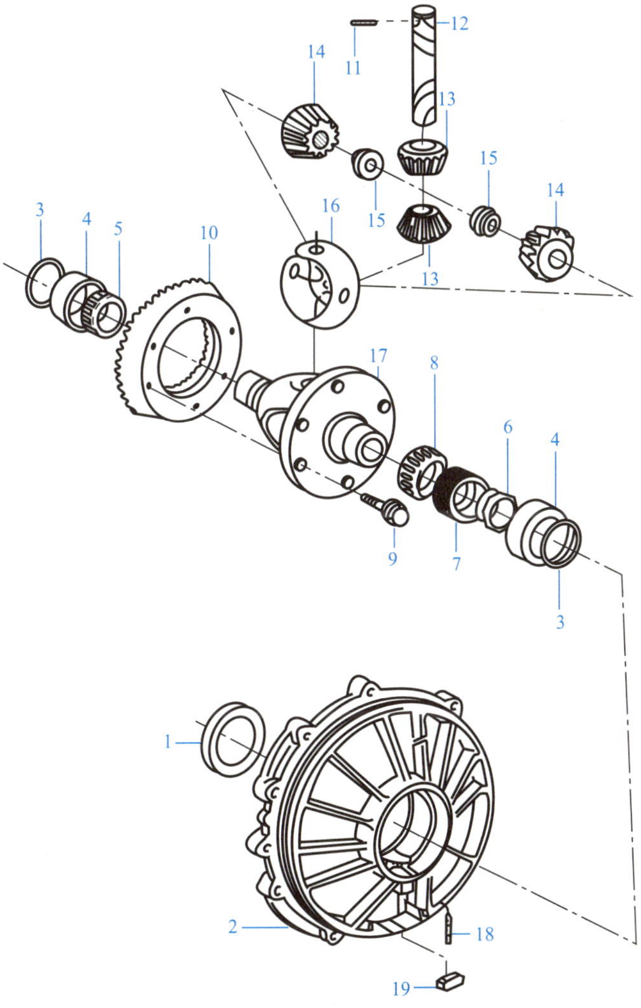

1—密封圈；2—主减速器盖；3—从动锥齿轮的调整垫片（S1 和 S2）；4—轴承外圈；5, 8—差速器轴承；6—锁紧套筒；7—车速里程表的主动齿轮；9—紧固螺栓；10—从动锥齿轮；11—夹紧销；12—行星齿轮轴；13—行星齿轮；14—半轴齿轮；15—螺纹管；16—复合式止推垫片；17—差速器壳体；18—磁铁固定销；19—磁铁。

图 2-209 主减速器和差速器分解图

1. 主动锥齿轮和从动锥齿轮总成的拆卸

步骤 1　拆卸变速器：将其固定在支架上，拆下轴承支座和后盖。

步骤 2　取下车速里程表的传感器，如图 2-210 所示。

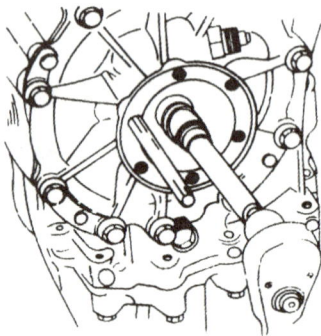

步骤 3　锁住半轴（传动轴），拆卸半轴紧固螺栓，如图 2-211 所示，取下半轴。

步骤 4　取下车速里程表主动齿轮和导向器。

步骤 5　拆下主减速器盖，从变速器壳体上取下差速器。

步骤 6　用铝质的夹具将差速器壳体固定在台虎钳上，拆下从动锥齿轮的紧固螺栓。从动锥齿轮的紧固螺栓是自动锁紧的，一旦拆卸必须更换。

步骤 7　拆卸从动锥齿轮，如图 2-212 所示。

步骤 8　拆下并分解变速器输出轴。

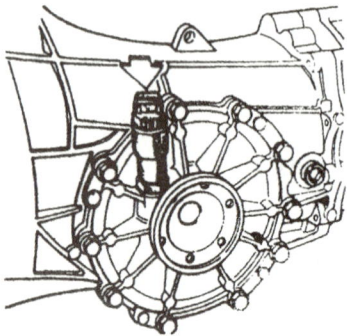

图 2-210　取下车速里程表的传感器　　图 2-211　拆卸半轴紧固螺栓　　图 2-212　拆卸从动锥齿轮

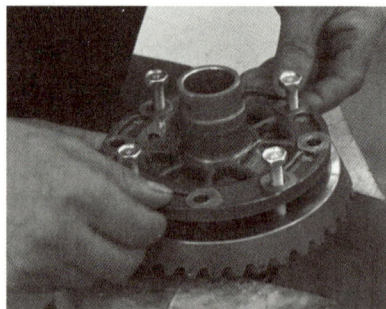

2. 主动锥齿轮和从动动锥齿轮总成的安装

步骤 1　在变速器输出轴上安装所有齿轮、轴承及同步器，计算输出轴调整垫片 S3 的厚度。

步骤 2　安装从动锥齿轮，如图 2-213 所示，加热（加热温度为 80℃）从动锥齿轮，并将其安装在差速器壳体上。在安装从动锥齿轮时，用螺纹销进行导向，如图 2-214 所示。

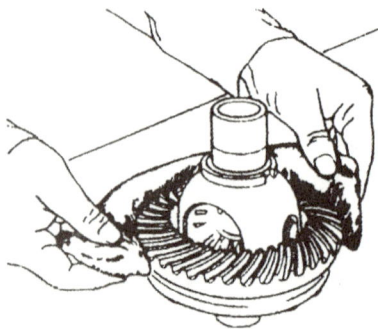

图 2-213　安装从动锥齿轮　　　　　图 2-214　用螺纹销进行导向

步骤3 安装新的从动锥齿轮紧固螺栓，并用70N·m的力矩交替旋紧。

步骤4 计算从动锥齿轮调整垫片的厚度，将垫片装在适当的位置。

步骤5 将轴承支座安装在变速器壳体上，采用新的衬垫，之后安装变速器后盖。

步骤6 将差速器装入变速器壳体内。将主减速器盖安装在变速器壳体上，用25N·m的力矩旋紧螺栓。

步骤7 安装车速里程表的主动齿轮和导向器。安装车速里程表的传感器。

步骤8 安装半轴凸缘中的一个，用凿子将其锁住，用20N·m的力矩把半轴紧固螺栓旋紧。然后安装另一个半轴凸缘。

步骤9 加注齿轮油，安装变速器。

二、差速器的拆装

1. 半轴齿轮和行星齿轮的拆装

1）拆卸

步骤1 拆下变速器，拆下差速器和从动锥齿轮。

步骤2 拆下行星齿轮轴的锁紧套筒，如图2-215所示。

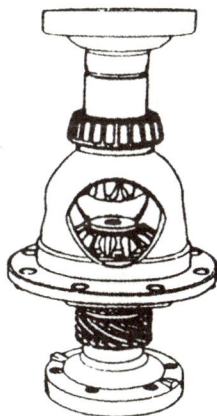

步骤3 取下行星齿轮轴，再取下行星齿轮和半轴齿轮。

2）安装

在安装之前，检查复合式止推垫片是否损坏，若损坏，则应进行更换。

步骤1 通过半轴凸缘将半轴齿轮固定在差速器壳体上，如图2-216所示。

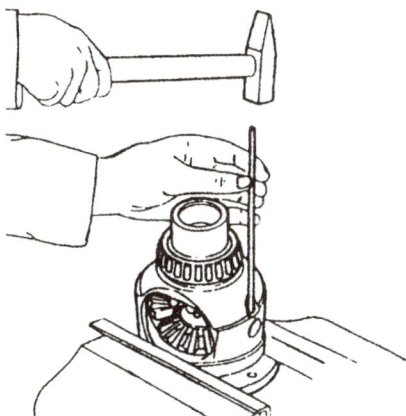

图2-215 拆下行星齿轮轴的锁紧套筒　　图2-216 通过半轴凸缘将半轴齿轮固定在差速器壳体上

步骤2 将行星齿轮放在适当的位置，转动半轴凸缘，将行星齿轮装入差速器壳体。

步骤3 安装行星齿轮轴，在行星齿轮轴上安装差速器夹紧销。

步骤4 取下差速器半轴凸缘，加热（加热温度为120℃）后，将从动锥齿轮安装在差速器壳体上，然后将差速器装入变速器壳体内。

步骤 5　安装半轴凸缘及变速器。

2. 差速器壳体的拆装

1）拆卸

步骤 1　拆卸变速器，拆下差速器。

步骤 2　拆下差速器一侧轴承（与从动锥齿轮相对的一侧），如图 2-217 所示。

步骤 3　拆下差速器另一侧轴承，同时取下车速里程表的主动齿轮和锁紧套筒。

步骤 4　拆下变速器侧面的密封圈。

步骤 5　从主减速器盖上拆下差速器一侧轴承（与从动锥齿轮相对的一侧）的外圈和调整垫片。

步骤 6　从变速器壳体上拆下差速器另一侧轴承的外圈和调整垫片。

2）安装

步骤 1　计算从动锥齿轮调整垫片的厚度，安装调整垫片和差速器轴承外圈。

步骤 2　安装调整垫片和轴承外圈。

步骤 3　安装变速器侧面的密封圈。

步骤 4　加热（加热温度为 80℃）差速器轴承（与从动锥齿轮相对一侧）并将其安装在差速器壳体上，轴承应压合到位。

步骤 5　加热（加热温度为 80℃）差速器另一轴承，并将其安装在差速器壳体上。压入轴承如图 2-218 所示。

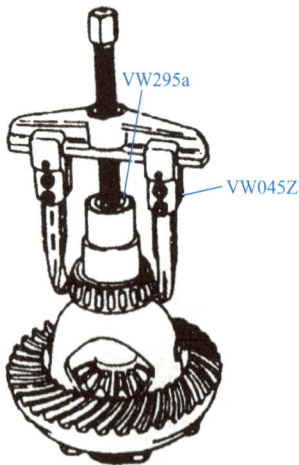

图 2-217　拆下差速器一侧轴承　　　　　图 2-218　压入轴承

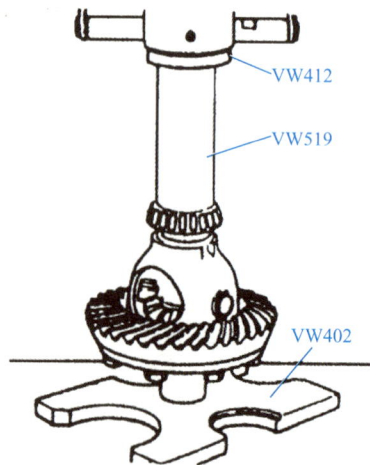

步骤 6　安装车速里程表的主动齿轮和锁紧套筒，使二者间隙为 1.8mm。

步骤 7　用合适的变速器油润滑差速器轴承。

步骤 8　将差速器装入变速器壳体内，安装主减速器盖。

步骤 9　拆下变速器后盖和轴承支座。

步骤 10　用扭力扳手转动差速器，检查摩擦力矩。对新的轴承来说，摩擦力矩最小应为 2.5N·m。在检查摩擦力矩时，必须将差速器轴承用合适的变速器油润滑。

步骤 11　调整从动锥齿轮。

步骤 12　安装变速器后盖和轴承支座。

步骤 13　安装半轴凸缘，给变速器加油，安装变速器。

三、主减速器主从动锥齿轮啮合间隙的检查与调整

在对主减速器的主从动锥齿轮进行检修或拆解后，需要对其啮合间隙进行检查与调整。间隙调整如图 2-219 所示。在组装时，先将主动锥齿轮插放在主减速器基座内，然后装上从动锥齿轮，并安装好两侧的轴承套、调整螺母及轴承瓦盖。在检查主减速器主从动锥齿轮啮合间隙之前，先进行轴承预紧度的调整，如图 2-220 所示。在检查主减速器主从动锥齿轮啮合间隙时，使百分表的触头垂直于从动锥齿轮齿大端的凸面，如图 2-221 所示，以使表针对顶。固定主动锥齿轮，来回轻轻推动从动锥齿轮，百分表指示盘所指示数值即啮合间隙值。

图 2-219　间隙调整　　　　图 2-220　轴承预紧度的调整　　　图 2-221　使百分表的触头垂直于从动锥齿轮齿大端的凸面

调整主从动锥齿轮啮合间隙的方法：将轴承左右两侧的调整螺母分别拧紧或拧松相同的圈数。左调整螺母拧紧，右调整螺母拧松，主减速器主从动锥齿轮啮合间隙变小；左调整螺母拧松，右调整螺母拧紧，主减速器主从动锥齿轮啮合间隙变大。主从动锥齿轮啮合间隙的调整如图 2-222 所示。

图 2-222　主从动锥齿轮啮合间隙的调整　　　　微课 2-47　主从动锥齿轮啮合间隙的检查与调整

项目三
行驶系统的结构与检修

项目导入

　　观看两个微课视频，一个是小车通过性测试，另一个是给汽车轮胎快速充气。通过观看微课视频我们可以了解到汽车行驶系统的功能和部件组成。学生们根据这些知识讨论越野车的行驶系统具有什么特殊性，为什么要按照视频中的方法给汽车轮胎快速充气。

微课 3-1　小车通过性测试　　　　　　　微课 3-2　给汽车轮胎快速充气

任务一　行驶系统的认知

学习目标

　　（1）熟悉汽车行驶系统的功用、组成和类型。

　　（2）熟悉车架和车桥的功用、组成和类型。

　　（3）培养勤于思考、善于总结、勇于探索的科学精神。

内容引入

　　教师在相关教学平台推送一个汽车行驶系统 3D 动态视频，请学生们在线观看。针对视频请学生参与以下内容的在线投票，选出哪些描述是正确的：

　　（1）汽车车架的好坏直接影响汽车是否耐撞和能否对乘客进行保护。

（2）对于日系车，其外壳用手指一按就变形的，车身质量一定较差。

（3）车桥是直接和车架相连、间接和车轮相连的部件。

（4）车桥分为驱动桥和转向桥。

（5）越野车的车架并不重要，重要的是驱动部件。

教师根据投票情况，实时点评和分析。

🔍 相关知识

一、行驶系统的功用

（1）接收传动系统传递来的发动机转矩并产生驱动力。

（2）承受汽车的总重量，传递并承受路面作用于车轮上的各个方向的反力及转矩。

（3）缓和冲击，保证汽车行驶的平顺性。

（4）与转向系统配合，控制汽车的行驶方向。

二、行驶系统的组成和类型

行驶系统的组成及受力简图如图 3-1 所示。行驶系统实物图如图 3-2 所示。行驶系统有轮式、半履带式、全履带式、车轮履带式等类型。

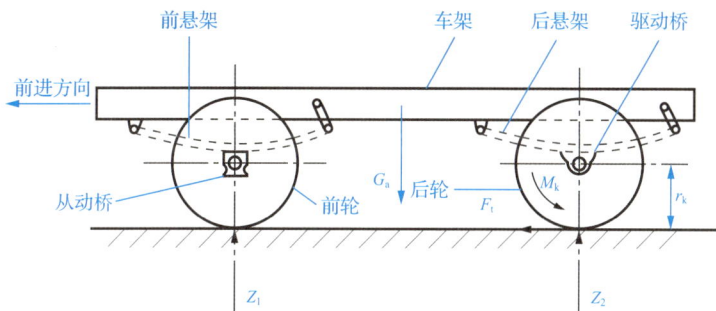

图 3-1　行驶系统的组成及受力简图

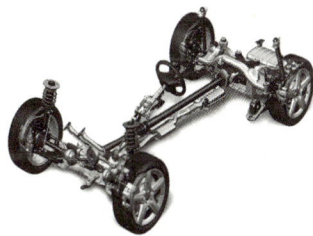

图 3-2　行驶系统实物图

三、车架

车架的功用是支承和连接汽车的各零部件，承受来自车内外的各种载荷。

车架主要有边梁式、中梁式（也称脊骨式）和综合式三种类型。单从纵梁形状和结构特点来看，车架又可分为周边式车架、X 形车架和梯形车架。

边梁式车架由两根纵梁和若干根横梁组成，用铆接法或焊接法将纵梁与横梁连接成坚固的刚性架构,如图3-3所示。中梁式车架只有一根位于车架中央并贯穿前后的纵梁,如图3-4所示。

图 3-3　边梁式车架

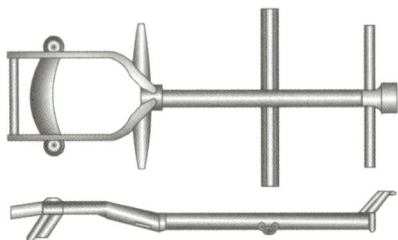

图 3-4　中梁式车架

大多数轿车和部分大型客车不使用车架,其车身兼具车架的功用,将所有部件固定在车身上,所有的力也由车身承受,这种车身称为承载式车身。承载式车身结构示意图如图 3-5 所示,其实物图如图 3-6 所示。由于承载式车身无车架,因此可以减轻整车质量,使底板高度降低,上下车方便。

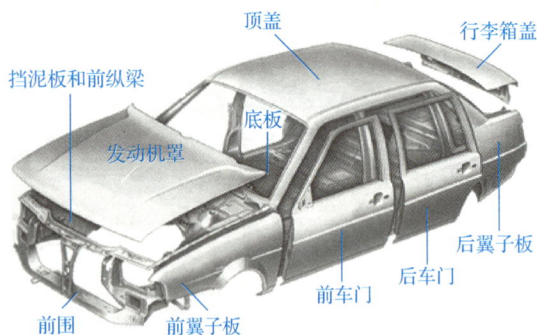

图 3-5　承载式车身结构示意图

图 3-6　承载式车身实物图

钢管式车架是用很多钢管焊接成一个框架,并将零部件安装在这个框架上。钢管式车架的生产工艺简单,很适合小规模的工坊作业。例如,20 世纪 50 年代到 70 年代,英国很多小规模的车厂生产各式各样的汽车,这些汽车都采用这些车厂自行开发制造的钢管式车架。钢管式车架如图 3-7 所示。

如今,仍采用钢管式车架的大多是产量较少的跑车厂,如 Lamborghini 和 TVR,原因是可以省去对冲压设备的巨大投资。由于对钢管式车架进行局部加强十分容易(只需要加焊钢管),因此在质量相等的情况下,钢管式车架往往可以得到比承载式车架更强的刚度,这也是很多跑车厂仍乐于使用钢管式车架的原因。

铝合金式车架是将铝合金条梁焊接、铆接或贴合在一起组成一个框架,可以理解为钢管式车架的变形。不同的是,铝合金条梁是方梁状而非管状。铝合金式车架的最大优点是质量小（在刚度相同的情况下）。但铝合金式车架成本高，不适合大量生产，并且铝合金的承载能力有限，目前只有少数车厂将其运用在小型的量产跑车上。图 3-8 所示为铝合金式车架。

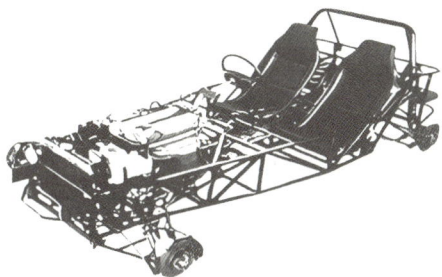

图 3-7　钢管式车架　　　　　　　图 3-8　铝合金式车架

　　碳纤维一体式车架早期被应用于飞机、火箭中，后来被成功应用于 F1 赛车中，在跑车界得到广泛应用。碳纤维一体式车架能承受很大的拉应力。在目前的极速范围内，碳纤维一体式车架的封闭座舱能够在车身发生高速冲撞、车体被彻底肢解后，保证驾驶员的安全。碳纤维一体式车架如图 3-9 所示，其封闭座舱如图 3-10 所示。

图 3-9　碳纤维一体式车架　　　图 3-10　碳纤维一体式车架的封闭座舱

讨论

　　碳纤维一体式车架除了价格昂贵，还有什么缺点呢？

四、车桥

1. 车桥的功用与分类

1）车桥的功用

车桥通过悬架与车架（或承载式车身）相连，两端安装车轮，其功用是传递车架（或承载式车身）与车轮之间各方向的作用力及力矩。

2）车桥的分类

车桥根据悬架结构的不同可分为整体式车桥和断开式车桥两种；根据车轮所起作用的不同可分为转向桥、驱动桥（图 3-11）、转向驱动桥和支持桥（图 3-12）四种。

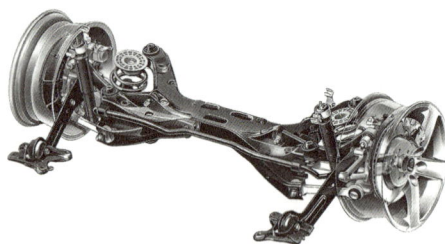

图 3-11　驱动桥

图 3-12　支持桥

2. 转向桥

转向桥按悬架结构可分为整体式转向桥和断开式转向桥两种。整体式转向桥结构示意图如图 3-13 所示。断开式转向桥与独立悬架相匹配，其组成与整体式转向桥有较大不同。断开式转向桥结构示意图如图 3-14 所示。

转向桥利用铰接装置使装在其两端的车轮偏转一定角度，以此实现汽车转向。转向桥还承受和传递汽车的部分载荷，以及汽车制动、车轮侧滑等产生的作用力及力矩。

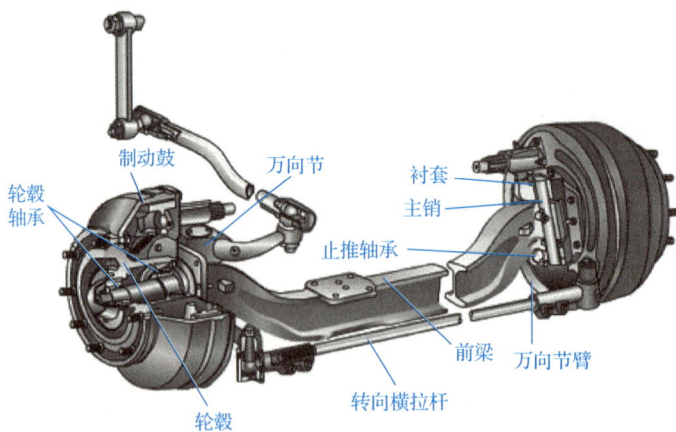

图 3-13　整体式转向桥结构示意图

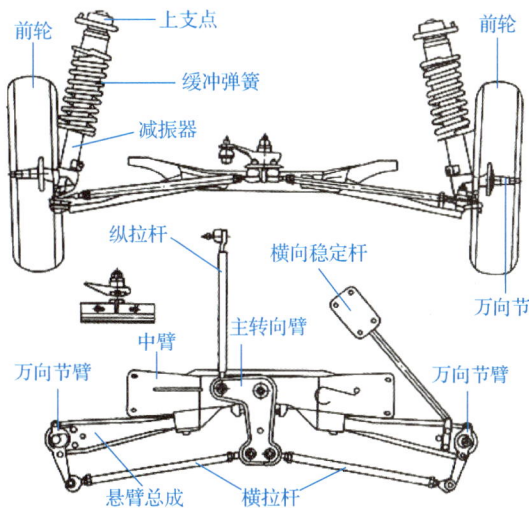

图 3-14　断开式转向桥结构示意图

各车型转向桥的结构基本相同，一般是由前轴、万向节、主销和轮毂组成的。

1）前轴

前轴由钢材锻造而成，一般采用工字形断面，两端略成方形。前轴中部向下凹，两端向上翘起呈拳形，其中有通孔，主销插入孔内可将前轴与万向节铰接。前轴上平面有两处用以支承钢板弹簧的加宽面，其上有用于安装 U 形螺栓的通孔和钢板弹簧定位坑。汽车前轴如图 3-15 所示。安装有 U 形螺栓的汽车前轴如图 3-16 所示。

图 3-15　汽车前轴

图 3-16　安装有 U 形螺栓的汽车前轴

2）万向节

万向节由上下两叉和支承轮毂的轴构成。上下两叉上制有安装主销的同轴孔，孔内压入青铜套或尼龙衬套，衬套上开有润滑油槽。万向节轴上有两道轴颈，内大外小，用于安装内外轮毂轴承。靠近两叉根部有呈方形的凸缘，其上的通孔用来固定制动底板。一般在左右万向节的下叉上各有一个带键槽的锥孔，分别用于安装左右万向节臂。左万向节的上叉上也有一个带键槽的锥孔，用于安装万向节臂。汽车万向节如图 3-17 所示。万向节在汽车上的位置如图 3-18 所示。

图 3-17　汽车万向节

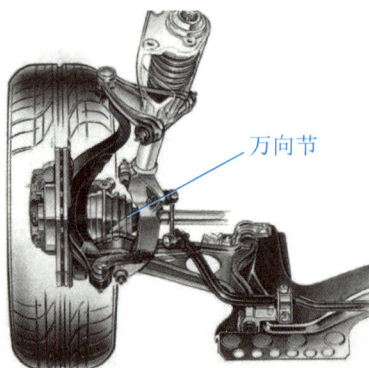

图 3-18　万向节在汽车上的位置

3）主销

主销用于铰接前轴与万向节，使万向节绕着主销摆动以实现车轮转向。常见的主销有实心圆柱形主销、空心圆柱形主销、圆锥形主销和阶梯形主销。主销中部一般切有四槽，用带螺纹的楔形块将主销固定在前轴拳形端部通孔内，使之不能转动。整体式转向桥前轴两端装有主销，汽车在转向时，转向轮可以绕主销轴线偏转。断开式转向桥上下球头中心的连线相当于主销轴线。汽车转向主销如图 3-19 所示。主销轴线如图 3-20 所示。

图 3-19　汽车转向主销

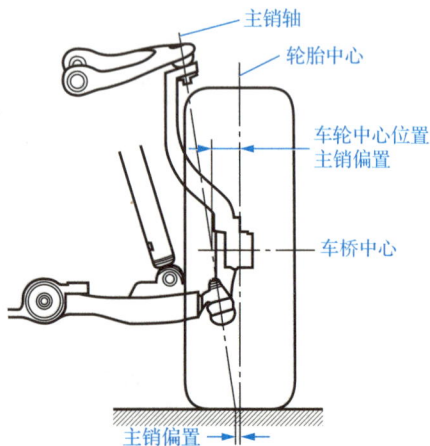

图 3-20　主销轴线

4）轮毂

轮毂用于连接制动鼓、轮盘和半轴凸缘。轮毂通过内外两个圆锥滚柱轴承安装在万向节轴颈上。圆锥滚柱轴承的松紧度可通过调整螺母加以调整，调整后用锁紧垫圈锁紧。轮毂外侧装有端盖，用于防止泥水和尘土进入；内侧装有油封、挡油盘，用于防止润滑油进入制动器。汽车轮毂如图 3-21 所示。

图 3-21　汽车轮毂

3. 转向驱动桥

转向驱动桥是一种能够实现车轮转向和车轮驱动两种功能的车桥。与一般驱动桥类似，转向驱动桥也具有主减速器、差速器、主销和轮毂等。

由于需要转向，因此半轴被分成两段，即内半轴（与差速器相连）和外半轴（与轮毂相连），二者用等角速万向节相连接。主销也因此分成上下两段，分别固定在万向节的球形支座上。万向节轴颈部分是空心的，外半轴从中穿过。万向节的连接叉是球状壳体，既能满足转向的需要，也能满足万向节传递动力的需求。桑塔纳轿车的转向驱动桥如图 3-22 所示。北京切诺基汽车的转向驱动桥如图 3-23 所示。

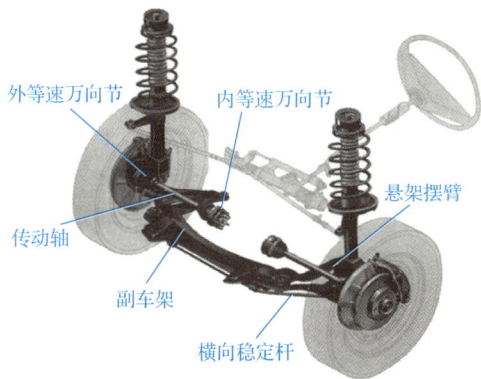

图 3-22　桑塔纳轿车的转向驱动桥

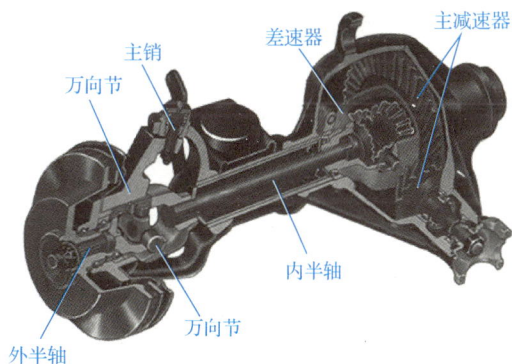

图 3-23　北京切诺基汽车的转向驱动桥

4. 支持桥

既无转向功能又无驱动功能的车桥称为支持桥，发动机前置、前轮驱动轿车的后桥为典型的支持桥。桑塔纳轿车后桥如图 3-24 所示。汽车后支持桥如图 3-25 所示。

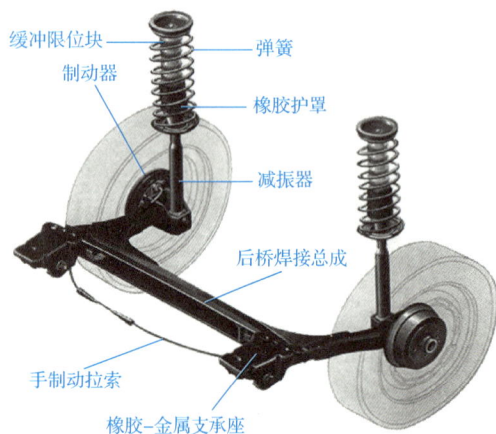

图 3-24　桑塔纳轿车后桥

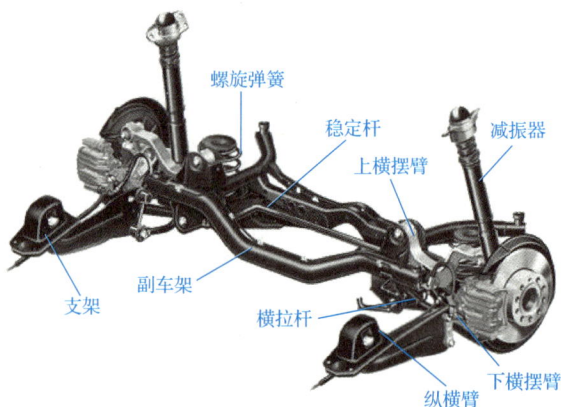

图 3-25　汽车后支持桥

讨论

还有哪些汽车的前桥是转向驱动桥？

在线测试八

课程内容学习完毕后，在相关教学平台推送 10 道在线测试题。

教师根据测试情况，实时点评和分析。

1. 行驶系统的组成包括以下哪些部分？（多选）

　　A. 车架　　　　　　B. 车桥　　　　　　C. 悬架

　　D. 车轮　　　　　　E. 转向装置

2. 汽车行驶系统的功用有哪些？（多选）

　　A. 接收传动系统传来的发动机转矩并产生驱动力

　　B. 承受汽车的总重量，传递并承受路面作用于车轮上的各个方向的反力及转矩

　　C. 缓和冲击，保证汽车行驶的平顺性

　　D. 独立控制汽车的行驶方向

　　E. 增加发动机的转速

3. 根据车架的分类方法，以下哪个不是正确的车架？（单选）

　　A. 边梁式车架　　　　B. 中梁式车架　　　　C. 主体式车架

　　D. 脊骨式车架　　　　E. 综合式车架

4. 承载式车身的优点是什么？（多选）

　　A. 有更强的车身强度

　　B. 可以提高整车的行驶速度

　　C. 因此可以减轻整车质量

　　D. 可以使底板高度降低，便于上、下车

E. 可以实现减速增扭

5. 碳纤维车身结构强度高、价格便宜，因此广泛应用于各种运动型汽车。（单选）

  A. 说法正确   B. 说法不正确   C. 看情况

6. 当前汽车采用的车架有哪些类型？（多选）

  A. 钢管式车架   B. 铝合金车架   C. 碳纤维一体式车架

  D. 高分子复合金属车架   E. 组合式车架

7. 根据车桥的分类方法，下列哪些是正确的车桥？（多选）

  A. 整体式车桥   B. 断开式车桥   C. 转向桥、驱动桥

  D. 转向驱动桥   E. 支持桥

8. 转向桥包括以下哪些部件？（多选）

  A. 前轴   B. 万向节   C. 主销

  D. 轮毂   E. 支持板

9. 只有后桥才有支持桥。（单选）

  A. 说法正确   B. 说法不正确   C. 看情况

10. 所有的汽车都有转向主销。（单选）

  A. 说法正确   B. 说法不正确   C. 看情况

任务实施

确定汽车底盘行驶系统的结构

（1）使用整车举升机抬升实训汽车到一定高度，观察该轿车底盘的各个部件。

（2）讨论该车型使用的是什么类型的转向桥，找出该车型的驱动桥是在前桥还是在后桥。判断该车型是否有支持桥。

任务二　四轮定位的检测与调整

学习目标

（1）熟悉转向轮定位的功用与形式。

（2）掌握四轮定位的原理和作用。

（3）能正确进行回轮定位的检测与调整。

（4）强化规范意识、标准意识、服务意识，全面提升职业素养。

内容引入

教师在相关教学平台推送一个汽车视频，请学生们在线观看。针对视频请学生参与以

下内容的在线投票，选出哪些描述是正确的：

（1）为保证汽车转向稳定和轻便，要进行车轮定位。

（2）车轮定位分为前轮定位和后轮定位。

（3）前轮定位不包括前轮前束。

（4）前轮定位涉及主销和车轮位置。

（5）车轮外倾可以增强转向操纵的轻便性。

教师根据投票情况，实时点评和分析。

相关知识

一、转向轮定位

为了保持汽车直线行驶的稳定性、转向的轻便性，减小轮胎的磨损程度，转向轮、万向节和前轴三者之间在安装上应具有一定的相对位置，这种具有一定相对位置的安装称为转向轮定位。转向轮定位包括主销后倾、主销内倾、前轮外倾和前轮前束四项内容。转向轮定位的功用：保证转向后转向轮（前轮）可以自动回正。

1. 主销后倾

主销后倾：主销安装在前轴上，其上端略向后倾斜。主销后倾角是纵向平面内主销轴线与垂线之间的夹角，其示意图如图 3-26 所示。主销后倾后，其轴线延长线与路面的交点 a 位于轮胎与地面接触点 b 之前，点 b 与点 a 的距离为 L。汽车在转弯（如右转弯）时，在汽车离心力的作用下，路面对车轮产生侧向反作用力 F，F 通过点 b 作用于车轮，形成稳定力矩 $M=FL$。该力矩方向与车轮旋转方向相反，它有使转向轮自动恢复原来位置的趋势。主销后倾可以保证汽车直线行驶稳定，并使转弯后的转向轮自动回正。

2. 主销内倾

主销内倾：主销安装在前轴上，其上端略向内倾斜。主销内倾角是横向平面内主销轴线与垂线之间的夹角。主销内倾可以使转向轮自动回正，并使转向轻便。转向轮在外力作用下由中间位置偏转一定角度时，车轮的最低点理论上将陷入地面下，

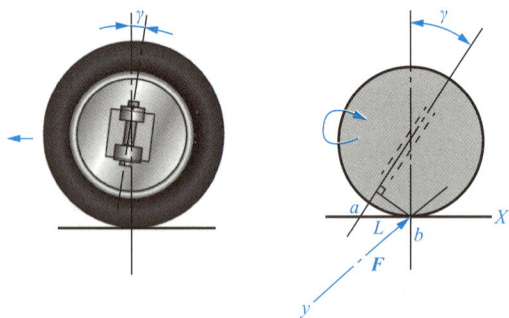

图 3-26　主销后倾角示意图

但实际上是不可能的，而是将转向轮连同汽车前部向上抬起一定高度。一旦外力消失，转向轮就在汽车前部重力的作用下，恢复到原来的直线行驶位置，这就是前轮自动回正的原因。主销内倾角及前轮外倾示意图如图 3-27 所示。

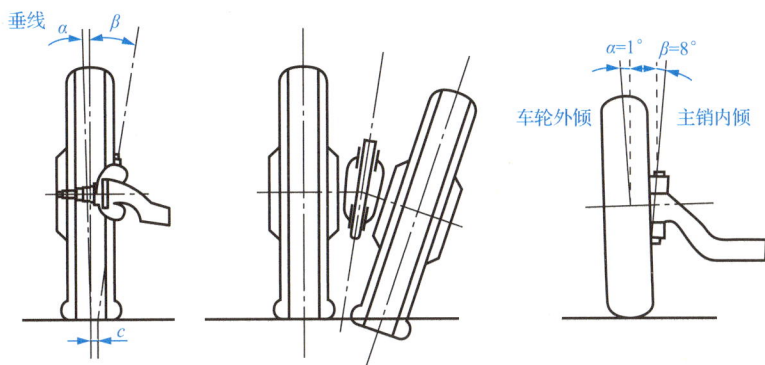

图 3-27　主销内倾角及前轮外倾示意图

3.前轮外倾

前轮外倾：前轮安装在车桥上，其上端略向外倾斜。前轮外倾角是前轮旋转平面与纵向垂直平面之间的夹角，其示意图如图 3-28 所示。

前轮外倾可以提高前轮工作的安全性，使转向轻便。由于前轮外倾使前轮所承受的重力集中到较大的内轴承上，保护了较小的外轴承和万向节轴外端的锁紧螺母，因此有利于行驶安全。此外，前轮外倾和主销内倾相配合可以进一步缩短转向臂的长度，使汽车转向更为轻便。

4.前轮前束

前轮前束：前轮安装后，两前轮的旋转平面不平行，前端略向内束。前轮前束值为两前轮后端距离 A 与前端距离 B 的差值。前轮前束示意图如图 3-29 所示。

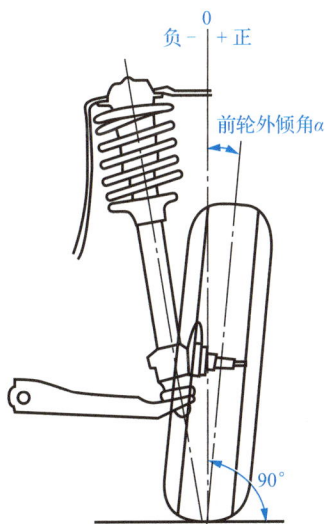

图 3-28　前轮外倾角示意图

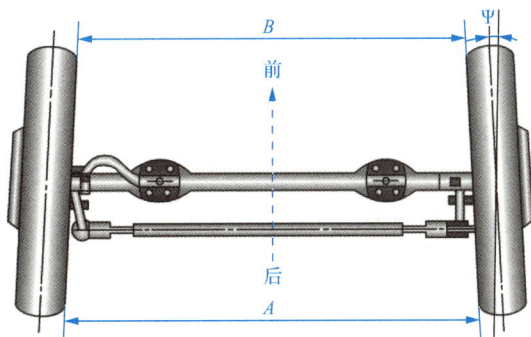

图 3-29　前轮前束示意图

前轮前束可以消除前轮外倾使汽车行驶时前轮向外张开的趋势，减小轮胎磨损程度和降低燃料消耗。前轮前束可通过改变横拉杆的长度进行调整。

二、四轮定位

汽车的四轮、转向机构、前后车轴之间的安装应具有一定的相对位置，这个相对位置是由厂家制定的标准值。调整恢复这个相对位置的过程就是四轮定位。

在以下情况下要做四轮定位。

（1）汽车的行驶性能受到影响时（驾驶员感受较为直接的是跑偏，以及打方向时不自动回轮）。

（2）因事故造成底盘及悬架损伤时。

（3）轮胎出现异常磨损时。但也要考虑是否因胎压不正常才导致了异常磨损。在一般情况下，胎压过高会加剧胎面中央的磨损，而胎压过低会加剧胎面两侧的磨损。如果轮胎一侧出现偏磨，则有可能是车轮外倾角出现偏差。

（4）拆装车桥及悬架的零件时。

汽车四轮定位示意图如图 3-30 所示。

图 3-30　汽车四轮定位示意图

微课 3-3　汽车需要四轮定位的情况

在线测试九

课程内容学习完毕后，在相关教学平台推送 6 道在线测试题。

教师根据测试情况，实时点评和分析。

1. 为了保持汽车直线行驶的稳定性、转向的轻便性，减缓轮胎和机件的磨损，转向轮、万向节和前轴三者之间在安装上具有一定的相对位置。这种具有一定相对位置的安装称为转向轮定位。（单选）

　　　　A. 说法正确　　　　B. 说法不正确　　　　C. 看情况

2. 转向轮定位包括哪些内容？（多选）

　　　　A. 前轮侧转　　　　B. 主销后倾　　　　C. 主销内倾

　　　　D．前轮外倾　　　　　E．前轮前束

　　3．主销后倾的作用是保证汽车直线行驶的稳定性，并使转弯后的转向轮自动回正。
（单选）

　　　　A．说法正确　　　　　　B．说法不正确　　　　　C．看情况

　　4．前轮自动回正的原因是什么？（多选）

　　　　A．主销后倾　　　　　　　　　　　B．主销内倾

　　　　C．前轮外倾　　　　　　　　　　　D．前轮前束

　　5．以下关于主销后倾角的说法正确的是哪项？（单选）

　　　　A．后轴运动轨迹与汽车几何中心线的夹角

　　　　B．从上方看，左右两个轮胎所成的角度向内为正、向外为负

　　　　C．从车前方看，轮胎中心线与垂线所成的角度向外为正、向内为负

　　　　D．从车侧方看，转向轴中心线与垂线所成的夹角向后为正、向前为负

　　6．主销后倾角太大会导致哪些故障？（多选）

　　　　A．直行时转向盘摇摆不定；转向后转向盘不能自动归正

　　　　B．转向时转向盘沉重

　　　　C．轮胎外缘磨损，悬架配件磨损

　　　　D．两前轮外缘磨损，并且整个轮胎胎面呈锯刺状磨损；转向盘飘浮不定

　　　　E．两前轮内缘磨损，并且整个轮胎胎面呈锯刺状磨损；转向盘飘浮不定

任务实施

四轮定位的检查与调整

　　四轮定位的检查与调整的具体步骤如下。

1．准备及检查

　　步骤1　套上一次性座套、转向盘套，垫上脚垫后，将汽车行驶到四轮定位专用举升机旁，
停到指定位置。

　　步骤2　检查轮胎，查看轮胎的气压是否符合规范，查看四个轮胎胎面的磨损情况，并
进行记录。

　　步骤3　检查底盘及悬架系统是否有松旷或变形的情况，检查各个部件关节部分的胶套、
防尘套是否有老化或脱落的现象。

2．调整

　　步骤1　打开检测设备，将四个感应器分别安装在汽车的四个轮胎上并固定好，检测
各感应器工作是否正常。

　　步骤2　按照检测设备的提示完成各项检测。

步骤 3 按照标准调整前轮和后轮的前束角、车轮外倾角等。

步骤 4 再次进行检测及调整。

步骤 5 拆下感应器后对汽车进行路试。

微课 3-4 四轮定位检测与调整

微课 3-5 转向轮调整中各参数的设置原因

任务三 轮胎的检修与更换

学习目标

（1）熟悉车轮与轮胎的结构和类型。

（2）能正确识别子午线轮胎规格。

（3）能正确进行轮胎的检查、更换和动平衡。

（4）了解国产轮胎的发展，激发爱国情怀，坚定"中国制造"自信。

内容引入

教师在相关教学平台推送一个汽车视频，请学生们在线观看。针对视频请学生参与以下内容的在线投票，选出哪些描述是正确的：

（1）汽车轮胎也有保质期。

（2）原装的汽车轮胎耐磨度高。

（3）四个轮胎经常更换位置可以有效延长轮胎使用寿命。

（4）子午线轮胎性能较好。

（5）无内胎轮胎扎破后不会爆裂。

教师根据投票情况，实时点评和分析。

相关知识

车轮与轮胎的功用：支承整车；缓和来自路面的冲击力；产生驱动力、制动力和侧向力；产生回正力矩；越障，提高车辆通过性。

车轮与轮胎又称车轮总成。汽车子午线车轮和轮胎结构示意图如图 3-31 所示。汽车车轮与轮胎实物图如图 3-32 所示。

图 3-31　汽车子午线车轮与轮胎结构示意图

图 3-32　汽车车轮与轮胎实物图

一、车轮

车轮是介于轮胎和车轴之间承受负荷的旋转组件，主要由轮辋、轮辐和轮毂组成。轮辋用于安装轮胎，轮辐是介于车轴和轮辋之间的支承部分。

1. 车轮的类型

车轮根据轮辐的构造可分为辐板式车轮和辐条式车轮；根据车轴一端安装的轮胎数目可分为单式车轮和双式车轮。

1）辐板式车轮

用于连接轮辋和轮毂的圆盘称为辐板。辐板大多都是冲压制成的，也有铸造制成的。辐板式车轮如图 3-33 所示。

2）辐条式车轮

辐条式车轮的特点是以钢丝辐条或铸造辐条为轮辐。钢丝辐条式车轮如图 3-34 所示。铸造辐条式车轮如图 3-35 所示。

现代汽车的轮辐多种多样，对整车起到了很好的装饰作用。采用少辐板的轮辐有利于制动器的散热。

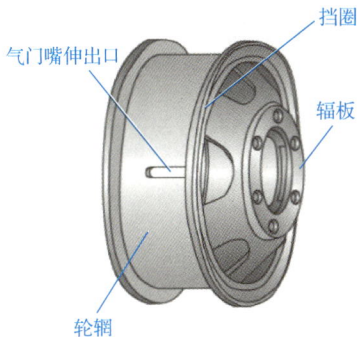

图 3-33　辐板式车轮

图 3-34　钢丝辐条式车轮

图 3-35　铸造辐条式车轮

2．轮辋

轮辋主要分为以下几种。

（1）深槽轮辋：用于轿车和轻型越野车。

（2）平底轮辋：用于中型货车。

（3）对开式轮辋：用于中重型越野车。

轮辋断面示意图如图 3-36 所示。

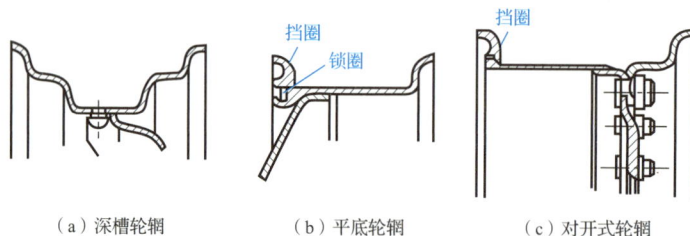

（a）深槽轮辋　　　　（b）平底轮辋　　　　（c）对开式轮辋

图 3-36　轮辋断面示意图

二、轮胎

1．轮胎的作用

（1）缓和冲击。

（2）与路面相互作用产生驱动力、制动力和侧向力。

（3）保证汽车的通过性。

（4）承受汽车重力。

2．轮胎的类型和结构

汽车轮胎根据胎体结构不同可分为充气轮胎和实心轮胎。现代汽车绝大多数采用充气轮胎。充气轮胎根据组成结构不同又可分为有内胎轮胎和无内胎轮胎两种。充气轮胎根据胎体中帘线排列的方向不同还可分为斜交轮胎和子午线轮胎。有内胎的车轮和轮胎结构示意图如图 3-37 所示。

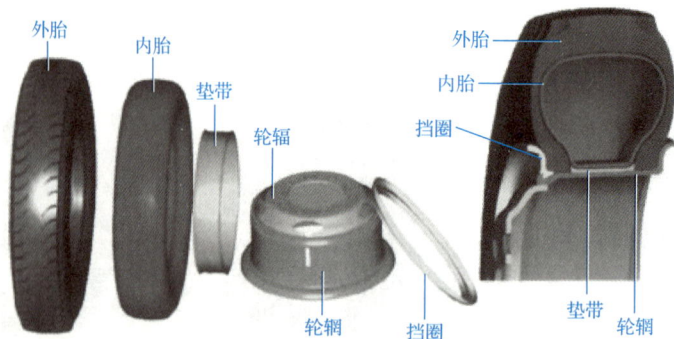

图 3-37　有内胎的车轮和轮胎结构示意图

内胎是一种环形橡胶管，具有良好的弹性，耐热，不漏气。内胎上装有充放气的气门嘴。汽车轮胎内胎如图 3-38 所示。气门嘴结构示意图如图 3-39 所示。

图 3-38　汽车轮胎内胎

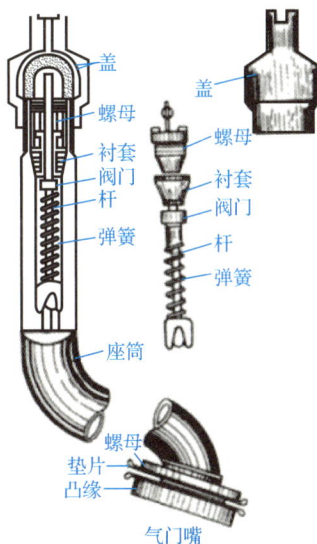

图 3-39　气门嘴结构示意图

无内胎轮胎的优点：轮胎穿孔时，压力不会急剧下降，能保证汽车安全地继续行驶；不存在内外胎之间摩擦和卡住而引起轮胎损坏的风险；气密性较好，可以直接通过轮辋散热，工作温度低，使用寿命长；结构简单，质量较小。无内胎轮胎结构示意图如图 3-40 所示。桑塔纳轿车无内胎轮胎结构示意图如图 3-41 所示。

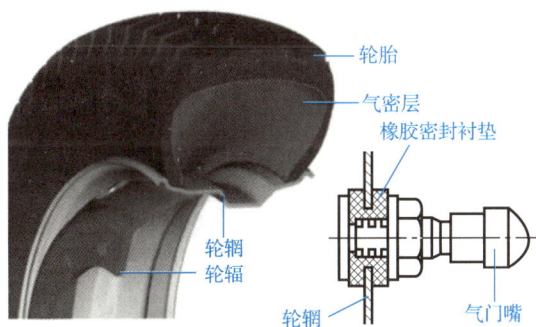

图 3-40　无内胎轮胎结构示意图

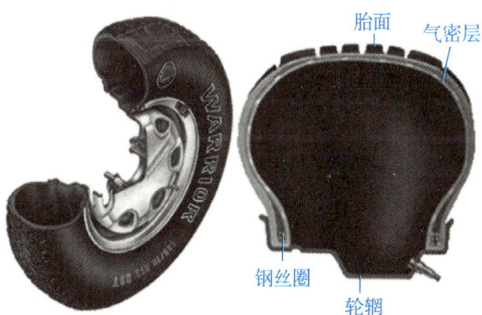

图 3-41　桑塔纳轿车无内胎轮胎结构示意图

1）斜交轮胎

帘布层和缓冲层各相邻层帘线交叉，并且与胎中心线成小于 90°角排列的充气轮胎称为斜交轮胎。斜交轮胎外胎各部分的名称如图 3-42 所示。

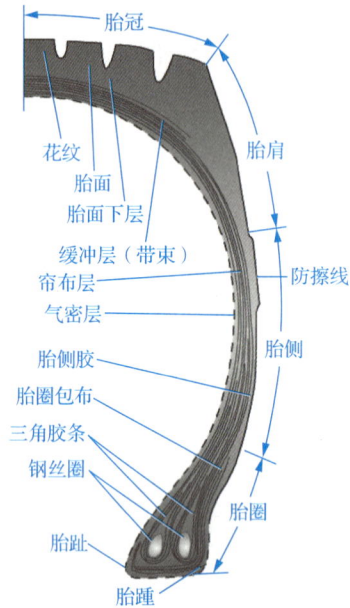

图 3-42　斜交轮胎外胎各部分的名称

　　帘布层是斜交轮胎的骨架，用于保持外胎的形状和尺寸，通常由成双数的多层帘布用橡胶贴合而成。帘布的帘线与轮胎子午断面的交角（胎冠角）一般为 52°～ 54°，相邻层帘线相交排列。帘布层数越多，轮胎强度越大，但弹性越小。斜交轮胎外胎表面注有帘布层数。

　　斜交轮胎的优点：轮胎噪声小，胎面柔软，容易制造，价格比子午线轮胎便宜。斜交轮胎的缺点：转向行驶时，接地面积小，胎冠滑移大，抗侧向力能力差，高速行驶时稳定性差，滚动阻力较大，油耗偏高，承载能力比子午线轮胎弱。斜交轮胎结构示意图如图 3-43 所示。斜交轮胎剖面示意图如图 3-44 所示。

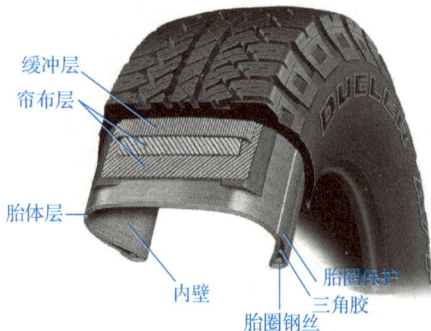

图 3-43　斜交轮胎结构示意图

图 3-44　斜交轮胎剖面示意图

　　2）子午线轮胎

　　子午线轮胎帘布层帘线排列的方向与轮胎的子午断面一致。帘线的这种排列方式使帘线的强度能得到充分利用。子午线轮胎一般比斜交轮胎的帘布层数少 40%～ 50%，胎体较柔软，弹性好。子午线轮胎结构示意图如图 3-45 所示。

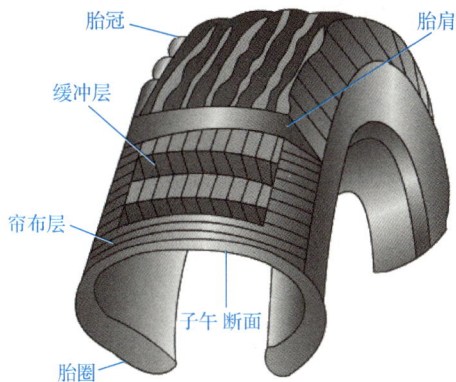

图 3-45　子午线轮胎结构示意图　　　　微课 3-6　子午线轮胎

子午线轮胎的优点如下。

（1）接地面积大，附着性能好，胎面滑移小，对地面单位压力小，滚动阻力小，使用寿命长。

（2）胎冠较厚且有坚硬的缓冲层，不易刺穿，行驶时变形小，可降低油耗 3%～8%。

（3）帘布层数少，胎侧薄，散热性能好。

（4）径向弹性大，缓冲性能好，负荷能力较大。

（5）由于在承受侧向力时，接地面积基本不变，故在转向行驶和高速行驶时稳定性好。

子午线轮胎的缺点：胎侧较薄且较柔软，而胎冠较厚，胎冠与胎侧过渡区易产生裂口；吸振能力弱，胎面噪声较大；制造技术要求高，成本高。

3）轮胎花纹

轮胎花纹主要用于增加胎面与路面间的摩擦力，防止车轮打滑，与鞋底花纹的作用类似。轮胎花纹提高了胎面接地弹性，在胎面和路面间切向力（如驱动力、制动力和横向力）的作用下，花纹块能产生较大的切向弹性变形。切向力增加，切向变形随之增大，接触面的摩擦作用随之增强，进而抑制了胎面与路面打滑或打滑趋势。这在很大程度上消除了无花纹（光胎面）轮胎易打滑的弊病，使与轮胎和路面间摩擦性能有关的汽车性能——动力性、制动性、转向操纵性和行驶安全性的正常发挥有了可靠的保障。

轮胎花纹形式多种多样，但归纳起来，主要有普通花纹、越野花纹和混合花纹三种。

（1）普通花纹适用于硬路面，分为纵向花纹、横向花纹和纵横兼有花纹，如图 3-46 所示。

① 纵向花纹。纵向花纹的特点是胎面纵向连续，横向断开，胎面纵向刚度大而横向刚度小，轮胎抗滑能力横向强而纵向弱。纵向花纹轮胎的滚动阻力较小，散热性能好，但花纹沟槽易嵌入碎石子。综合来看，采用这种花纹轮胎的汽车适合在比较清洁、良好的硬路面上行驶。

（a）纵向花纹　　　　　　　（b）横向花纹　　　　　　　（c）纵横兼有花纹

图 3-46　普通花纹

② 横向花纹。横向花纹的特点是胎面横向连续，纵向断开，胎面横向刚度大而纵向刚度小，轮胎抗滑能力纵向强而横向弱。采用这种花纹轮胎的汽车在以较高速度转向时，容易侧滑，轮胎滚动阻力比较大，胎面磨损比较严重。采用这种花纹轮胎的汽车适合在一般硬路面上行驶。牵引力比较大的中型或重型货车多使用这种花纹的轮胎。

③ 纵横兼有花纹。纵横兼有花纹兼有纵向花纹和横向花纹。纵横兼有花纹轮胎的胎面中部一般具有曲折形的纵向花纹，而在接近胎肩的两边制有横向花纹，因而胎面的纵横抗滑能力比较好。纵横兼有花纹轮胎的适应能力强、应用范围广，既适用于不同的硬路面，也适用于轿车和货车。

（2）越野花纹又称砌块花纹，特点是花纹沟槽宽而深，花纹块接地面积比较小（40%～60%）。采用越野花纹轮胎的汽车在松软路面上行驶时，一部分土壤将嵌入花纹沟槽中，只有将嵌入花纹沟槽的这一部分土壤剪切之后，轮胎才有可能出现打滑，因此，越野花纹轮胎的抓着力大。相关测试表明，在泥泞路上，同一车型使用越野花纹轮胎汽车的牵引力是使用普通花纹轮胎汽车牵引力的 1.5 倍。

（3）混合花纹是普通花纹和越野花纹之间的一种过渡性花纹。混合花纹的特点是胎面中部具有方向各异或以纵向为主的窄花纹沟槽，而在两侧具有方向各异或以横向为主的宽花纹沟槽。混合花纹的综合性能好、适应能力强。混合花纹轮胎既适用于良好的硬路面，也适用于碎石路面、雪泥路面和松软路面，附着性能优于普通花纹轮胎，但耐磨性能较差。一些货车和四轮驱动的乘用车多使用混合花纹轮胎。

花纹越深，花纹块接地弹性变形量越大，由轮胎弹性迟滞损失形成的滚动阻力也越大。较深的花纹不利于轮胎散热，反而会使胎温上升速度加快，花纹根部容易受力严重而撕裂、脱落等。花纹过浅不仅影响其储水、排水能力，还容易产生有害的"滑水现象"，使光胎面轮胎易打滑的弊端凸显，并使汽车性能变坏。

普通花纹轮胎如图 3-47 所示。越野花纹轮胎如图 3-48 所示。混合花纹轮胎如图 3-49所示。

图 3-47 普通花纹轮胎　　　　图 3-48 越野花纹轮胎　　　　图 3-49 混合花纹轮胎

4）轮胎规格标记方法

轮胎规格标记方法如图 3-50 所示。其中，B 为轮胎断面宽度，H 为轮胎断面高度，D 为轮胎外径，d 为轮胎内径（或称轮辋直径）。目前，充气轮胎一般习惯以英寸为单位。例如，轿车轮胎规格标记方法如图 3-51 所示。轮胎断面高度 H 与轮胎断面宽度 B 之比用百分比表示，称为轮胎的扁平率。

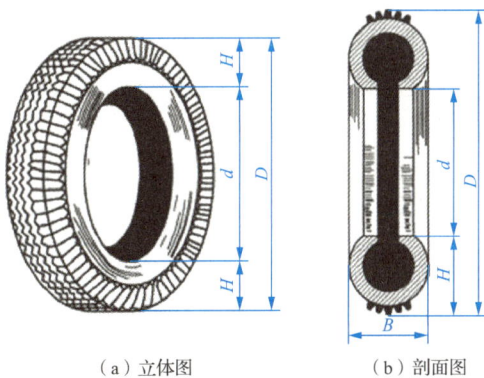

（a）立体图　　　　（b）剖面图

图 3-50 轮胎规格标记方法

轿车轮胎规格

185/70　R　13　86　T

— 车速级别标志
— 负载指数
— 轮辋直径
— 子午线结构标志
— 轮胎截面高度
— 轮胎截面宽度

图 3-51 轿车轮胎规格标记方法

国产子午线轮胎规格用 BRd 表示，其中 R 代表子午线轮胎。国产轿车子午线轮胎断面宽度 B 已全部改用公制单位 mm。货车轮胎断面宽度 B 有英制单位（英寸）和公制单位两种。轮辋直径 d 的单位仍采用英寸。

在线测试十

课程内容学习完毕后，在相关教学平台推送 7 道在线测试题。

教师根据测试情况，实时点评和分析。

1. 车轮与轮胎的功用是什么？（多选）

　　A. 支承整车　　　　　　　　　B. 缓和来自路面的冲击力

　　C. 产生驱动力、制动力和侧向力　　D. 产生回正力矩

　　E. 越障，提高车辆通过性

2. 车轮的类型有哪些？（多选）

　　A. 辐板式　　　　　B. 辐条式　　　　　C. 整体式

　　D. 组合式　　　　　E. 加强筋式

3. 以下按胎体结构划分的汽车轮胎是哪项？（单选）

　　A. 整体式轮胎　　B. 充气轮胎　　　C. 实心轮胎

　　D. 非充气轮胎　　E. 组合式轮胎

4. 以下关于车轮的说法正确的是哪几项？（多选）

　　A. 车轮的使用寿命不仅与车辆行驶距离有关，还与使用时间有关

　　B. 汽车轮胎要定期进行动平衡

　　C. 相同轮辋直径的轮胎在尺寸上可能会有不同

　　D. 轮胎只要足够大就可以使用在高速行驶的车辆上

5. 目前车辆大多使用普通斜交轮胎。（单选）

　　A. 说法正确　　　　B. 说法不正确　　　C. 看情况

6. 子午线轮胎的优点有哪些？（多选）

　　A. 接地面积大，附着性能好，胎面滑移小，对地面单位压力小，滚动阻力小，使用寿命长

　　B. 胎冠较厚且有坚硬的缓冲层，不易刺穿，行驶时变形小，可降低油耗 3%～8%

　　C. 帘布层数少，胎侧薄，散热性能好

　　D. 径向弹性大，缓冲性能好，负荷能力较强

　　E. 在承受侧向力时，接地面积基本不变，在转向行驶和高速行驶时稳定性好

7. 以下说法哪些是正确的？（多选）

　　A. 越野车多用非承载式车身

　　B. 汽车轮胎的帘布层用于稳定车轮的形状

C. 悬架的好坏影响汽车的加速性能

D. 多连杆式悬架不适合用于前桥

E. 汽车四轮定位一般要定期进行检查

任务实施

一、轮胎的检查

步骤 1　检查轮胎的整个外围与两侧面是否有异物扎刺及夹住等情形，以及老化现象。

步骤 2　利用深度规或轮胎磨损指示仪检查轮胎沟槽深度。

步骤 3　检查轮胎是否有单边磨损、段差磨损等缺陷。

步骤 4　检查轮胎气压，气压标准图表一般在油箱盖内侧。

二、轮胎的更换

由于轮胎和轮毂的密封性非常好，因此要用专业器械将轮胎与轮毂分离。

步骤 1　用气门芯专用工具拆卸气门芯，放掉轮胎内的压缩空气并取下轮辋边缘的平衡块。

步骤 2　用轮缘压迫轮胎使之与钢圈分离。

步骤 3　将轮胎放在工作台上，加紧后锁止。

步骤 4　在轮胎与钢圈边缘涂抹润滑剂，用撬棍将轮胎边缘撬到拆装头上，顺时针旋转工作台，抽出撬棍，即可拆下轮胎。

步骤 5　根据上述方法，完成轮胎的安装。

步骤 6　安装好气门芯，将轮胎气压加至规定值，并检查是否泄漏。

三、轮胎的动平衡

步骤 1　开启轮胎动平衡机电源，根据轮辋内圆大小选择合适的锥度盘，将清洁完毕并已拆除旧平衡块的车轮安装在轮胎动平衡机转轴中央，用锁紧螺母将车轮锁紧。

步骤 2　输入相关车轮数据。

步骤 3　启动轮胎动平衡机，车轮停止转动后显示面板上会显示不平衡值。

步骤 4　转动车轮，依次使显示面板上内外侧不平衡指示灯全亮，这样即可在车轮内外侧的正上方（时钟 12 点位置）安装与显示数值相等的平衡块。

步骤 5　再次启动轮胎动平衡机，检测不平衡值，直至显示面板显示的数值为 0，此时车轮动平衡即正常。

步骤 6　拆下转轴上的锁紧螺母，取下车轮。

微课 3-7　轮胎更换

微课 3-8　车轮动平衡

任务四　悬架的检修

学习目标

（1）掌握汽车悬架的作用、组成、类型及拆装方法。

（2）能正确进行前减振器和前轮轴承的更换。

（3）传承和发扬严谨细致、吃苦耐劳的传统美德。

内容引入

教师在相关教学平台推送一个汽车视频，请学生们在线观看。针对视频请学生参与以下内容的在线投票，选出哪些描述是正确的：

（1）汽车悬架的作用是把车桥和车架刚性地连接起来，并吸收和缓和汽车行驶过程中路面不平引起的车轮跳动传递给车架的冲击和振动。

（2）悬架一般由弹性元件、减振器和导向机构组成，它们分别起缓冲、减振，以及导向、传递力和力矩的作用。

（3）悬架可分为独立悬架和非独立悬架。

（4）麦弗逊式悬架结构简单、紧凑，相当于简化的双横臂式悬架，但它比双叉臂式悬架的功能性差。

（5）汽车悬架有软硬之分，当需要汽车体现动力性时，宜选用硬悬架。

教师根据投票情况，实时点评和分析。

相关知识

一、悬架的作用及组成

悬架的作用是把车桥和车架弹性地连接起来，并吸收和缓和汽车行驶过程中路面不平引起的车轮跳动传递给车架的冲击和振动，传递路面作用于车轮的支持力、驱动力、制动力、侧向力及力矩。悬架一般由弹性元件、减振器和导向机构组成，它们分别起缓冲、减振，以及导向、传递力和力矩的作用。汽车悬架结构示意图如图 3-52 所示。

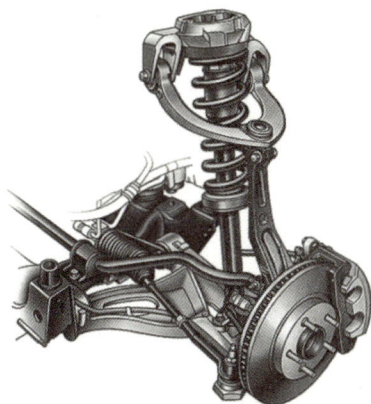

图 3-52　汽车悬架结构示意图

微课 3-9　汽车悬架

1. 弹性元件

弹性元件是一种利用材料本身的弹性及结构特点来实现一定功能的元件，包括钢板弹簧、螺旋弹簧、扭杆弹簧、气体弹簧等。

1）钢板弹簧

钢板弹簧是由若干等宽但不等长、弧度不等、厚度相等或不等的钢板弹簧片组合而成的一根近似等强度的弹性梁。汽车钢板弹簧实物图如图 3-53 所示。

图 3-53　汽车钢板弹簧实物图

微课 3-10　汽车钢板弹簧

2）螺旋弹簧

螺旋弹簧是一根用钢丝卷成的螺旋状的弹簧。螺旋弹簧具有的优点：无须润滑，不怕油污，质量小，所占空间不大，具有良好的吸收冲击的能力，可增强乘坐舒适性。螺旋弹簧的缺点是只能承受垂直载荷且无减振作用。汽车螺旋弹簧实物图如图 3-54 所示。

图 3-54　汽车螺旋弹簧实物图

微课 3-11　汽车螺旋弹簧

3）扭杆弹簧

扭杆弹簧是用具有扭转弹性的弹簧钢制成的杆。扭杆弹簧一端固定在车架上，另一端与悬架控制臂相连，控制臂则与车轮相连。车轮上下运动时，扭杆弹簧便发生扭曲，以保证车轮与车架的弹性联系。纵向布置的扭杆弹簧如图 3-55 所示。横向布置的扭杆弹簧如图 3-56 所示。

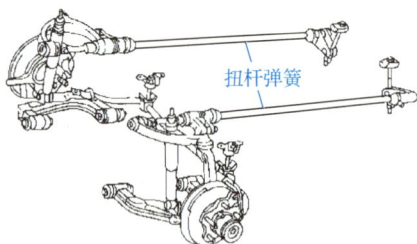

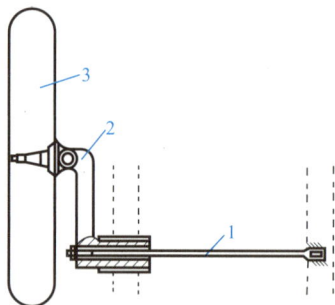

1—扭杆弹簧；2—摆臂；3—车轮。

图 3-55　纵向布置的扭杆弹簧　　　图 3-56　横向布置的扭杆弹簧　　　微课 3-12　汽车扭杆弹簧

4）气体弹簧

气体弹簧是在密封的容器中充入压缩空气和油液，利用气体的可压缩性实现相关功能的。气体弹簧的弹性是可变的，其实物图如图 3-57 所示。

图 3-57　气体弹簧实物图

微课 3-13　气体弹簧

⊞ **思考**

参见下图，思考如下问题：

（1）汽车悬架为什么要加减振器？

（2）汽车仅有弹性元件和减振器就足够了吗？

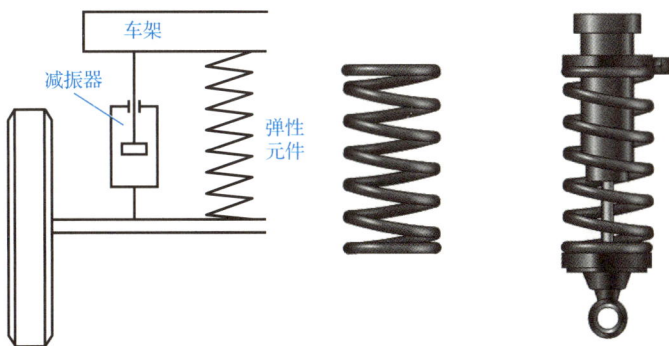

2. 减振器

汽车悬架系统中通常采用液力减振器，其工作原理是：当车架与车桥进行往复运动时，减振器中的活塞在缸筒内也进行往复运动，减振器壳体内的油液便反复地从一个内腔通过一些窄小的孔隙流入另一个内腔。孔壁与油液间的摩擦及液体分子内的摩擦形成对振动的阻尼力，使车身和车架的振动能量转化为热能，该热能被油液和减振器壳体所吸收，并扩散到大气中。减振器实物图如图 3-58 所示。

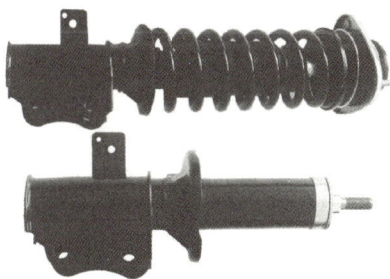

图 3-58　减振器实物图

微课 3-14　减振器动作情况

弹性元件与减振器承担着缓冲和减振的任务，若阻尼力过大，振动衰减得过快，则会使悬架弹性元件的缓冲能力减弱，甚至使减振器连接件及车架损坏。一般汽车在行驶过程中可能处于三种状态：第一种是在良好的路面上行驶，此时要求弹性元件充分发挥作用；第二种是汽车承受中等强度的振动，在这种情况下减振器起主要作用；第三种情况是汽车受到剧烈振动，这时的汽车振动情况与轮胎的接地性有密切联系。减振器若要在以上三种情况下与弹性元件协调工作，则必须满足以下要求：

（1）在悬架压缩行程中（车桥和车架相互靠近），减振器阻尼力较小，以充分发挥弹性元件的弹性作用，缓和冲击，此时弹性元件起主要作用。

（2）在悬架伸张行程中（车桥和车架相互远离），减振器阻尼力较大，以迅速减振，此时减振器起主要作用。

（3）当车架或车身与车桥间的相对运动速度过大时，减振器能自动加大流液量，以使阻尼力始终保持在一定限度内，避免车架或车身承受过大的冲击载荷。

在汽车悬架系统中广泛采用的液力减振器是筒式减振器，由于其在压缩和伸张行程中均能起到减振作用，因此又称为双向作用式减振器。双向作用式减振器结构示意图如图 3-59 所示。

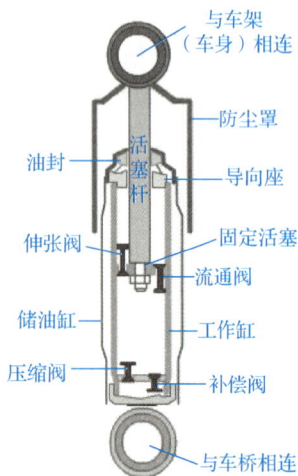

图 3-59　双向作用式减振器结构示意图

微课 3-15　双向作用式减振器

双向作用式减振器外面的钢筒是防尘罩，其顶端通过一圈环与车架（车身）相连；中间的钢筒是储油缸，内部装有一定量的减振器油，其底端通过一圈环与车桥相连；最里面的钢筒是工作缸，内部装满减振器油。在工作缸的内部，有与防尘罩及其顶端圈环制成一体的活塞杆，其底端有固定活塞。固定活塞上装有伸张阀和流通阀，工作缸的底座上装有压缩阀和补偿阀。为了使减振器能够满足工作要求，流通阀和补偿阀的弹簧质地比较软，较小的油压便可以打开或关闭这两个阀；压缩阀和伸张阀的弹簧质地比较硬，只有当油压增大到一定程度时，才能打开这两个阀；而只要油压稍有下降，阀门立刻关闭。

3. 导向机构

导向机构是传力机构，它具有两种作用：一是传递各个方向的力和力矩；二是使车轮按一定轨迹相对于车架和车身跳动。汽车在行驶过程中，车轮的运动轨迹应符合一定要求，否则会对汽车某些行驶性能产生不利影响。导向机构结构示意图如图 3-60 所示。导向机构实物图如图 3-61 所示。

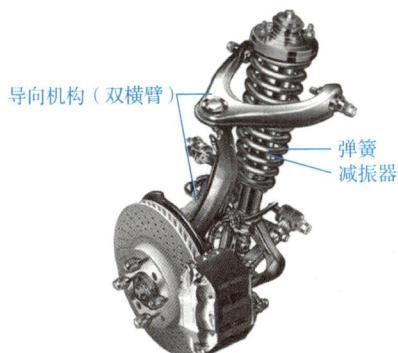

图 3-60　导向机构结构示意图

图 3-61　导向机构实物图

4. 横向稳定杆

在某些轿车和客车上，为防止车身在转向等情况下发生过大的横向倾斜，在悬架系统中加装有横向稳定杆。横向稳定杆的作用是提高侧倾刚度，使汽车获得转向不足特性，改善汽车的操纵稳定性和行驶平顺性。横向稳定杆用于防止汽车横向摆动。横向稳定杆如图 3-62 所示，其位置示意图如图 3-63 所示。

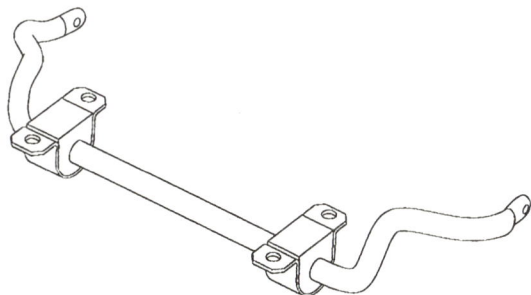

图 3-62　横向稳定杆

图 3-63　横向稳定杆位置示意图

二、悬架的类型

汽车悬架分为独立悬架和非独立悬架两种。独立悬架的特点：车桥是断开的，每一侧车轮单独地通过悬架与车架（或车身）相连，每一侧车轮都可以独立跳动。独立悬架结构示意图如图 3-64 所示。

非独立悬架的特点：两侧车轮通过整体式车桥相连，车桥通过悬架与车架（或车身）相连。如果汽车在行驶过程中路面不平，一侧车轮被抬高，那么整体式车桥将迫使另一侧车轮产生运动。非独立悬架结构示意图如图 3-65 所示。

图 3-64　独立悬架结构示意图

微课 3-16　独立悬架

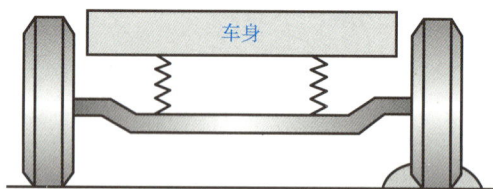

图 3-65　非独立悬架结构示意图

微课 3-17　非独立悬架

1. 独立悬架

采用独立悬架的汽车乘坐舒适性和操纵稳定性都较好。独立悬架具有降低汽车重心、减小汽车造型受约束的优势，但其结构较复杂、造价较昂贵，主要应用在轿车上。

1）臂式独立悬架

臂式独立悬架分为双横臂式独立悬架和双叉臂式独立悬架。

双横臂式独立悬架在空间容许的情况下可以实现高度自由的设计，并具有操纵稳定性和乘坐舒适性的特点。但这种悬架结构复杂，成本比较高，对空间要求比较高。双横臂式独立悬架如图 3-66 所示，其结构示意图如图 3-67 所示。

图 3-66　双横臂式独立悬架

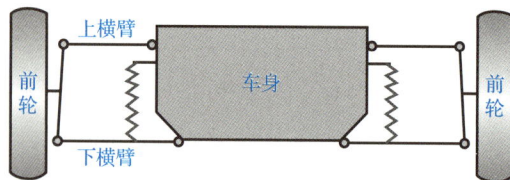

图 3-67　双横臂式独立悬架结构示意图

双叉臂式独立悬架可以看作一种特殊的双横臂式独立悬架，其运动性能更好，横向刚度大、抗侧倾性能优异、抓地性能好、路感清晰。双叉臂式独立悬架的主要缺点：制造成本高、悬架定位参数设定复杂。双叉臂式独立悬架的适用车型：运动型轿车、超级跑车及高档 SUV（sport utility vehiclc，运动型多用途汽车）。法拉利跑车双叉臂式独立悬架如图 3-68 所示。普通双叉臂式独立悬架如图 3-69 所示。

图 3-68　法拉利跑车双叉臂式独立悬架

图 3-69　普通双叉臂式独立悬架

2）纵臂式独立悬架

纵臂式独立悬架是一种车轮在汽车纵向平面内摆动的悬架。如果转向轮采用单纵臂式独立悬架，那么车轮上下跳动将使主销后倾角产生很大变化。因此，单纵臂式独立悬架多用于不转向的后轮。双纵臂式独立悬架的两个纵臂长度通常相等，形成平行四连杆机构，当车轮上下跳动时，主销的后倾角保持不变，这种形式的悬架适用于转向轮。纵臂式独立悬架原理示意图如图 3-70 所示，其结构示意图如图 3-71 所示。

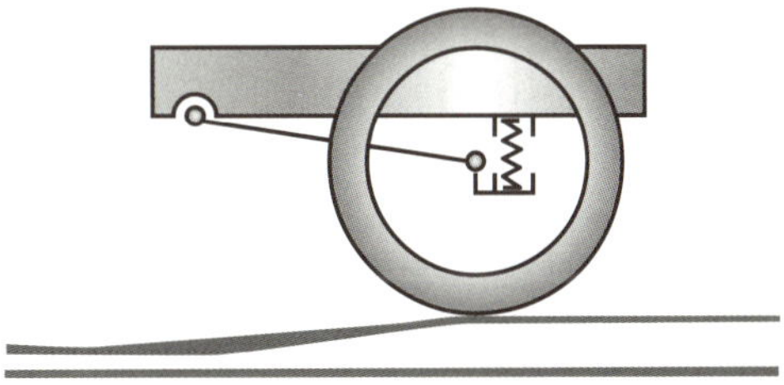

图 3-70　纵臂式独立悬架原理示意图

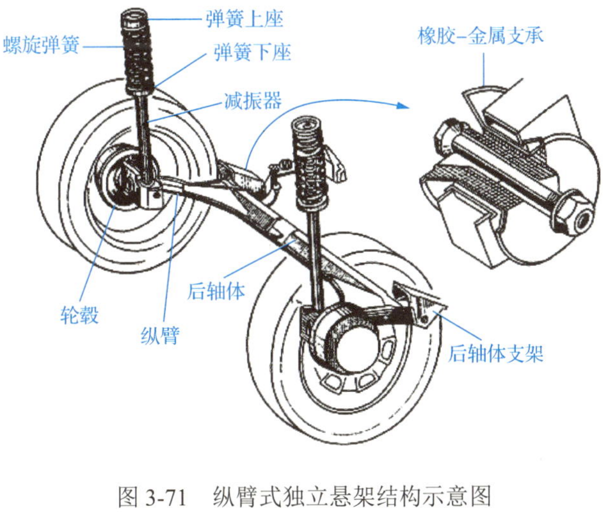

图 3-71　纵臂式独立悬架结构示意图

3）烛式独立悬架

烛式独立悬架的优点是：当悬架变形时，主销的定位角不会发生变化，仅轮距、轴距稍有改变。烛式独立悬架的这种优点有利于汽车的转向操纵性和行驶稳定性。烛式独立悬架的缺点是：侧向力全部由套筒和主销承受，二者间的摩擦阻力较大，磨损严重。这种悬架目前应用很少。烛式独立悬架原理示意图如图 3-72 所示，其结构示意图如图 3-73 所示。

图 3-72　烛式独立悬架原理示意图

图 3-73　烛式独立悬架结构示意图

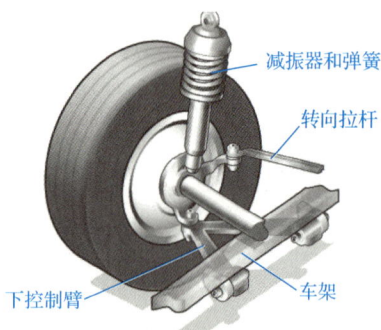

图 3-74　麦弗逊式独立悬架

4）麦弗逊式独立悬架

麦弗逊式独立悬架采用筒式减振器，横摆臂的内端通过铰链与车身相连，横摆臂的外端通过球铰链与万向节相连。采用麦弗逊式独立悬架的汽车车轮所受的侧向力大部分由横摆臂承受，其余部分由减振器活塞和活塞杆承受。筒式减振器上铰链的中心与横摆臂外端球铰链中心的连线为主销轴线，该减振器为无主销结构。麦弗逊式独立悬架如图 3-74 所示，其原理示意图如图 3-75 所示，其剖面结构示意图如图 3-76 所示。

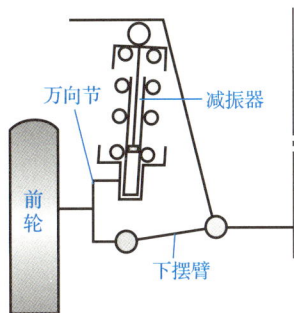

图 3-75　麦弗逊式独立悬架原理示意图　　　图 3-76　麦弗逊式独立悬架剖面结构示意图

麦弗逊式独立悬架由两部分组成：筒式减振器和 A 字形下控制臂。

5）多连杆式独立悬架

采用多连杆式独立悬架的汽车不仅可以保证乘客拥有一定的乘坐舒适性，而且由于该悬架连杆较多（一般为四连杆），可以使车轮和地面最大限度地保持垂直，减小车身的倾斜度，维持轮胎的贴地性。目前，多连杆式独立悬架是解决舒适性和操纵性矛盾的最佳方案。但由于多连杆式独立悬架的连杆数量比较多，制造成本高和制造工艺复杂，因此该悬架大部分装配在高档轿车上。奥迪汽车多连杆式独立悬架如图 3-77 所示。奔驰 S 级汽车多连杆式独立悬架如图 3-78 所示。

图 3-77　奥迪汽车多连杆式独立悬架　　　图 3-78　奔驰 S 级汽车多连杆式独立悬架

2. 非独立悬架

1）钢板弹簧式非独立悬架

钢板弹簧式非独立悬架采用钢板弹簧作为弹性元件，该弹簧兼具导向装置的作用，并具有一定的减振作用，大大简化了悬架的结构。钢板弹簧结构简单，耐久性强，可降低悬架高度，使驾驶室与车厢底板平坦。东风 EQ1092、解放 CA1091 型汽车采用的都是钢板弹

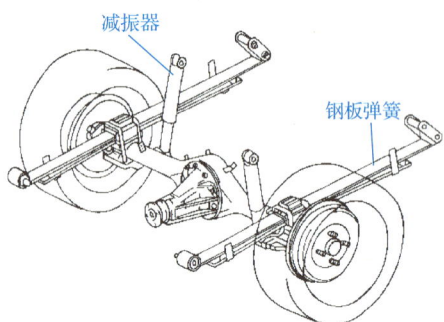

图 3-79　东风 EQ1092 型汽车钢板弹簧式
非独立悬架

簧式非独立悬架，如图 3-79 和图 3-80 所示。

对于采用钢板弹簧式非独立悬架的汽车，因为车轮与车体是通过弹簧板相连的，所以软弹簧在大的驱动力和制动力的作用下容易扭曲变形，从而导致车轮弹跳。另外，由于弹簧板件摩擦容易引起次生振动，而这些问题可以通过加装钢板，或者对车体固定位置进行相应调整等方式消除。因此，对于一些不同用途的汽车，可以忽略这些问题，它们仍可采用钢板弹簧式非独立悬架。长城赛弗汽车钢板弹簧式非独立悬架如图 3-81 所示。

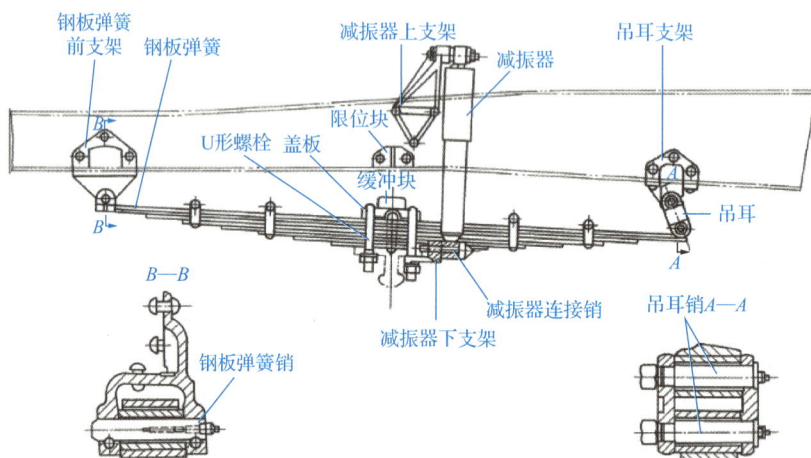

图 3-80　解放 CA1091 型汽车钢板弹簧式非独立悬架

图 3-81　长城赛弗汽车钢板弹簧式非独立悬架

微课 3-18　钢板弹簧式非独立悬架

2）螺旋弹簧非独立悬架

螺旋弹簧非独立悬架一般只作为轿车的后悬架。螺旋弹簧的上端装在车架的特制支座上，下端固定在后桥壳的座上，并设有纵横导向杆件。螺旋弹簧非独立悬架中还装有减振器，用于传递驱动力、制动力、横向力及力矩。螺旋弹簧非独立悬架示意图如图 3-82 所示。路虎卫士汽车一体桥螺旋弹簧非独立悬架如图 3-83 所示。

图 3-82　螺旋弹簧非独立悬架示意图

图 3-83　路虎卫士汽车一体桥螺旋弹簧非独立悬架

3）空气弹簧非独立悬架

空气弹簧非独立悬架如图 3-84 所示，其结构示意图如图 3-85 所示。采用空气弹簧非独立悬架的汽车容易实现车身高度的自动调节。

图 3-84　空气弹簧非独立悬架

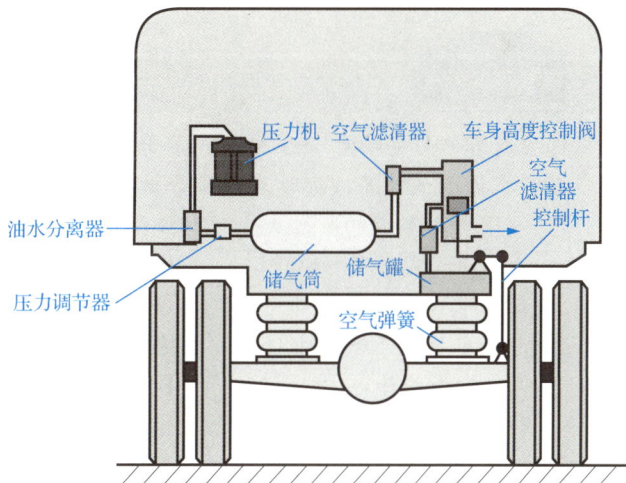

图 3-85　空气弹簧非独立悬架结构示意图

思考

下图所示的越野车选用的是什么类型的悬架？为什么？

O2O 在线任务三

在相关教学平台推送一个汽车悬架基本介绍视频，请学生们在线观看，并推送 O2O 在线任务：结合不同的教学台架，拍摄照片及描述这些悬架分别是哪种类型的，并以图片的形式进行结果输出。

教师根据小组上传任务情况，实时点评和分析。

在线测试十一

课程内容学习完毕后，在相关教学平台推送 10 道在线测试题。

教师根据测试情况，实时点评和分析。

1. 以下哪种车身的刚性大、抗扭效果好？（单选）

　　A. 独立式车身　　　　　　　B. 承载式车身

　　C. 非承载式车身　　　　　　D. 组合式车身

2. 悬架包括以下哪些部件？（多选）

　　A. 弹性元件　　　　　　B. 导向机构　　　　　　C. 稳定机构

　　D. 阻尼力调节机构　　　E. 减振器

3. 一辆汽车要提升动力性能，以下说法正确的是哪项？（单选）

　　A. 增加弹簧的尺寸　　　　　B. 增加弹簧的刚度

　　C. 减小减振器阻尼力　　　　D. 使用简单的导向机构

　　E. 采用大尺寸轮胎

4. 以下关于车轮的说法正确的是哪几项？（多选）

　　A. 车轮的使用寿命不仅与车辆行驶距离有关，还与使用时间有关

　　B. 汽车轮胎要定期进行动平衡

C. 相同轮辋直径的轮胎在尺寸上可能会有不同

D. 轮胎只要足够大就可以使用在高速行驶的车辆上

5. 以下关于麦弗逊式悬架的说法正确的是哪项？（单选）

A. 只用在前桥   B. 结构简单

C. 没有上横臂   D. 可以增加车辆的转向稳定性

6. 以下哪些是独立式悬架？（多选）

A. 麦弗逊式悬架   B. 拖拽式悬架   C. 双叉臂式悬架

D. 多连杆式悬架   E. 钢板弹簧式悬架

7. 以下哪些情况可以考虑进行汽车的四轮定位？（多选）

A. 汽车转向盘异常振动   B. 汽车转向回正失效

C. 汽车不能直线行驶   D. 汽车行驶时异响

E. 汽车轮胎异常磨损

8. 以下说法哪些是正确的？（多选）

A. 越野车多用非承载式车身

B. 汽车轮胎的帘布层用于稳定车轮的形状

C. 悬架的好坏影响汽车的加速性能

D. 多连杆式悬架不适用于前桥

E. 汽车四轮定位一般要进行定期检查

9. 麦弗逊式悬架和多连杆式悬架都可用于前桥或后桥。（单选）

A. 说法正确   B. 说法不正确   C. 看情况

10. 加装横向稳定器的悬架一定是多连杆悬架。（单选）

A. 说法正确   B. 说法不正确   C. 看情况

任务实施

一、前减振器的更换

1. 拆卸前减振总成

拧下减振器上部固定螺母和下部固定螺栓，拆下前减振总成。

2. 前减振总成的分解

步骤 1　把前减振器固定在专用工具上，拆卸防尘罩。压缩螺旋弹簧，直到螺旋弹簧上的绝缘盖几乎不受张力。拆卸前减振器自锁螺母，从减振器上拆卸绝缘垫、弹簧上座。

步骤 2　松开压缩的螺旋弹簧，直到螺旋弹簧不再受力，取下弹簧、防尘罩和橡胶块。

3. 检查

检查减振器绝缘轴承是否磨损或损坏，以及橡胶部件是否损坏和恶化。压缩和拉伸活塞杆，在活塞杆工作期间检查其是否有阻力或有异常噪声。

4. 装配

步骤 1　安装弹簧座块、缓冲块和防尘罩。

步骤 2　把螺旋弹簧安装在弹簧下座上，使用专用工具压缩螺旋弹簧。

步骤 3　安装弹簧上座的胶垫，使凸出的部位插入座口内。安装弹簧上座和绝缘垫，拧紧自锁螺母，从专用工具上取下支撑杆总成，把防尘盖盖上。

二、前轮轴承的更换

1. 拆卸前轮毂总成

依次拆下半轴大螺母、轮速传感器、制动分泵、制动盘、上下摆臂球头等。

2. 拆卸前轮轴承

步骤 1　使用手动压床将轮毂轴承中间的法兰从万向节中压出。

步骤 2　将防尘底板从万向节拆下。

步骤 3　用卡簧钳拆下卡簧。

步骤 4　将万向节置于手动压床，压出其中的轴承。

3. 安装前轮轴承

步骤 1　清洁轴承座孔及卡簧槽，并在轴承座孔内涂上少量润滑脂。

步骤 2　用手动压床将新轴承压入轴承孔，装上卡簧。

步骤 3　安装底板，用手动压床将万向节法兰压入轴承内孔。压入后转动法兰，应能灵活转动，无卡滞。

4. 前轮毂总成的安装

前轮毂总成的安装顺序与拆卸顺序相反。

微课 3-19　前减振器拆卸　　　微课 3-20　前减振器分解与安装　　　微课 3-21　前轮轴承的更换

项目四
转向系统的结构与检修

项目导入

　　观看两个微课视频，一个是沃尔沃卡车动态转向系统，另一个是保时捷 Porsche 911 后轮随动转向系统。通过视频可以了解到汽车转向系统具有的功能和组成部件。学生们一起讨论：汽车转向系统机械部分需要实现哪些功能？汽车转向系统需要实现什么功能？

微课 4-1　沃尔沃卡车动态转向系统　　　　微课 4-2　保时捷 Porsche 911 后轮随动转向系统

任务一　转向系统的认知

学习目标

（1）熟悉汽车转向系统的功用和分类。

（2）掌握机械转向系统的组成及结构。

（3）能识别常见车型的转向系统类型。

（4）培养团队意识，增强沟通能力和问题分析能力。

内容引入

　　教师在相关教学平台推送一个汽车转向系统视频，请学生们在线观看。针对视频请学生参与以下内容的在线投票，选出哪些描述是正确的：

（1）现在的家用汽车都装有助力转向系统。

（2）助力转向系统包括动力转向系统、液压助力转向系统、电子助力转向系统等。

（3）与液压助力转向系统相比，电子助力转向系统性能更好。

（4）转向助力的作用是让驾驶员转动转向盘时更省力。

（5）汽车在高速行驶时，电子助力转向系统要了解车速的状态。

教师根据投票情况，实时点评和分析。

相关知识

汽车转向系统是用来改变汽车行驶方向的专设机构的总称。汽车转向系统用于保证汽车能按驾驶员的意愿进行直线或转向行驶。

一、汽车转向系统的功用和分类

1. 机械转向系统

机械转向系统以驾驶员的体力为转向动力，所有传递动力的构件都是机械式的。机械转向系统主要由转向操纵机构、转向器和转向传动机构三大部分组成。

当前轮采用独立悬架时，机械转向系统的组成及布置与红旗 CA7220 型轿车的转向系统相似，如图 4-1 所示。当前轮采用非独立悬架时，对应的机械转向系统如图 4-2 所示。由于转向盘距离转向器较远，因此二者之间用万向传动装置（由万向节和传动轴构成）相连。

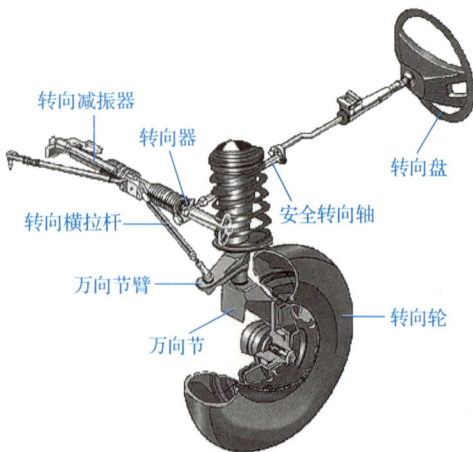

图 4-1 独立悬架机械转向系统

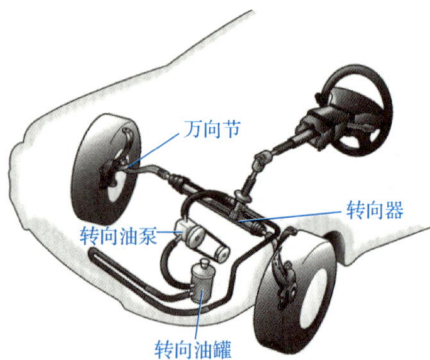

图 4-2 非独立悬架机械转向系统

思考

观看汽车转向系统的相关 3D 演示，观察下图汽车转向盘如何控制车轮。

思考：哪些机械部件参与了转向工作？

2. 动力转向系统

动力转向系统是以驾驶员体力和发动机（或电动机）的动力为转向动力的转向系统。动力转向系统是在机械转向系统的基础上加设一套转向加力装置形成的。动力转向系统可分为液压助力转向系统和柱式驱动电动转向系统，如图 4-3 和图 4-4 所示。

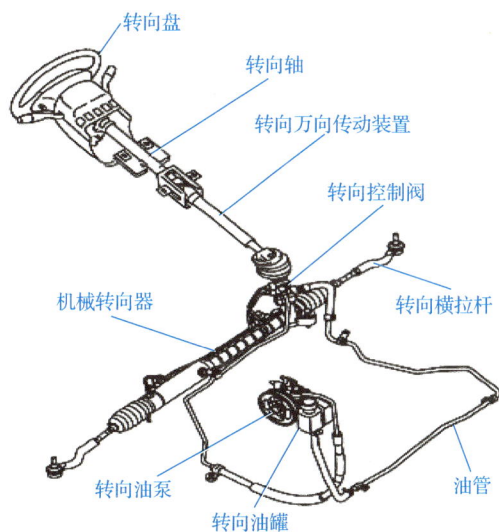

图 4-3 液压助力转向系统

图 4-4 柱式驱动电动转向系统

二、机械转向系统的组成及结构

1. 转向操纵机构

转向盘到转向器之间的所有零部件总称为转向操纵机构。

1）转向盘

转向盘由轮圈、轮辐和轮毂等组成。转向盘轮毂的细牙内花键与转向轴相连接。转向盘上大都装有扬声器按钮，有些轿车的转向盘上还装有车速控制开关和安全气囊。转向盘的构造如图 4-5 所示。转向盘与安全气囊如图 4-6 所示。

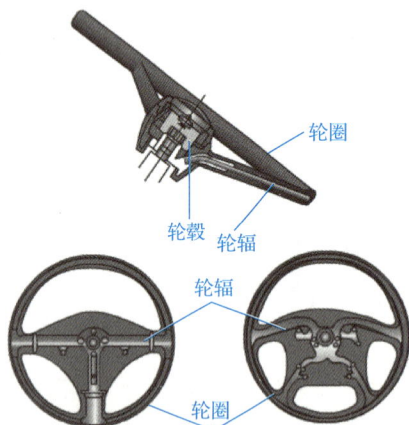

图 4-5　转向盘的构造

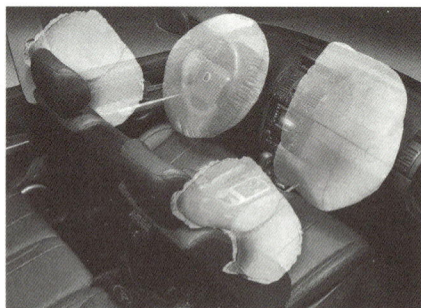

图 4-6　转向盘与安全气囊

2）转向轴、转向柱管及吸能装置

转向轴是连接转向盘和转向器的传动件。转向柱管固定在车身上，转向轴从转向柱管中穿过，支承在转向柱管内的轴承和衬套上。

轿车除要求装有吸能式转向盘外，还要求转向柱管必须装有能够缓和冲击的吸能装置。转向轴和转向柱管吸能装置的基本工作原理：当转向轴受到巨大冲击而产生轴向位移时，通过转向柱管或支架产生塑性变形、转向轴错位等方式吸收冲击能量。

（1）转向轴错位缓冲。图 4-7 所示为转向轴错位缓冲示意图，上下转向轴是错位连接的。当汽车发生碰撞时，柱销由于强度较小而折断，上下转向轴分离，下转向轴向车内运动时不会带动上转向轴运动，从而避免了转向盘挤压人体。

图 4-7　转向轴错位缓冲示意图

（2）转向轴错位和支架变形缓冲。转向轴错位和支架变形缓冲示意图如图 4-8 所示。

转向柱管吸能装置的工作原理：当汽车发生碰撞时，转向器向后移动，下转向轴插入上转向轴的孔中，上转向轴被压扁，从而吸收冲击能量。此外，转向柱管通过支架和U形金属板固定在仪表板上。当驾驶员身体撞击转向盘后，转向柱管和支架将从仪表板上脱离向前移动。这时，一端固定在仪表板上而另一端固定在支架上的U形金属板就会产生扭曲变形并吸收冲击能量。

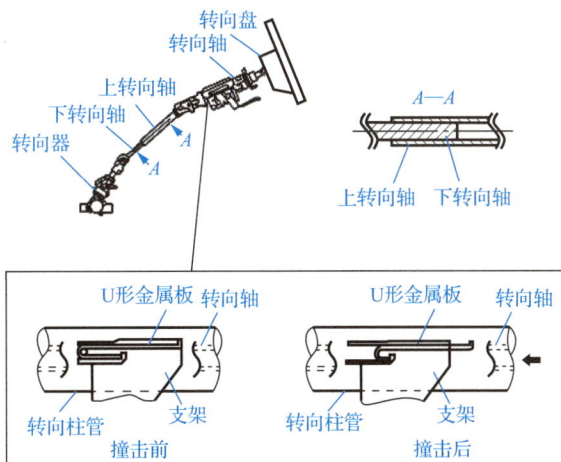

图 4-8　转向轴错位和支架变形缓冲示意图

（3）转向柱管变形吸收冲击能量并缓冲。如果汽车上装有网格状或波纹管式转向柱管吸能装置，那么当发生猛烈撞车事件，人体冲撞转向盘时，网格或波纹管部分将被压缩而产生塑性变形，吸收冲击能量。转向柱管变形吸收冲击能量并缓冲示意图如图4-9所示。

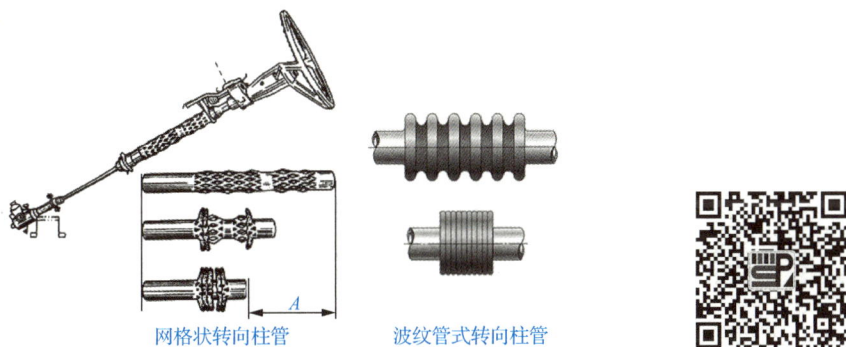

图 4-9　转向柱管变形吸收冲击能量并缓冲 　　　　　微课 4-3　转向轴、转向柱管

2. 转向器

转向器又称转向机、方向机，它是转向系统中最重要的部件。转向器的作用是增大转向盘传递到转向传动机构的动力和改变动力的传递方向。目前常见的转向器有齿轮齿条式转向器、循环球式转向器、蜗杆曲柄指销式转向器等。

1）齿轮齿条式转向器

齿轮齿条式转向器是以齿轮和齿条为传动机构的转向器，适合与麦弗逊式独立悬架配合使用，常用于轿车、微型货车和轻型货车。目前，轿车普遍采用的都是齿轮齿条式转向器。齿轮齿条式转向器如图4-10所示，其基本组成如图4-11所示。

图4-10　齿轮齿条式
转向器

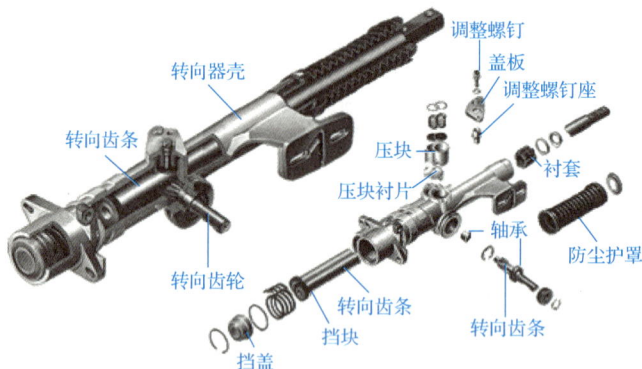

图4-11　齿轮齿条式转向器基本组成

微课4-4　齿轮齿
条式转向器

2）循环球式转向器

循环球式转向器中一般有两级传动副：第一级是螺杆螺母传动副；第二级是齿条齿扇传动副。循环球式转向器常用于各种轻型和中型货车，也用于部分轻型越野车。

循环球式转向器工作原理：当转向螺杆转动时，通过钢球将动力传递给转向螺母，转向螺母沿轴向移动；同时，在转向螺杆、转向螺母和钢球间的摩擦力矩作用下，所有钢球在螺旋管状通道内滚动，形成"球流"。循环球式转向器如图4-12所示，其基本组成如图4-13所示。

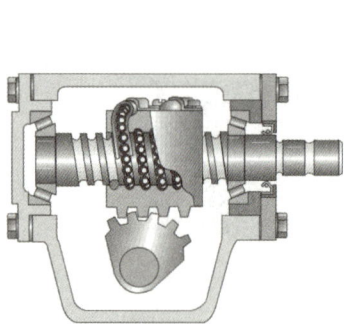

图4-12　循环球式转向器

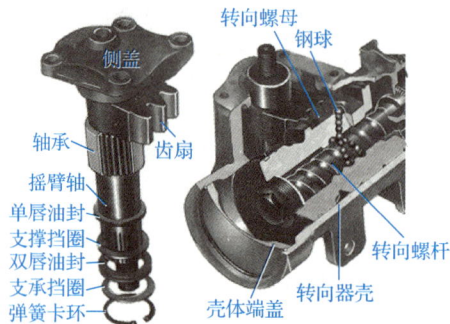

图4-13　循环球式转向器基本组成

微课4-5　循环球式
转向器

3）蜗杆曲柄指销式转向器

在蜗杆曲柄指销式转向器中，具有梯形截面螺纹的转向蜗杆支承在转向器壳体两端的球轴承上，转向蜗杆与锥形指销相啮合，锥形指销用双列圆锥滚子轴承支承在摇臂轴内端的曲柄孔中。当转向蜗杆随转向盘转动时，锥形指销沿转向蜗杆螺旋槽上下移动，并带动曲柄及摇臂轴转动。蜗杆曲柄指销式转向器如图 4-14 所示。

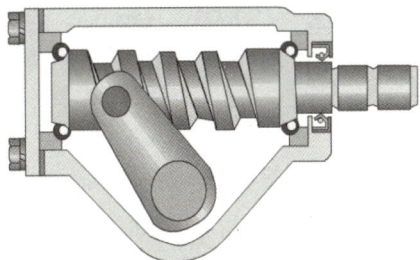

图 4-14 蜗杆曲柄指销式转向器

微课 4-6 蜗杆曲柄指销式转向器

3. 转向传动机构

1）转向传动机构的类型

转向器到转向轮之间的所有传动杆件总称为转向传动机构。转向传动机构将转向器输出的动力和转矩传递到转向桥两侧的万向节，使转向轮偏转，并使两转向轮偏转角按一定关系变化，以保证汽车在转向时车轮与地面的相对滑动尽可能小。转向传动机构通常可分为与非独立悬架配合使用的转向传动机构和与独立悬架配合使用的转向传动机构两种。

（1）与非独立悬架配合使用的转向传动机构。

与非独立悬架配合使用的转向传动机构示意图如图 4-15 所示，它一般由转向摇臂、转向直拉杆、万向节臂和转向横拉杆等组成。各杆件之间都采用球形铰链相连接，并设有防止松脱、缓冲吸振、自动消除磨损后的间隙等的结构。

图 4-15 与非独立悬架配合使用的转向传动机构示意图

（2）与独立悬架配合使用的转向传动机构。

当转向轮采用独立悬架时，为了满足转向轮独立运动的需要，转向桥必须采用断开式的，转向传动机构中的万向节臂也必须断开。与独立悬架配合使用的多数是齿轮齿条式转向器，转向器布置在车身上，转向横拉杆通过球头销与齿条、万向节臂相连。与独立悬架配合使用的转向传动机构示意图如图 4-16 所示。

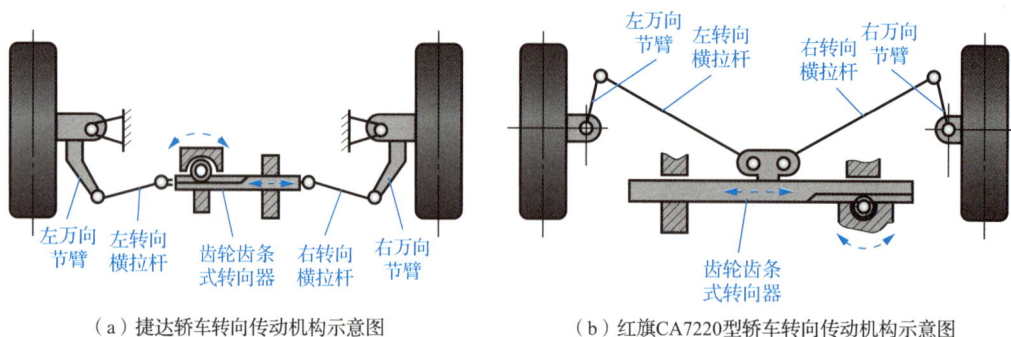

（a）捷达轿车转向传动机构示意图　　　　（b）红旗CA7220型轿车转向传动机构示意图

图 4-16　与独立悬架配合使用的转向传动机构示意图

2）转向传动机构的组成

转向传动机构通常由转向摇臂、转向直拉杆、转向横拉杆、万向节臂等组成。

（1）转向摇臂。

循环球式转向器和蜗杆曲柄指销式转向器均通过转向摇臂与转向直拉杆相连。转向摇臂的大端用锥形三角细花键与转向器中摇臂轴的外端相连接，小端通过球头销与转向直拉杆进行空间上的铰链连接。转向摇臂如图 4-17 所示。

（2）转向直拉杆。

转向直拉杆是转向摇臂与万向节臂之间的传动杆件，具有传递动力和缓冲的作用。在转向轮偏转且因悬架弹性变形而相对于车架跳动时，转向直拉杆、转向摇臂及万向节臂的相对运动都是空间运动，为了不发生运动干涉，三者之间的连接件都采用球形铰链。转向直拉杆如图 4-18 所示。

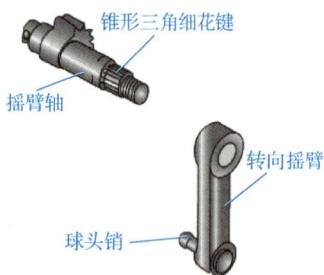

图 4-17　转向摇臂

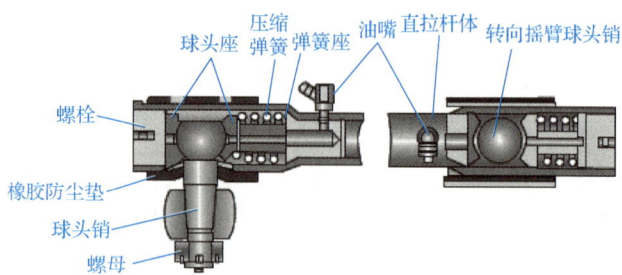

图 4-18　转向直拉杆

（3）转向横拉杆。

转向横拉杆是转向梯形机构的底边，由横拉杆体和旋装在其两端的横拉杆接头组成。转向横拉杆的特点是长度可调，通过调整转向横拉杆的长度，可以调整前轮前束。转向横拉杆如图 4-19 所示。

（4）万向节臂。

万向节臂又称梯形臂，是转向传动机构的最后一级传力部件。万向节臂一端安装在左（或右）万向节上，另一端用球销与转向横拉杆相连接。

万向节是最终实现转向的部件。为了将转向摇臂产生的扇形运动传递到万向节，在万向节上加装了万向节臂，通过转向纵拉杆将万向节臂与转向摇臂相连接。万向节臂如图 4-20 所示。

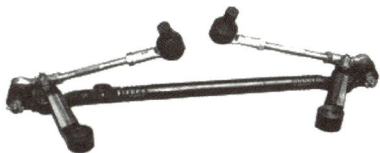

图 4-19　转向横拉杆

图 4-20　万向节臂

4. 转向减振器

转向减振器是安装在汽车转向系统中的一种阻尼式减振器，其有多种结构形式，常见的是一种内部充满黏性液体的筒式减振器。筒式减振器结构与悬架减振器结构类似。转向减振器的作用是防止汽车转向轮发生自激摆振或受迫摆振。此外，转向减振器还有防止制动跑偏的作用。转向减振器如图 4-21 所示。

图 4-21　转向减振器

微课 4-7　转向传动机构

在线测试十二

课程内容学习完毕后，在相关教学平台推送 8 道在线测试题。

教师根据测试情况，实时点评和分析。

1. 汽车转向系统是用来改变汽车行驶方向的专设机构的总称。汽车转向系统的功用是保证汽车能按驾驶员的意愿进行直线或转向行驶。（单选）

  A. 说法正确　　　　B. 说法不正确　　　　C. 看情况

2. 以下哪些属于机械转向系统的组成部分？（多选）

  A. 转向操纵机构　　B. 转向器　　　　　　C. 转向传动机构

  D. 离合器　　　　　E. 弹性元件

3. 转向轴是连接转向盘和转向器的传动件，转向柱管固定在车身上，转向轴从转向柱管中穿过，支承在柱管内的轴承和衬套上。（单选）

  A. 说法正确　　　　B. 说法不正确　　　　C. 看情况

4. 转向盘由哪几部分组成？（多选）

    A. 换向器　　　　　　B. 轮缘　　　　　　C. 轮辐　　　　　　D. 轮毂

5. 什么机构的功用是将转向器输出的力和运动传递到转向桥两侧的万向节，使转向轮偏转？（单选）

    A. 转向操纵机构　　　　　　　　　　　B. 转向器

    C. 离合器　　　　　　　　　　　　　　D. 转向传动机构

6. 转向器根据结构可划分为哪几种？（多选）

    A. 齿轮齿条式转向器　　　　　　　　　B. 循环球式转向器

    C. 扭杆助力式转向器　　　　　　　　　D. 蜗杆曲柄指销式转向器

    E. 钢板组合式转向器

7. 动力转向系统的动力全部来源于发动机。（单选）

    A. 说法正确　　　　　B. 说法不正确　　　　　C. 看情况

8. 转向横拉杆是转向梯形机构的底边，由横拉杆体和旋装在两端的横拉杆接头组成，其特点是长度可调，通过调整横拉杆的长度，可以调整前轮前束。（单选）

    A. 说法正确　　　　　B. 说法不正确　　　　　C. 看情况

任务实施

确定汽车转向系统的结构

（1）观察实训汽车的内部及发动机舱，讨论和确定该车型的转向系统是否是动力转向系统。

（2）在教师的指导下，观察转向传动机构的各个部件，讨论该车型转向器的类型。

任务二　液压助力转向系统的检修

学习目标

（1）熟悉液压助力转向系统的组成、结构及原理。

（2）能正确进行转向油泵的拆装与检修。

（3）树立环保意识、成本意识，践行绿色发展理念。

内容引入

教师在相关教学平台推送一个汽车转向系统视频，请学生们在线观看。针对视频请学生参与以下内容的在线投票，选出哪些描述是正确的：

（1）动力转向系统的动力直接来源于汽车发动机。

（2）助力转向系统包括动力转向系统、液压助力转向系统、电子助力转向系统等。

（3）液压助力转向系统的结构和机械转向装置的结构基本一致。

（4）整体式动力转向器更适合发动机前置、前轮驱动的汽车转向系统。

教师根据投票情况，实时点评和分析。

相关知识

一、液压助力转向系统的组成及工作原理

动力转向系统是指将发动机输出的部分机械能转化为压力能（或电能），并在驾驶员控制下，对转向传动机构或转向器中某一传动件施加辅助作用力，使转向轮偏摆，实现汽车转向的一系列装置。采用动力转向系统可以减小驾驶员所需提供的转向操纵力。动力转向系统由机械转向器和转向加力装置组成，根据助力源形式的不同可以分为液压助力、气压助力和电动机助力三种类型。液压助力转向系统如图 4-22 所示。电动机助力转向系统如图 4-23 所示。液压助力转向系统应用较为普遍，其工作压力大、部件尺寸小、工作滞后时间短，能够吸收来自不平路面的冲击能量。

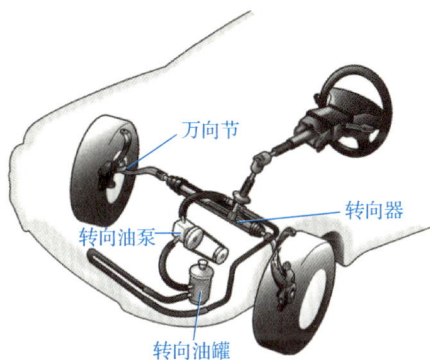

图 4-22　液压助力转向系统　　　　图 4-23　电动机助力转向系统

1. 液压助力转向系统的组成

液压助力转向系统的组成如图 4-24 和图 4-25 所示。

2. 液压助力转向系统的分类

（1）液压助力转向系统总体可分为常压式与常流式两种。

（2）液压助力转向系统根据转向控制阀阀芯运动方式可分为滑阀式和转阀式两种。

（3）液压助力转向系统根据系统布置方式可分为整体式、组合式和分离式三种。

（4）液压助力转向系统根据转向油泵驱动方式不同可分为机械式和电子式两种。

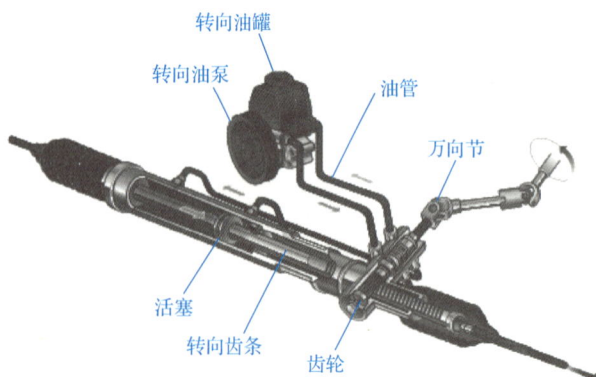

图 4-24　液压助力转向系统的组成（一）

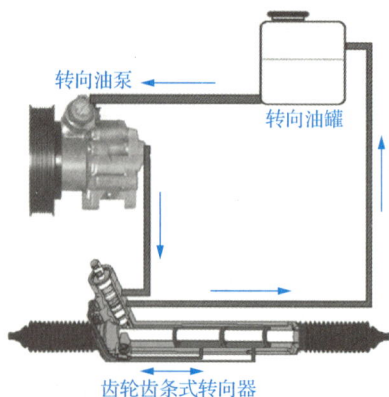

图 4-25　液压助力转向系统的组成（二）

3. 不同类型液压助力转向系统的组成及工作原理

1）机构液压助力转向系统的组成及工作原理

机械液压助力转向系统的主要组成部分有转向油泵、油管、压力流体控制阀、V 形传动带、转向油罐等。

机械液压助力转向系统将一部分发动机动力输出转化成液压泵压力，对转向系统施加辅助作用力，从而使轮胎转向。机械液压助力系统的转向盘与转向轮之间的连接部件全部是机械部件。转向油泵由发动机驱动，转向动力充沛。机械液压助力转向系统技术成熟、可靠性高，制造、维护成本都相对较低。

2）电子液压助力转向系统的组成及工作原理

电子液压助力转向系统与机械液压助力转向系统的组成及工作原理基本相同，不同的是，电子液压助力转向系统的转向油泵由电动机驱动，并且其转向助力力度可变。

在电子液压助力转向系统中，车速传感器监控车速，电子控制单元获取数据后通过控制转向控制阀的开启程度改变油液压力，实现转向助力力度的调节。电子液压助力转向系统兼有机械液压助力转向系统的大部分优点，同时降低了能耗，反应更加灵敏，转向助力力度能根据转角、车速等参数自行调节，更加人性化。由于电子液压助力转向系统引入了较多的电子控制单元，因此其制造、维修成本会相应增加。

液压助力转向系统工作原理图如图 4-26 所示。

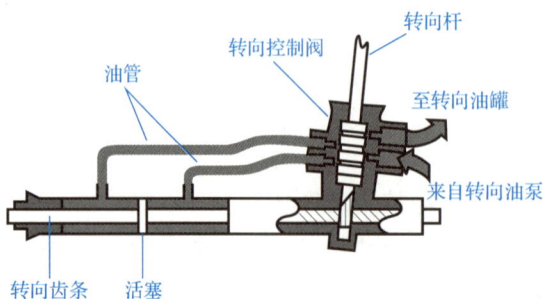

图 4-26　液压助力转向系统工作原理图

微课 4-8　液压助力转向系统

二、液压助力转向系统的布置形式及特点

1. 布置形式

液压助力转向系统有三种布置形式：第一种布置形式是将机械转向器和转向动力缸设计成一体，并与转向控制阀组合成一个部件（称为整体式动力转向器）；第二种布置形式是只将转向控制阀与机械转向器组合成一个部件（称为半整体式动力转向器），转向动力缸则作为独立部件；第三种布置形式是将机械转向器作为独立部件，而将转向控制阀和转向动力缸组合成一个部件(称为转向加力器)。常压式液压助力转向系统的三种布置形式如图4-27所示。

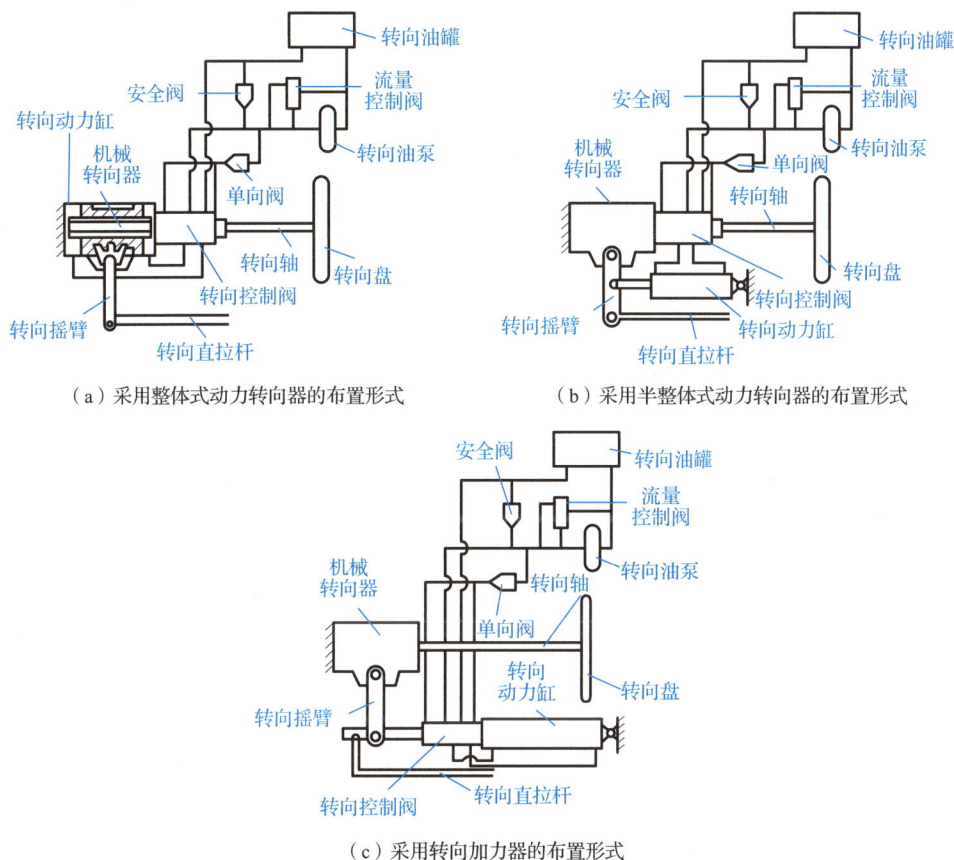

（a）采用整体式动力转向器的布置形式　　　（b）采用半整体式动力转向器的布置形式

（c）采用转向加力器的布置形式

图4-27　常压式液压助力转向系统的三种布置形式

桑塔纳2000型轿车的液压助力转向系统采用的是整体式动力转向器布置形式，如图4-28所示。在桑塔纳2000型轿车的液压助力转向系统中，转向动力缸输出的动力直接作用在齿条上。桑塔纳2000型轿车整体式动力转向器零件分解图如图4-29所示。桑塔纳2000型轿车液压助力转向系统的油路简图如图4-30所示。

此外，有些汽车的液压助力转向系统还采用半整体式动力转向器的布置形式，其结构示意图如图4-31所示。

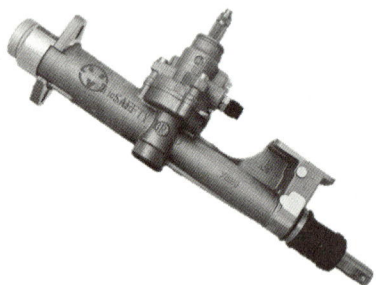

图 4-28 桑塔纳 2000 型轿车采用的
整体式动力转向器

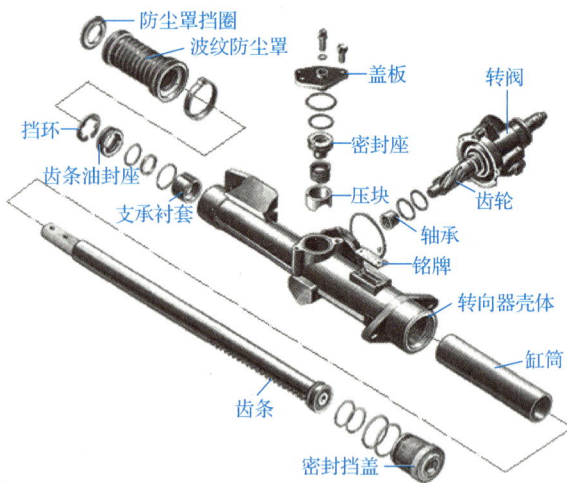

图 4-29 桑塔纳 2000 型轿车整体式动力
转向器零件分解图

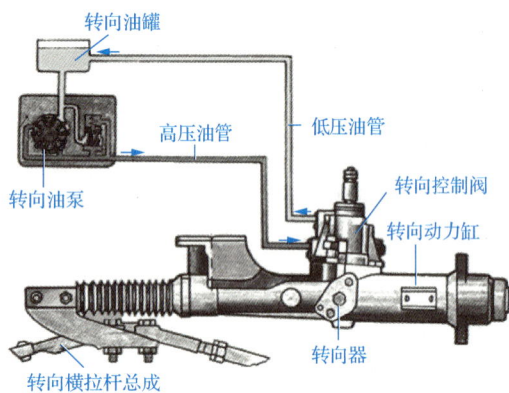

图 4-30 桑塔纳 2000 型轿车液压助力
转向系统的油路简图

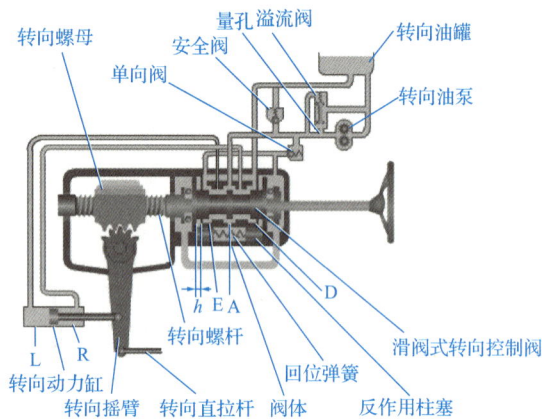

图 4-31 采用半整体式动力转向器布置形式的
液压助力转向器的结构示意图

2. 特点

常压式液压助力转向系统的特点：无论转向盘处于中立位置还是转向位置，转向盘保持静止状态还是运动状态，系统工作管路中总是保持高压。常压式液压助力转向系统结构示意图如图 4-32 所示。

常流式液压助力转向系统的特点：转向油泵始终处于工作状态，但当液压助力转向系统不工作时，转向油泵基本处于空转状态。大多数汽车采用常流式液压助力转向系统。常流式液压助力转向系统结构示意图如图 4-33 所示。

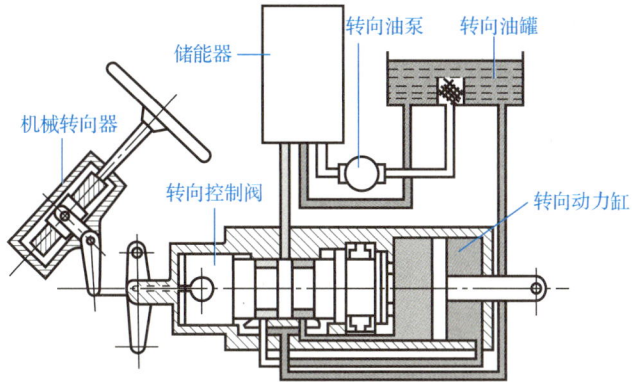

图 4-32 常压式液压助力转向系统结构示意图

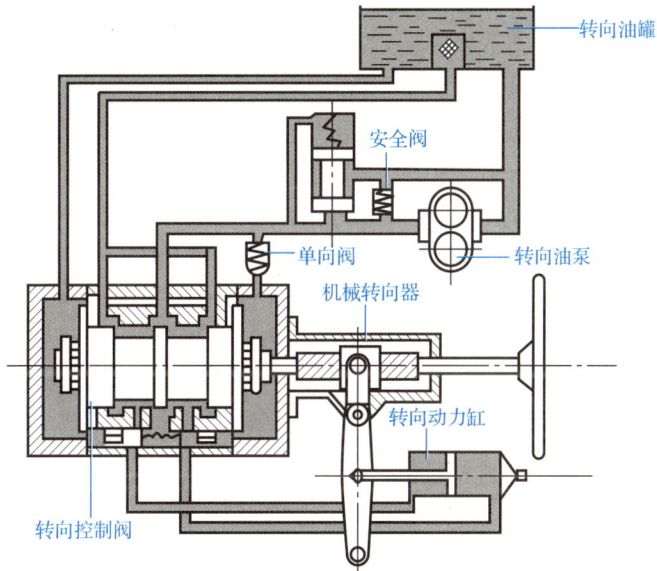

图 4-33 常流式液压助力转向系统结构示意图

三、液压助力转向系统的转向控制阀

液压助力转向系统的转向控制阀通常可分为滑阀式转向控制阀和转阀式转向控制阀两种。

1. 滑阀式转向控制阀

阀体通过轴向移动控制油液流量的转向控制阀称为滑阀式转向控制阀，简称滑阀，其结构与工作原理如图 4-34 所示。

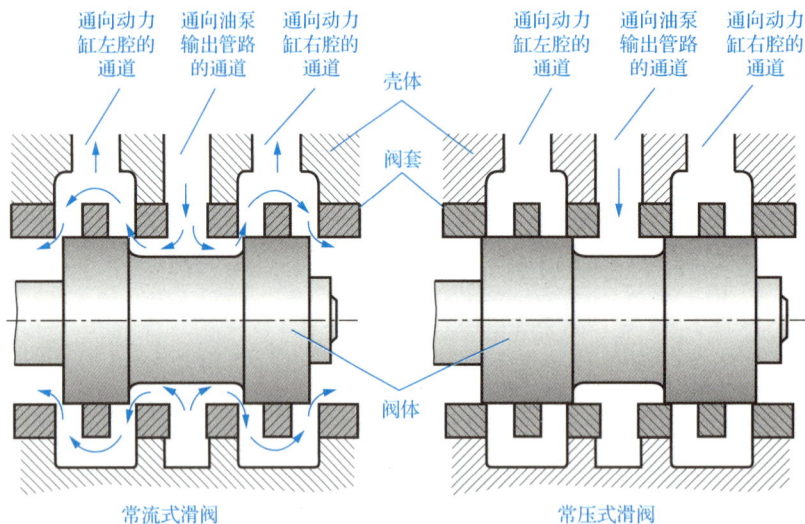

图 4-34　滑阀结构与工作原理

微课 4-9　转向控制阀

2. 转阀式转向控制阀

阀体通过绕其轴线转动来控制油液流量的转向控制阀称为转阀式转向控制阀，简称转阀。图 4-35 所示为汽车左转向时转阀的工作情况。图 4-36 所示为汽车直线行驶时转阀的工作情况。图 4-37 所示为汽车右转向时转阀的工作情况。

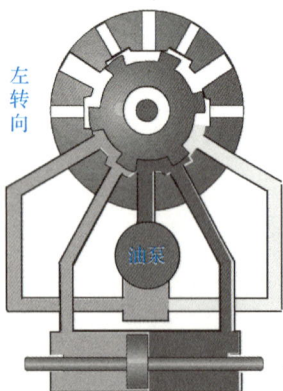

图 4-35　汽车左转向时转阀的工作情况

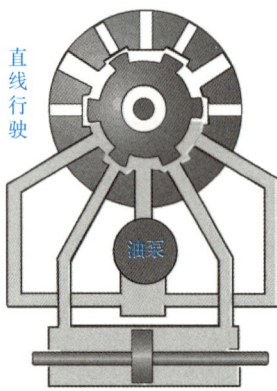

图 4-36　汽车直线行驶时转阀的工作情况

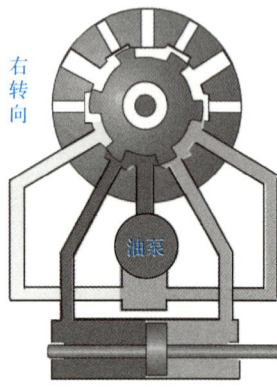

图 4-37　汽车右转向时转阀的工作情况

讨论

下图中液压助力转向系统的转向控制阀在哪？该转向控制阀是滑阀式的还是转阀式的？图中各数字指示的部位表示什么部件？

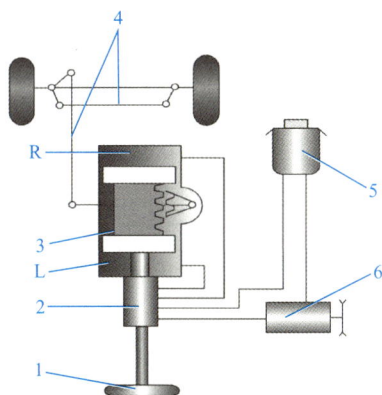

四、转向油罐和转向油泵

转向油罐和转向油泵是实现动力转向的必备部件。桑塔纳 2000 型轿车转向油罐和转向油泵的布置如图 4-38 所示。转向油罐的作用是储存、过滤、冷却液压助力转向系统的工作油液。转向油泵是液压助力转向系统的供能装置，其作用是将输入的机械能转换为液压能输出。外啮合齿轮式转向油泵应用较多。转向油罐结构示意图如图 4-39 所示。转向油泵结构示意图如图 4-40 所示。转向油泵实物图如图 4-41 所示。

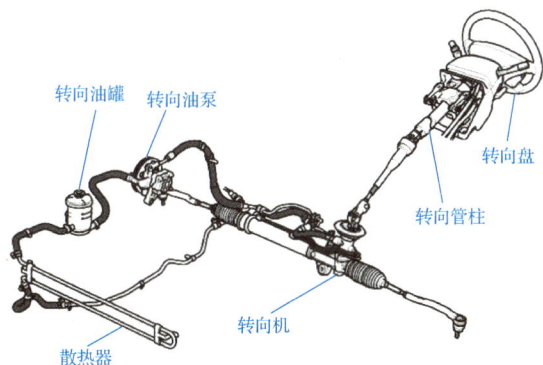

图 4-38 桑塔纳 2000 型轿车转向油罐
和转向油泵的布置

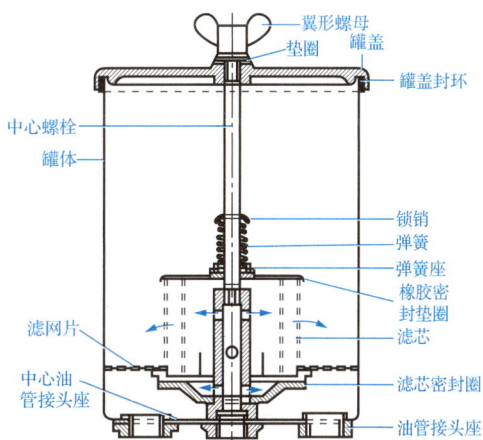

图 4-39 转向油罐结构示意图

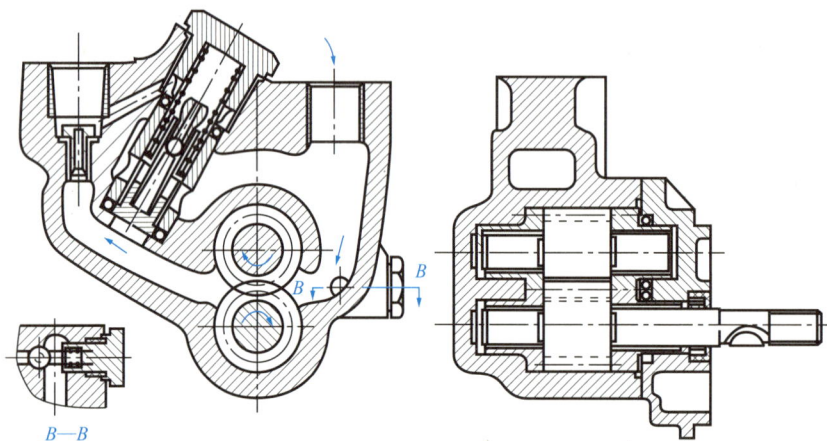

图 4-40 转向油泵结构示意图

图 4-41 转向油泵实物图

在线测试十三

课程内容学习完毕后，在相关教学平台推送 9 道在线测试题。

教师根据测试情况，实时点评和分析。

1. 动力转向系统是将发动机输出的部分机械能转化为压力能（或电能），并在驾驶员控制下，对转向传动机构或转向器中某一传动件施加辅助作用力，使转向轮偏摆，以实现汽车转向的一系列装置。（单选）

    A. 说法正确   B. 说法不正确   C. 看情况

2. 电子液压助力转向系统只是比机械液压转向系统多了电磁阀，可以实现转向助力度的调节。（单选）

    A. 说法正确   B. 说法不正确   C. 看情况

3. 配置四轮转向系统的车辆在高速行驶过程中转向时会发生什么情况？（单选）

    A. 前后轮转向相反   B. 前后轮没有转速差

    C. 前后轮转向相同   D. 差速器不参与工作

4. 直接助力式转向系统的执行元件不会安装在以下哪个部件上？（单选）

    A. 转向轴   B. 转向齿轮

    C. 转向齿条   D. 转向连杆

5. 液压式动力转向系统由哪些部件组成？（多选）

    A. 机械转向系统   B. 转向控制阀   C. 转向动力缸

    D. 转向油泵   E. 转向油罐

6. 液压助力转向系统根据转向控制阀阀芯运动方式可分为哪几种类型？（多选）

    A. 增扭式   B. 滑阀式   C. 转阀式   D. 传感器式

7. 线控主动转向系统包括以下哪些传感器？（多选）

    A. 车速传感器   B. 前轮转角传感器

    C. 转向盘转向传感器   D. 加速度传感器

    E. 发动机转速传感器

8. 电子液压助力转向系统无法提供不同的辅助动力。（单选）

    A. 说法正确   B. 说法不正确   C. 看情况

9. 电动机助力转向系统比液压助力转向系统好很多，效果也好得明显。（单选）

    A. 说法正确   B. 说法不正确   C. 看情况

🔧 任务实施

转向油泵的拆装与检修

    下面以广州本田雅阁轿车的转向油泵为例进行介绍。该油泵为转子式转向油泵，主要由油泵壳体、油泵转子、油泵叶片、流量控制阀、安全阀及油泵传动轴等组成。为使结构紧凑，转向油泵将流量控制阀、安全阀制成一体。流量控制阀用于控制转向油泵的输油量。安全阀用于控制转向油泵的输出压力。转向油泵的分解结构如图 4-42 所示。

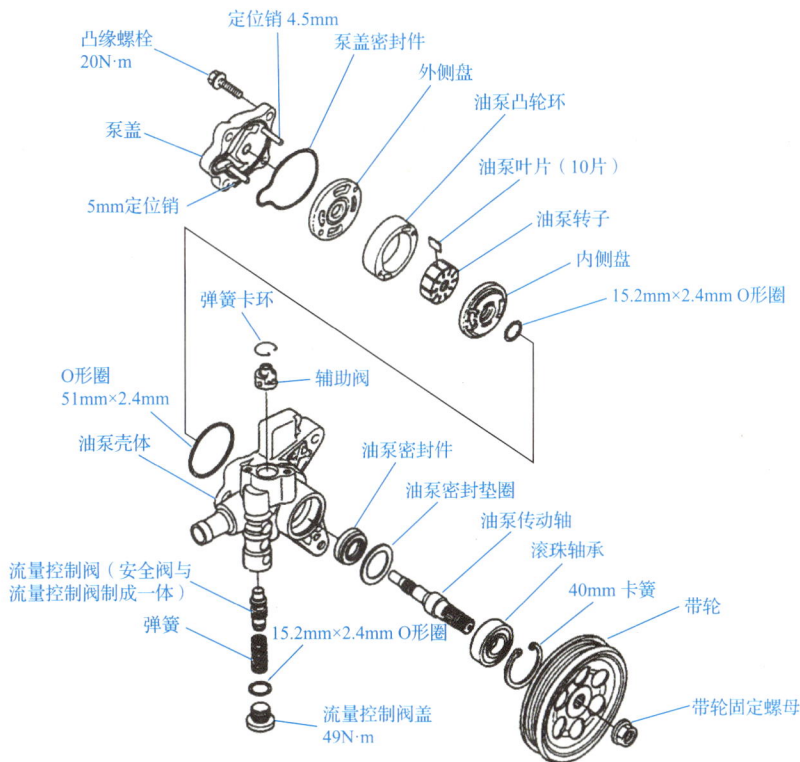

图 4-42 转向油泵的分解结构

1. 转向油泵的拆卸

步骤 1　排出转向油罐中的转向油，并通过外接管将转向油引入合适的容器中。

步骤 2　拧松油泵固定螺栓和油泵锁紧螺栓，拆下油泵驱动皮带。

步骤 3　用维修专用布遮盖空调压缩机，拆下转向油泵进出油软管，并将其出油口堵住。

步骤 4　拧出油泵固定螺栓和油泵锁紧螺栓，拆下转向油泵，并用胶带封闭转向油泵口以防异物进入转向油泵。需要注意的是，在拆卸转向油泵时，不可转动转向盘。

转向油泵相关部件位置示意图如图 4-43 所示。

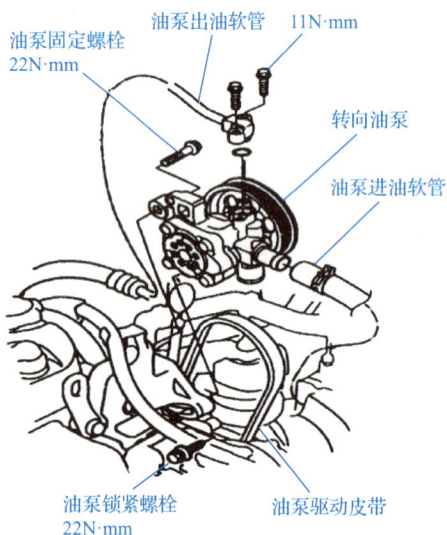

图 4-43　转向油泵相关部件位置示意图　　　　微课 4-10　动力转向油泵的拆卸

2. 转向油泵的分解

步骤 1　排净转向油泵中的转向油。

步骤 2　将转向油泵用钳口垫有软垫的台钳夹住，用加长杆固定带轮，拆下带轮固定螺母，取下带轮，如图 4-44 所示。

步骤 3　用六角扳手拆下流量控制阀盖，然后拆下 O 形圈、流量控制阀及弹簧。

步骤 4　拧出固定泵盖的凸缘螺栓，拆下泵盖及泵盖密封件。拆下外侧盘、油泵凸轮环、油泵转子、油泵叶片、内侧盘和 O 形圈。

步骤 5　拆下辅助阀上的弹簧卡环，拆下辅助阀。

步骤 6　拆下带轮侧滚珠轴承卡簧，用塑料锤敲击油泵传动轴端部，拆下油泵传动轴、油泵密封垫圈和油泵密封件。

3. 转向油泵的检修

步骤 1　检查流量控制阀外表是否有磨损、毛刺或阀槽边缘损坏等缺陷。若有，则更换转向油泵总成。

步骤 2 检查油泵壳体上的流量控制阀阀孔有无磨损、刮伤或其他损坏现象。若有，则更换转向油泵总成。

步骤 3 将流量控制阀装入油泵壳体上的阀孔内，检查流量控制阀在阀孔内是否移动自如，如图 4-45 所示。若有不良，则更换转向油泵总成。

步骤 4 检查安全阀的工作压力，如图 4-46 所示。在安全阀座端连接一合适的软管，将流量控制阀浸入盛有转向油或相应溶剂的容器中，向软管中通入压缩空气，测出从阀体中冒出气泡时压缩空气的压力值。若检测压力低于 98kPa，则更换转向油泵总成。

步骤 5 检查滚珠轴承有无磨损或转动不自如现象。若有，则应进行更换。在更换滚珠轴承时，应使用压力机将其从油泵传动轴上拆下，如图 4-47 所示。

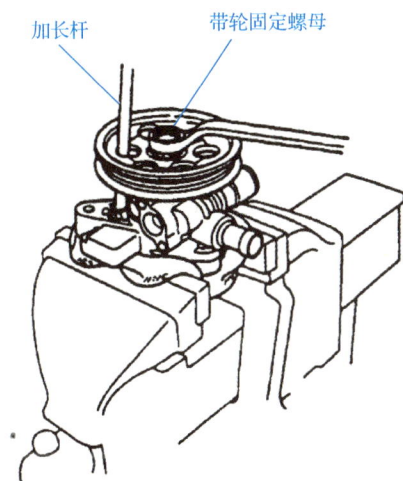

图 4-44 拆卸带轮示意图

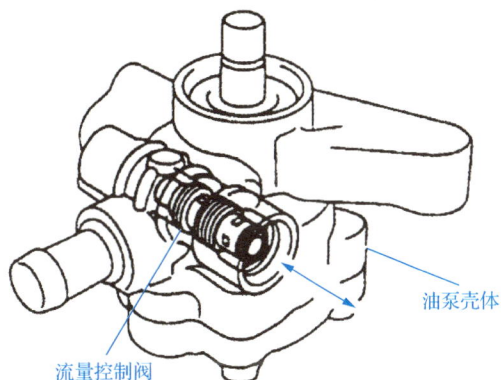

图 4-45 检查流量控制阀在阀孔内是否移动自如

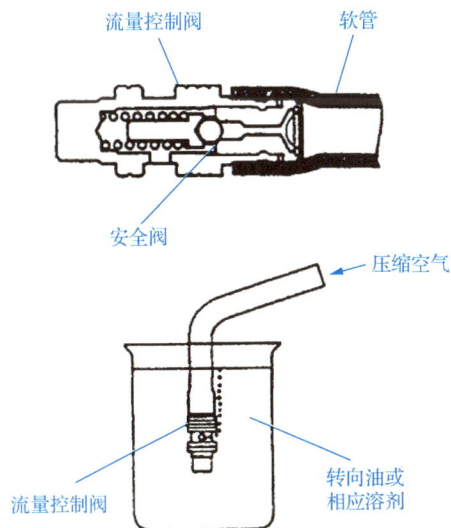

图 4-46 检查安全阀的工作压力

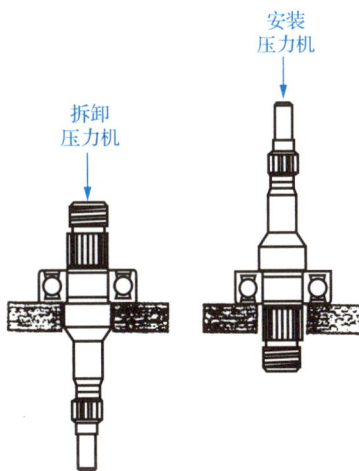

图 4-47 使用压力机将滚珠轴承从油泵传动轴上拆下

4. 转向油泵的组装

步骤 1　辅助阀的安装如图 4-48 所示。先将辅助阀上的定位销与油泵壳体中的机油通道对正,然后依次装上辅助阀和弹簧卡环。

步骤 2　将新油泵密封件带槽的一侧朝向油泵壳体并安装到油泵壳体上,然后安装油泵密封垫圈,如图 4-49 所示。

步骤 3　用 29mm 的套筒转动油泵传动轴使其安装到位,然后按圆面朝外的方向装上卡簧。

步骤 4　在新泵盖密封件上涂抹转向油,将其嵌入泵盖凹槽内,然后将外侧盘安装到泵盖的两个定位销上,如图 4-50 所示。

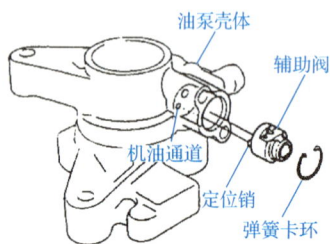

图 4-48　辅助阀的安装

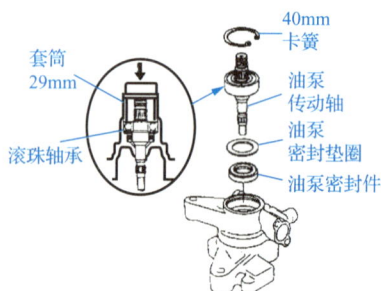

图 4-49　安装油泵密封垫圈

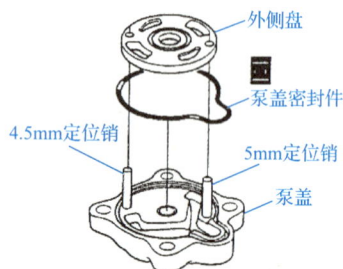

图 4-50　将外侧盘安装到泵盖的两个定位销上

步骤 5　将油泵凸轮环安装到泵盖的两个定位销上,并使其上的标识点朝外,如图 4-51 所示。

步骤 6　将油泵转子安装到泵盖上,将 10 个油泵叶片按圆端朝外的方向卡入油泵转子凹槽中,如图 4-52 所示。

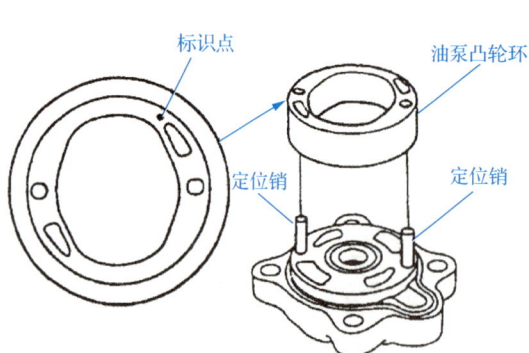

图 4-51　安装油泵凸轮环

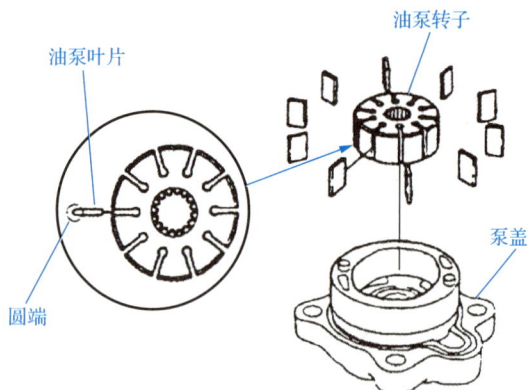

图 4-52　安装油泵转子

步骤 7　在 O 形圈上涂抹转向油,并将其安装到转向油泵的内侧盘中,如图 4-53 所示。

步骤 8　将内侧盘上的定位销安装孔与定位销对正,然后将内侧盘装入油泵凸轮环中。

步骤 9 在泵盖 O 形圈上涂抹转向油，将其装入油泵壳体，然后安装泵盖总成，并按规定拧紧力矩拧紧其固定螺栓。

步骤 10 在流量控制阀上涂抹转向油，并将流量控制阀及弹簧装入油泵壳体中，然后用 49N·m 的拧紧力矩将其拧紧。

步骤 11 在 O 形圈上涂抹转向油，将其安装到流量控制阀盖上，然后将流量控制阀盖及 O 形圈安装到油泵壳体上，如图 4-54 所示。

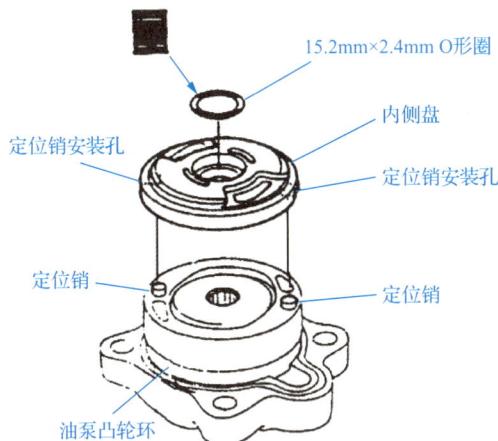

图 4-53 将 O 形圈安装到转向油泵内侧盘中　　　　图 4-54 安装流量控制阀

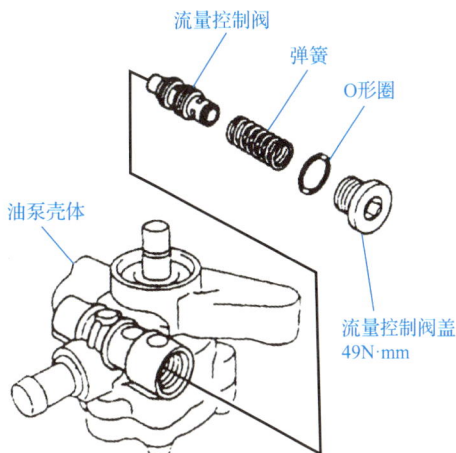

步骤 12 将转向油泵用钳口垫有软垫的台钳夹住，安装带轮，用加长杆固定带轮，然后用 64N·m 的拧紧力矩拧紧带轮固定螺母。

步骤 13 用手转动带轮，检查转向油泵转动是否自如、平滑。

任务三　动力转向器的检修

学习目标

（1）掌握动力转向器的拆装及检修方法。
（2）能正确进行动力转向器的拆解、检修与安装。
（3）强化质量意识、规范意识，严格按照操作规程作业。

相关知识

动力转向器的组成与结构

下面以转阀整体式动力转向器为例进行介绍，它主要由齿轮齿条式转向器、转向动力缸和旋转式转向控制阀三部分组成。动力转向器的分解结构如图 4-55 所示。

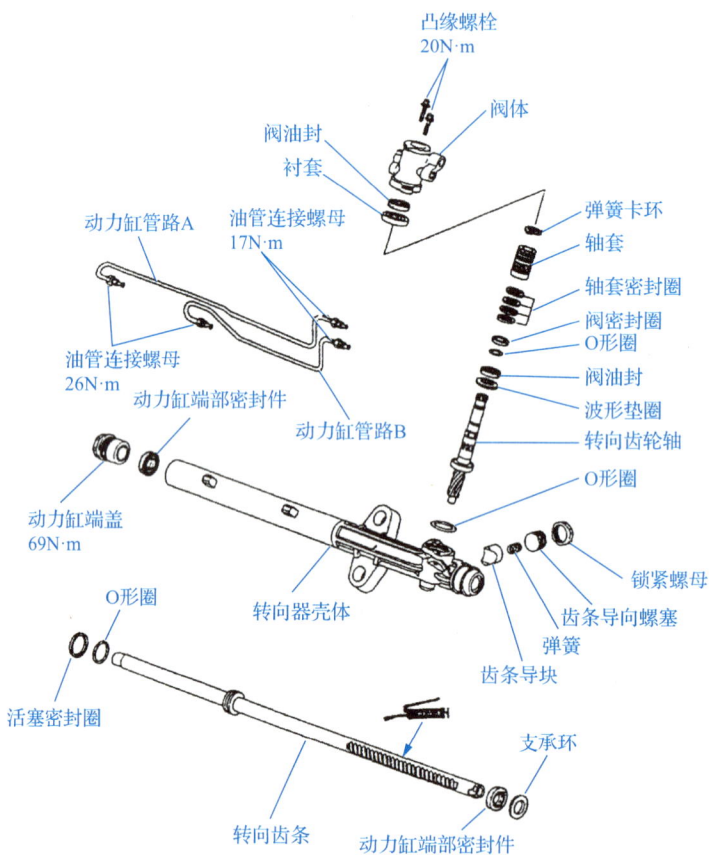

图 4-55　动力转向器的分解结构

任务实施

一、动力转向器的拆卸和分解

1. 动力转向器的拆卸

步骤 1　排净动力转向器中的转向油。

步骤 2　举升汽车，拆下两前轮。

步骤 3　拆下驾驶席侧安全气囊总成。

步骤 4　先拆下转向盘，再拆下转向轴万向节盖，如图 4-56 所示。需要注意的是，必须先拆下转向盘，再拆下转向轴万向节盖；否则会损坏螺旋导线线盘。

步骤 5　拆下转向轴万向节螺栓，将万向节叉向转向轴方向移动，然后拆下转向轴万向节。

步骤 6　从球头销防护套螺母上拆下开口销并拆下该螺母，然后用球头销拆卸器拆开横拉杆球头与万向节，如图 4-57 所示。

步骤 7　分别拧出 14mm 与 17mm 的油管连接螺母，如图 4-58 所示，依次拆下油泵出油软管和回油管路，然后用胶带封闭油泵出油软管与回油管路的管口。

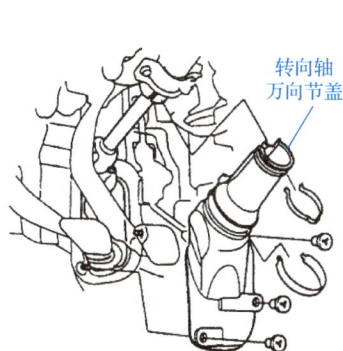

图 4-56　拆下转向轴万向节盖

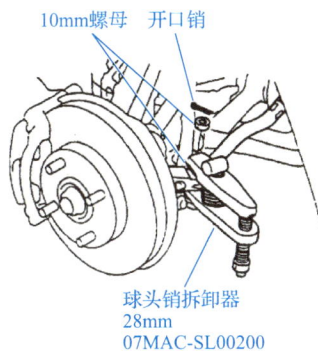

图 4-57　拆开横拉杆球头与
万向节

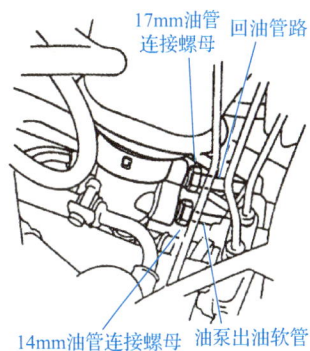

图 4-58　拧出油管连接螺母

步骤 8　握住右横拉杆并向右拉动转向齿条，然后拆下左右横拉杆端接头和锁紧螺母，如图 4-59 所示。

步骤 9　拆下三效催化转化器和变速器换挡拉索。

步骤 10　拆下加强板与固定支架，如图 4-60 所示。

步骤 11　拉动动力转向器，使转向齿轮轴脱离其隔板，然后从转向控制阀顶部拆下转向齿轮轴的橡胶保护圈。转向齿轮轴和动力转向器位置示意图如图 4-61 所示。

步骤 12　将动力转向器右移，使其左端离开后横梁，并将其左端置于后横梁下方，然后拆下动力转向器。

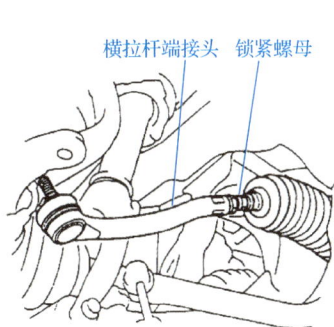

图 4-59　拆下左右横拉杆端
接头和锁紧螺母

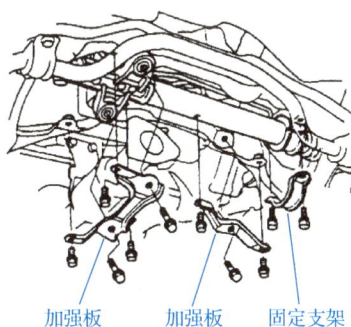

图 4-60　拆下加强板
与固定支架

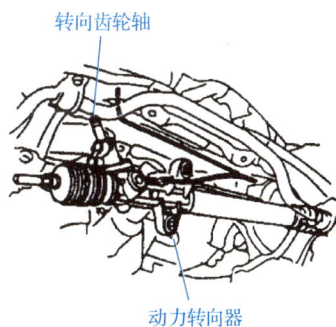

图 4-61　转向齿轮轴和动力
转向器的位置示意图

2. 动力转向器的分解

步骤 1　拆下防护套箍带与横拉杆卡环，从转向器端部拆下防护套，如图 4-62 所示。

步骤 2　用扳手拆下转向齿条端连接件,然后拆下锁紧垫圈与限位垫圈,如图 4-63 所示。

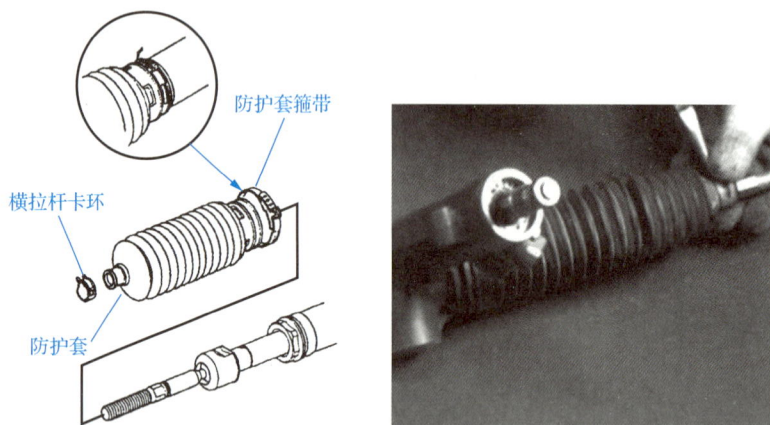

图 4-62　拆下防护套

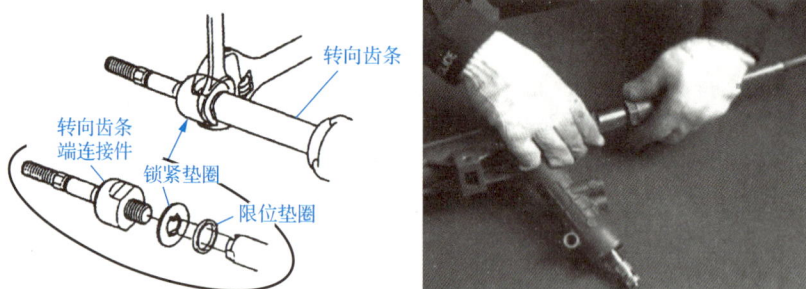

图 4-63　拆下锁紧垫圈与限位垫圈

步骤 3　拧出齿条导向螺塞的锁紧螺母,依次拆下齿条导向螺塞、弹簧和齿条导块,如图 4-64 所示。

步骤 4　拆下动力缸管路 A 和动力缸管路 B,如图 4-65 所示。

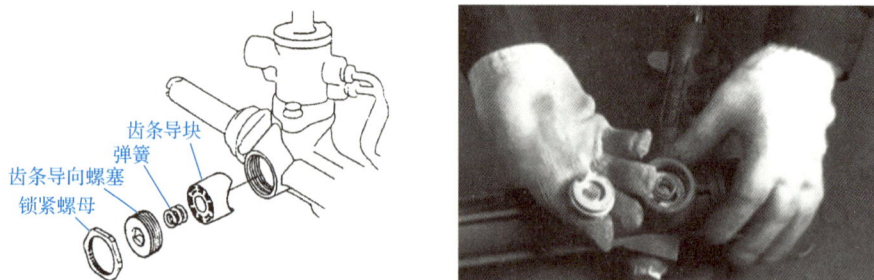

图 4-64　依次拆下齿条导向螺塞、弹簧和齿条导块

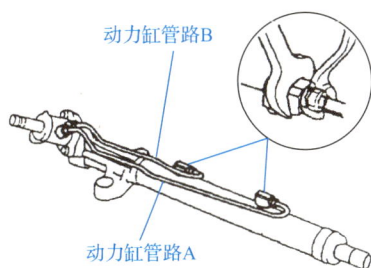

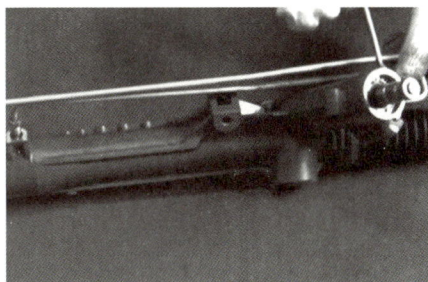

图 4-65　拆下动力缸管路 A 和动力缸管路 B

步骤 5　缓慢地左右移动转向齿条，使转向油从动力缸接头处排出。

步骤 6　拆下转向控制阀的固定螺栓，拆下转向控制阀总成，如图 4-66 所示。

步骤 7　在动力缸标识点处钻出一直径为 3mm、深度为 2.5 ～ 3.0mm 的小孔，如图 4-67 所示。需要注意的是，切勿让金属屑进入动力缸内，在拆下动力缸端盖后，应去除小孔周围的毛刺。

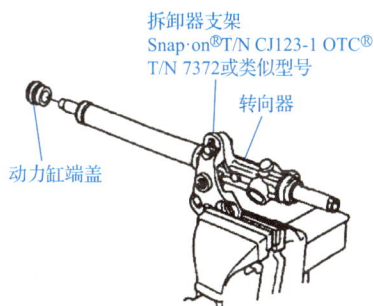

步骤 8　在转向器上安装一拆卸器支架，如图 4-68 所示。然后将拆卸器支架夹在钳口垫有软垫的台钳上，并拆下动力缸端盖。需要注意的是，切勿将动力缸壳体或转向器壳体夹在台钳上。

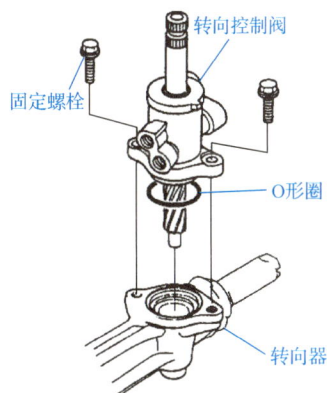

图 4-66　拆下转向控制阀总成　　图 4-67　在动力缸标识点处钻小孔　　图 4-68　在转向器上安装一拆卸器支架

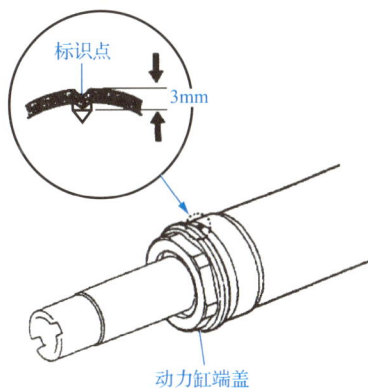

步骤 9　将转向器安装到轴承隔板上（转向器左侧向上），如图 4-69 所示。再将一大小合适的套筒扳手垫在转向齿条上，然后用压力机压出动力缸端部密封件与转向齿条。需要注意的是，谨防转向齿条压出时掉落损坏。

步骤 10　从转向器左侧将长度为 609.6mm、直径为 9.52mm 的拆卸杆与动力缸端部密封件拆卸器接头小心地装入动力缸，如图 4-70 所示。同时确认动力缸端部密封件拆卸器的小端已可靠地进入支承环与密封件的内孔。

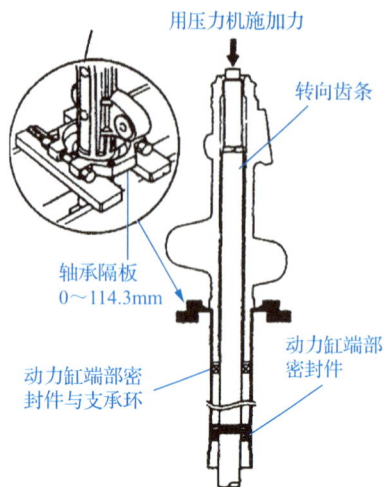

图 4-69 将转向器安装到轴承隔板上

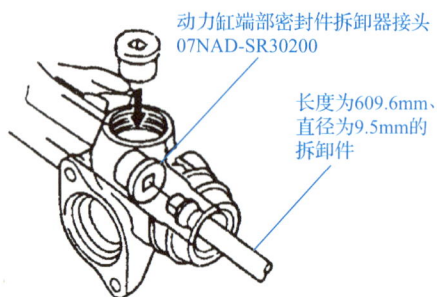

图 4-70 将拆卸杆与动力缸端部密封件拆卸器接头
装入动力缸

步骤 11 将转向器安装到轴承隔板上，用压力机压出动力缸端部密封件与支承环，如图 4-71 所示。

步骤 12 在转向齿轮轴花键上包扎维尼龙胶带，然后用压力机压出转向齿轮轴，如图 4-72 所示。

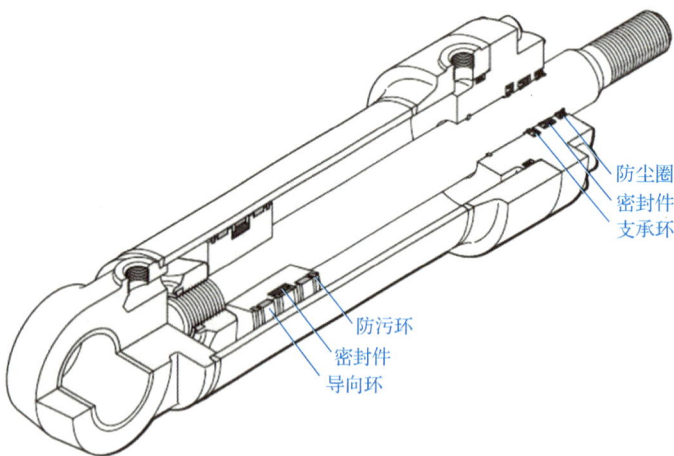

图 4-71 动力缸端部的密封件与支承环

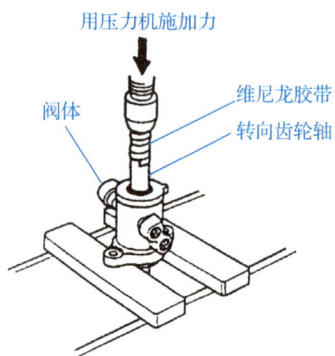

图 4-72 压出转向齿轮轴

步骤 13 从转向齿轮轴上拆下弹簧卡环与阀芯，如图 4-73 所示。

步骤 14 使用刀具切断阀芯的四个密封圈并将其从阀芯上拆下，如图 4-74 所示。需要注意的是，在使用刀具切断密封圈时，切勿伤及阀芯。

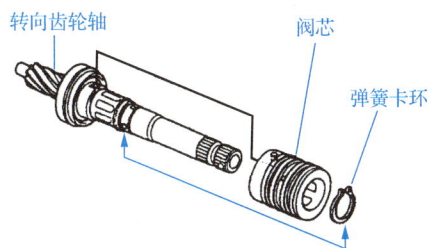

图 4-73　从转向齿轮轴上拆下卡环与阀芯

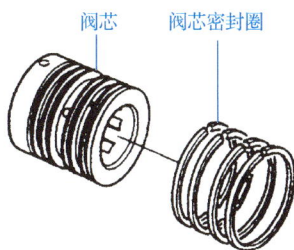

图 4-74　切断并拆下阀芯的四个密封圈

步骤 15　使用刀具从转向齿轮轴上的狭槽部位切断 O 形圈与密封圈，然后将它们小心地拆下，如图 4-75 所示。

步骤 16　从转向齿轮轴上拆下阀油封与波形垫圈，如图 4-76 所示。

步骤 17　使用压力机和专用工具导套将阀油封和衬套从阀体中压出。

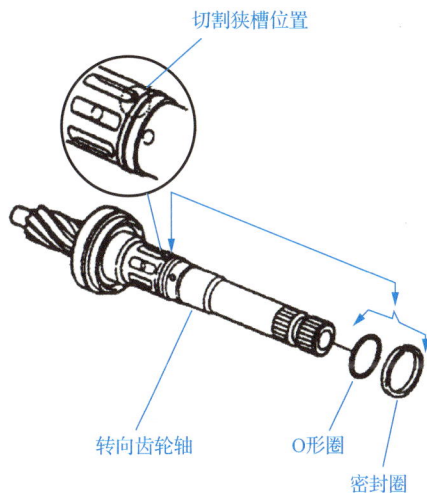

图 4-75　从转向齿轮轴上的狭槽部位切断 O 形圈
与密封圈并将其拆下

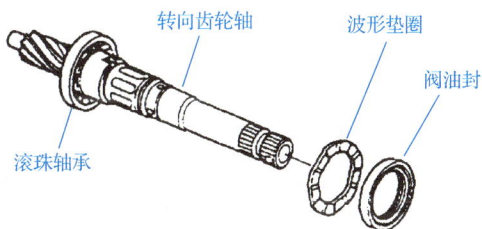

图 4-76　从转向齿轮轴上拆下油封与波形垫圈

二、动力转向器的检查

步骤 1　检查动力缸端盖的橡胶限位器是否老化或损坏。若不良，则更换动力缸端盖。

步骤 2　用手指检查转向控制阀体内壁（密封圈接触面）是否有沟痕。若有沟痕，则更换转向控制阀体。

步骤 3　检查如图 4-77 所示的阀芯沟槽边缘有无磨损或毛刺等不良现象。若有，则更换转向齿轮轴与阀芯组件。

步骤 4　检查转向齿轮轴滚珠轴承是否转动自如，根据具体情况判断是否需要进行更换。检查转向齿轮轴滚珠轴承是否有较大的径向或轴向间隙，若间隙过大，则必须在更换滚珠轴承的同时更换转向齿轮轴与阀芯组件。

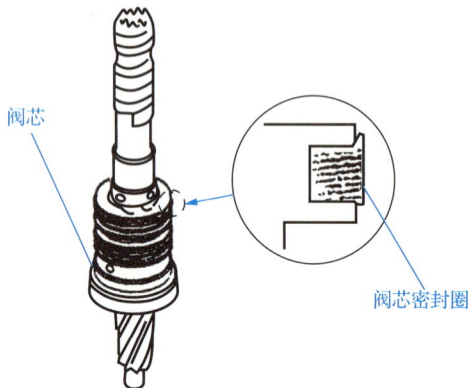

图 4-77　阀芯

微课 4-11　动力转向器的分解

三、动力转向器的安装

动力转向器的安装顺序与其拆卸顺序相反，这里不再赘述。

动力转向器安装的注意事项如下。

（1）应用溶剂清洗所有拆下来的零部件（橡胶件除外），然后用压缩空气将这些零部件吹干。

（2）更换所有的 O 形圈、橡胶密封件、油封与卡环。

（3）在安装任一密封圈时，不得过度使其伸长，以免失效。

（4）根据安装步骤中的说明在规定的零部件上涂抹转向油或转向油脂。

（5）不得让灰尘或其他异物进入动力转向器内。

微课 4-12　动力转向器的装配

任务四　动力转向系统典型故障的排除

学习目标

（1）掌握动力转向系统故障分析方法和维修方法。

（2）能正确进行转向沉重、转向冲击或振动、转向不灵、操纵不稳、转向回跳、转向有异响的故障分析。

（3）培养全局思维，善于透过现象看本质。

相关知识

动力转向系统故障判断思路

动力转向系统的故障主要包括一般故障、转向噪声和油液渗漏等。一般故障主要包括转向沉重、转向冲击、转向不灵和转向回跳等。这些故障有些可能与动力转向系统、转向操纵机构和转向传动机构均有关。本任务主要介绍由动力转向系统不良引起的故障。

对于由转向操纵机构与转向传动机构引起的故障，可参照一般汽车故障进行分析。

在开始进行故障分析之前，应进行如下判断。

（1）调节过的悬架是否影响转向性能。

（2）轮胎尺寸、类型和胎压是否正确。

（3）转向盘是否为原装设备。

（4）油泵驱动皮带调节是否适当。

（5）转向油罐中的转向油位是否处于合理范围。

（6）发动机怠速是否正确。

任务实施

一、转向沉重的故障分析

1. 故障现象

汽车在行驶过程中进行转向时，转动转向盘感到费力。在检查转向盘的转动力时，其值大于 30N。

2. 故障分析

（1）检查转向油罐中是否缺油，油泵驱动皮带是否打滑。同时确认动力转向系统内无空气。

（2）检查转向油泵内的油压。在压力控制阀和截流阀全打开的情况下，测量转向油泵怠速时的静态油压，其值应等于或略小于 1500kPa；否则应检查动力转向器与转向油泵之间的进油管路、回油管路及软管是否堵塞、老化或变形。若进油管路、回油管路及软管正常，则说明控制转向阀存在故障。

（3）若被测转向油泵内的油压正常，则在压力控制阀和截流阀全闭的情况下，测量怠速时的油泵卸荷压力，其值应为 7200 ～ 7800kPa。若被测转向油泵卸荷压力过小，则应检查流量控制阀与油泵总成是否正常。

（4）若油泵卸荷压力正常，则检查转向盘向左、向右转动时的转动力，二者差值应不大于 2.9N；否则应检查动力缸管路 A 与动力缸管路 B 是否变形或安装不当。若动力缸管路正常，则检查转向齿条是否弯曲变形，齿条导向螺塞是否过紧。若齿条导向螺塞正常，则说明转向控制阀出现故障。

（5）若转向盘向左、向右转动时的转动力差值正常，则应检查并调整齿条导向螺塞。若通过调整齿条导向螺塞不能消除上述故障，则应更换动力转向器；若齿条导向螺塞正常，则应进行如下判断。

① 转向轴相关零部位是否卡滞、转动不自如。

② 转向轴万向节是否故障。

③ 各球头销是否装配过紧或缺油。

④ 转向系统内机件是否相互干涉。

微课 4-13　动力转向系统油压测量

微课 4-14　转向盘自由行程的检测

二、转向冲击或振动的故障分析

1. 故障现象

当前轮出现最大转向角时，汽车出现冲击或振动现象。

2. 故障分析

（1）检查齿条导向螺塞的调整是否正确，并视具体情况进行调整。若调整无效，则更换动力转向器。

（2）若齿条导向螺塞调整正确，则应检查油泵驱动皮带是否打滑，必要时调整其预紧力或进行更换。

（3）检查动力缸管路 A 和动力缸管路 B 是否变形。若变形，则进行更换。

（4）检查车轮定位是否正常。若不正常，则按需要进行调节。

（5）调节齿条导向螺塞。若故障仍未解除，则更换动力转向器。

三、转向不灵、操纵不稳的故障分析

1. 故障现象

必须用较大的幅度转动转向盘才能控制汽车的行驶方向。汽车在直线行驶时不稳定。

2. 故障分析

（1）检查齿条导向螺塞的调整是否正确，并视具体情况进行调整。

（2）检查油泵驱动皮带是否打滑，并视具体情况调整其预紧力，必要时进行更换。

（3）检查怠速是否过低或怠速不稳。在发动机怠速或汽车低速行驶时转动转向盘，若发动机熄火，则说明发动机怠速不正常，应对其进行调整。

（4）转向油罐中有空气，或者检查转向油罐中是否缺油。若油位过低，则检查动力转向系统是否漏油，并添加转向油至规定油位；若油位合理，则检查 O 形圈和油泵进油软管两端的油封，以及泵体配合表面及泵轴油封是否抽吸漏油，并根据需要进行必要的零部件更换。

（5）检查动力转向系统内是否有空气。

微课 4-15　前轮最大转向角的检查与调整　　　　微课 4-16　转向横拉杆的检查

四、转向回跳的故障分析

1. 故障现象

汽车在转弯时，转向盘存在生硬、回跳现象。

2. 故障分析

（1）检查油泵驱动皮带是否打滑导致转向油泵瞬时停止工作而失去助力作用。若油泵驱动皮带打滑，则调整其预紧力，必要时进行更换。

（2）安装动力转向压力表，在压力控制阀和截流阀完全关闭的情况下，测量转向油泵内的油压。若油压超过 500kPa，则应检查流量控制阀是否正常。若流量控制阀正常，则应更换转向油泵总成。

五、转向有异响的故障分析

汽车在寒冷气候下起动 2 ～ 3min 后，转向油泵出现噪声是正常的。为便于故障分析，这里将动力转向系统的噪声分为系统噪声（除转向油泵噪声外）和转向油泵噪声两种。

（一）汽车在转向时，动力转向系统有"嗡嗡"声的故障分析

1. 故障现象

汽车在转向时，动力转向系统有"嗡嗡"声。

2. 故障分析

（1）检查噪声是否由油液脉动引起（汽车在原地转向时噪声更明显）。若是，则属于正常现象。

（2）检查噪声是否由液力变矩器或转向油泵工作不良引起。在检查时可通过暂时拆下油泵驱动皮带的方法加以判断。若在拆下油泵驱动皮带后，噪声仍存在，则说明液力变矩器或转向油泵工作不良。

（3）检查油泵出油（高压）软管是否与其他机件相碰触。若是，则重新固定油泵出油软管。

（二）汽车在转向时，动力转向系统有"咔嗒"声或震颤声的故障分析

1. 故障现象

汽车在转向时，动力转向系统有"咔嗒"声或震颤声。

2. 故障分析

（1）检查转向轴万向节、横拉杆或球头销是否松旷。必要时拧紧松动的紧固件或更换不良的零部件。

（2）检查转向轴是否有明显的摆动。若有，则更换转向轴总成。

（3）检查齿条导向螺塞调整是否正确，并视具体情况进行调整。

（4）若在发动机熄火时，左右转动转向盘有"咔嗒"声或震颤声，这是由转向控制阀触碰其限位器导致，属于正常噪声。

（三）转向油泵噪声的故障分析

1. 故障现象

汽车在转向时，转向油泵有噪声。

微课 4-17　转向系故障 - 转向有异响

2. 故障分析

由于此噪声是油液中进入空气引起的，故应进行下列检查。

（1）检查转向油罐的液位，同时检查转向油罐是否有油液渗漏（空气侵入）现象。必要时加注转向油，或者进行紧固、更换。

（2）检查转向油泵轴油封是否损坏，并视具体情况进行更换。

（3）如果空气的进入是由油泵驱动皮带打滑所致，此时应调整油泵驱动皮带张紧度或进行更换。

（4）如果空气的进入是由带轮松动引起的，此时应拧紧该带轮固定螺栓或更换带轮。若带轮轴太松，则应更换转向油泵总成。

项目五
制动系统的检修

项目导入

观看两个视频，一个是汽车在雪天行驶时失控，另一个是福特嘉年华汽车漂移技术秀。通过视频可以了解到汽车的这两种行驶状态都与汽车制动系统有关。根据这些内容，学生们一起讨论：汽车制动系统机械部分需要实现哪些功能？汽车制动系统需要实现什么功能？

微课 5-1　雪天失控的汽车　　　　　　　　　微课 5-2　福特嘉年华汽车漂移技术秀

任务一　制动系统的维护

学习目标

（1）掌握制动系统的作用、类型及工作原理。
（2）掌握制动液的作用及性能要求。
（3）能够完成制动系统的日常保养工作。
（4）能正确更换制动液。
（5）强化安全意识、环保意识、规范意识。

内容引入

教师在相关教学平台推送一个汽车制动系统视频，请学生们在线观看。针对视频请学生参与以下内容的在线投票，选出哪些描述是正确的：

（1）汽车制动包括行车制动、驻车制动、紧急制动、辅助制动和后备制动等。

（2）制动系统本质上都是利用摩擦原理实现制动的。

（3）制动系统有多种类型，包括机械式制动系统、液压式制动系统和气压式制动系统。

（4）制动效能好指的是制动距离短。

（5）制动液中允许存在空气。

教师根据投票情况，实时点评和分析。

相关知识

一、制动系统的基础知识

1. 制动系统的作用

驾驶员能根据道路和交通情况，利用安装在汽车上的专门装置，迫使路面对汽车车轮形成一定的与汽车行驶方向相反的外力，对汽车进行一定程度的强制制动。这种可控制的对汽车进行制动的外力称为制动力，用于产生制动力的专门装置称为制动系统。制动系统的作用是减速停车、驻车制动。

2. 制动系统的形式

（1）行车制动系统：使行驶中的汽车降低速度或停车的一种系统，如图 5-1 所示。

（2）驻车制动系统：使已经停止行驶的汽车驻留原地不动的一种系统，如图 5-2 所示。

（3）第二制动系统：在行车制动系统失效的情况下保证汽车仍能实现减速或停车的一种系统。

（4）辅助制动系统：在汽车下长坡时用于稳定车速的一种系统。

汽车缓速器通过控制电路对定子总成的励磁线圈通电使其产生磁场，转子总成随汽车传动部分高速旋转并切割磁力线，产生反向力矩，使汽车减速。汽车缓速器如图 5-3 和图 5-4 所示。

图 5-1　行车制动系统

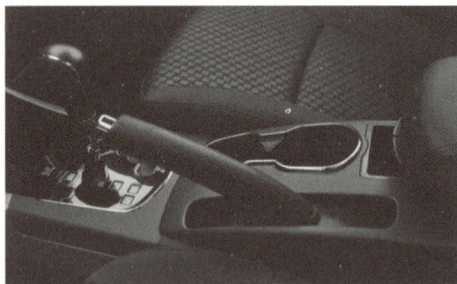

图 5-2　驻车制动系统

图 5-3　汽车缓速器（一）

图 5-4　汽车缓速器（二）

3. 制动系统的类型

（1）人力制动系统：以人力为唯一制动力的制动系统。

（2）动力制动系统：完全依靠发动机动力转化成的气压或液压进行制动的制动系统。

（3）伺服制动系统：兼用人力和发动机动力进行制动的制动系统。

制动系统根据制动能量的传输方式又可分为机械式、液压式、气压式和电磁式等类型。同时采用两种或两种以上传动方式的制动系统称为组合式制动系统，如气顶液制动系统。

目前，几乎所有汽车都采用双回路制动系统。例如，轿车的左前轮和右后轮共用一条制动回路，右前轮和左后轮共用另一条制动回路，当一个制动回路失效时，另一个制动回路仍能工作，这样可以有效提高汽车的行车安全性。

二、制动系统的工作原理

在人力作用下，制动蹄对制动鼓产生一定的制动摩擦力矩（制动器制动力矩为 M_μ），在 M_μ 的作用下，车轮对地面产生一定的与汽车前进方向相同的力 F_μ，地面对车轮产生一定的与汽车前进方向相反的反作用力 F_B（即地面对车轮的制动力）。制动系统工作原理图如图 5-5 所示。

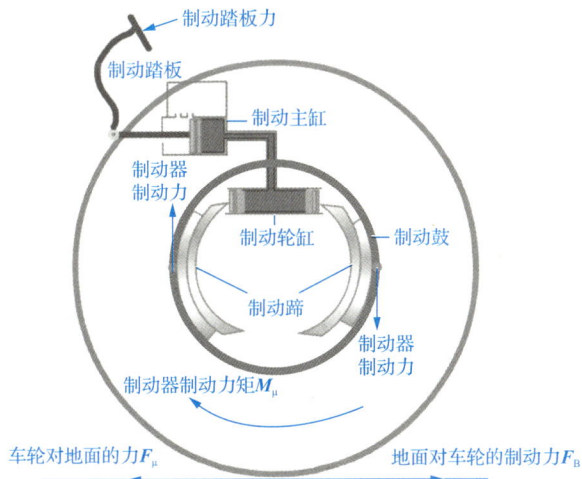

图 5-5　制动系统工作原理图

微课 5-3　制动系统工作原理

三、制动液

制动液是液压制动系统中传递制动压力的液态介质，用于采用液压制动系统的汽车中。制动液又称制动油，是液压制动系统实现制动不可缺少的部分。在液压制动系统中，制动液作为力传递的介质，因为液体是不能被压缩的，所以从总泵输出的压力会通过制动液直接传递至分泵。

对制动液的性能要求：黏温性好，凝固点低，低温流动性好；沸点高，高温下不产生气阻；使用过程中品质变化小，不引起金属件和橡胶件的腐蚀和变质。制动液罐如图 5-6 所示。加制动液如图 5-7 所示。

图 5-6　制动液罐

图 5-7　加制动液

微课 5-4　制动液

在线测试十四

课程内容学习完毕后，在相关教学平台推送 8 道在线测试题。

教师根据测试情况，实时点评和分析。

1. 影响一辆汽车制动系统好坏的因素是制动距离的长短。（单选）

　　A. 说法正确　　　　　B. 说法不正确　　　　C. 看情况

2. 汽车制动系统的形式有哪些？（多选）

　　A. 辅助制动系统　　　B. 驻车制动系统　　　C. 第二制动系统

　　D. 行车制动系统　　　E. 强力驻车系统

3. 普通轿车的"手刹"就是驻车制动系统。（单选）

　　A. 说法正确　　　　　B. 说法不正确　　　　C. 看情况

4. 制动系统分为哪些类型？（多选）

　　A. 人力制动系统　　　　　　　　　　　B. 预先制动系统

　　C. 伺服制动系统　　　　　　　　　　　D. 动力制动系统

5. 下列哪些是离合器打滑可能的原因？（多选）

　　A. 离合器压紧弹簧张紧过度　　　　　　B. 离合器自由行程过小

　　C. 离合器螺栓松脱　　　　　　　　　　D. 离合器压盘打滑

　　E. 离合器摩擦片磨损变薄

6. 对制动液的性能要求是什么？（多选）

　A. 黏温性好，凝固点低，低温流动性好

　B. 沸点高，高温下不产生气阻

　C. 使用过程中品质变化小，不引起金属件和橡胶件的腐蚀和变质

　D. 价格便宜，无毒无味，可以用其他液体替代

7. 汽车制动系统产生的制动力越大越好。（单选）

　A. 说法正确　　　　B. 说法不正确　　　　C. 看情况

8. 目前，几乎所有轿车的制动系统都是双回路制的。（单选）

　A. 说法正确　　　　B. 说法不正确　　　　C. 看情况

任务实施

更换制动液

当汽车使用了两年或行驶里程达到 $4×10^5$km 左右时，就需要对汽车进行制动液更换，具体操作步骤如下。

步骤 1　在汽车熄火状态下，打开发动机舱盖，用干燥洁净的注射器将制动液从制动液罐加注口抽出，抽到无法再抽出液体为止。将抽出的制动液用容器盛放，不可随意倾倒，以免污染环境。将制动液抽出如图 5-8 所示。

步骤 2　使用吊架或千斤顶将汽车吊起或顶起，先拆卸后轮，找到放油螺栓，取下防尘帽。

步骤 3　使用扭力扳手拧开放油螺栓，把橡胶管一头套在放油螺栓上，另一头连接到放油瓶，放出制动液，如图 5-9 所示。

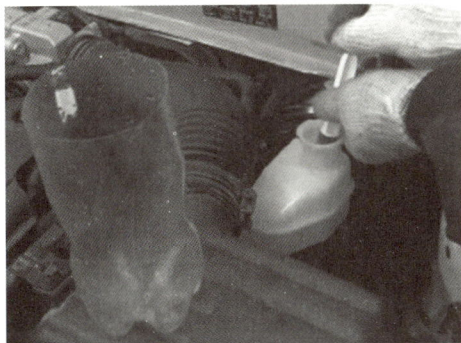

图 5-8　将制动液抽出

图 5-9　放出制动液

步骤 4　一人在车内踩制动踏板，另一人观察放油情况，直到排出制动管路内的所有旧制动液。其余三个车轮重复以上操作。所有车轮的旧制动液都要确保已经排出。

步骤 5　用新的制动液注满制动液罐。一般汽车制动液加注量为 0.7L 左右。注意制动液罐的清洁，不可有水滴或其他杂质。在倒注新制动液时，尽量使用漏斗，以免洒到发动

机舱盖上腐蚀发动机舱盖。

步骤 6　重复步骤 4，注意观察橡胶管内制动液的颜色，一般制动液颜色为清澈透明淡绿色。旧制动液颜色较深，新制动液颜色较浅，若发现橡胶管内排出的已是颜色较浅的新制动液，则说明此轮的换油已完成。停止踩制动踏板，装上车轮。其余三个车轮重复此操作。

步骤 7　四个车轮的旧制动液全部排放完毕后，观察发动机舱内制动液罐的制动液量是否已达到下限。制动液罐上有上下限标记线，若达到下限标记线，则可适当添加新的制动液，液面最好在中间刻度线偏上位置，因为管路会产生一定的回吸。

至此，制动液更换完成。

将新的制动液注入制动液罐如图 5-10 所示。

图 5-10　将新的制动液注入制动液罐

微课 5-5　制动液的检查、排放、加注、排气

任务二　液压制动系统的检修

学习目标

（1）理解液压制动系统的工作原理。

（2）掌握真空助力器、制动总泵、制动分泵和车轮制动器的基本结构。

（3）能正确更换制动片、调整制动踏板，对制动总泵、制动分泵、真空助力器进行检修。

（4）强化安全意识、质量意识，讲求实效。

内容引入

教师在相关教学平台推送一个汽车液压制动系统视频，请学生们在线观看。针对视频请学生参与以下内容的在线投票，选出哪些描述是正确的：

（1）目前所有类型的汽车都采用液压制动系统。

（2）真空助力器产生的真空来自发动机。

（3）鼓式制动器比盘式制动器的制动效果好。

（4）制动效能好指的是制动距离短。

（5）因为浮盘式制动器结构复杂，所以汽车很少采用这种制动器。

教师根据投票情况，实时点评和分析。

相关知识

一、液压制动系统的工作原理

液压制动系统结构示意图如图 5-11 所示。液压制动系统的工作原理：当驾驶员踩下制动踏板时，在真空助力器的助力作用下，制动总泵的制动液加压后沿图 5-11 中实线管路先进入右前、左后分泵，再经图 5-11 中虚线管路进入左前、右后分泵，使各车轮制动器工作，产生制动力，从而使汽车减速或停车。

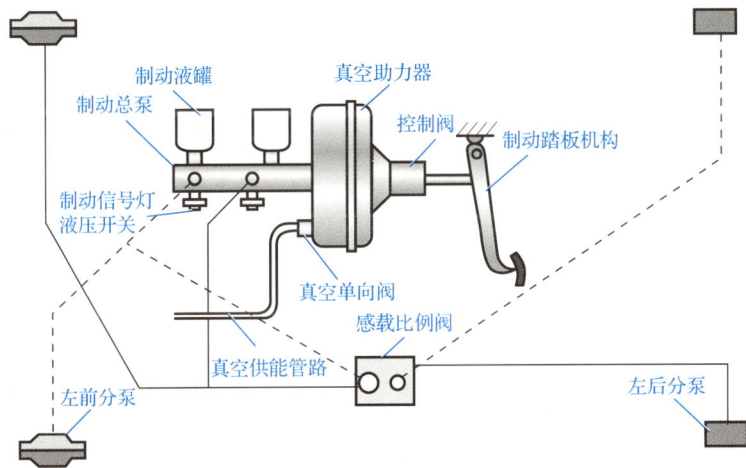

图 5-11　液压制动系统结构示意图　　　　微课 5-6　液压制动系统

二、液压制动系统的主要组成部分

液压制动系统的主要组成部件包括真空助力器、串列双腔制动总泵、制动分泵、制动器等。液压制动系统在汽车上的安装情况如图 5-12 所示。液压制动系统的主要部件如图 5-13 所示。

图 5-12　液压制动系统在汽车上的安装情况

图 5-13　液压制动系统的主要部件

1. 真空助力器

真空助力器固定在车身上，通过推杆与制动踏板相连接。加力气室由前后壳体组成，其间夹装有膜片和膜片座。加力气室的前腔经真空单向阀通进气管或真空筒（真空供能管路），后腔膜片座毂筒中装有控制阀，控制阀中装有与推杆固定连接的空气阀、限位板、真空阀和推杆等零部件。膜片座前端装有推杆，推杆中装有传递脚感的橡胶反作用盘。橡胶反作用盘两面受力：一面的中心部分受推杆及空气阀的推力，盘边环部分承受膜片座的推力；另一面承受推杆传递来的制动总泵液压反作用力。真空助力器结构示意图如图 5-14 所示。真空助力器剖视图如图 5-15 所示。

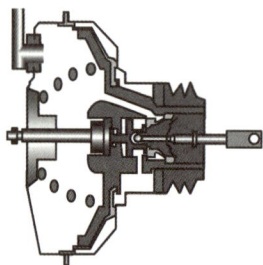

图 5-14　真空助力器结构示意图

微课 5-7　真空助力器工作情况

图 5-15　真空助力器剖视图

微课 5-8　真空助力器

2. 串列双腔制动总泵

串列双腔制动总泵多为串联式结构，利用液压联动。在一个泵体中，装入两个活塞，形成前后两个彼此独立的压力室，分别与各自的控制管路相连接。每个管路分别有单独的贮油室，以免一管路漏油影响另一管路的正常工作。串列双腔制动总泵如图 5-16 所示，其内部结构图如图 5-17 所示。

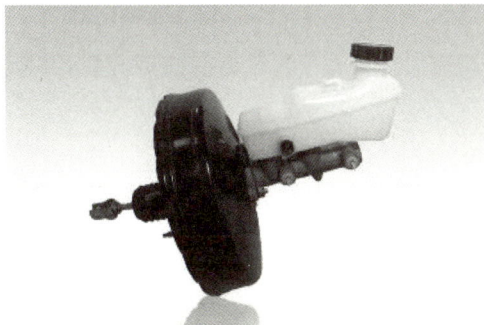

图 5-16　串列双腔制动总泵

图 5-17　串列双腔制动总泵内部结构图

泵体内装有两个活塞，分别形成前后两个彼此独立的压力室。前压力室活塞（前活塞）两端都承受弹簧力，但前压力室活塞回位弹簧的张力大于后压力室弹簧，故制动总泵不工作时，前压力室活塞被推靠在限位螺钉上，以保证前压力室活塞处于正确的起始位置，使其补偿孔和进油孔与制动总泵相通。前压力室活塞后端的两个密封圈为前后两个压力室的活动隔墙，这两个密封圈的刃口方向相反，以使前后两个压力室都存在油压时保持密封。

微课 5-9　双腔串联式主缸制动原理

微课 5-10　串联主缸工作情况

3. 制动分泵

制动分泵有单活塞和双活塞之分，其基本组成包括泵体、活塞、调整螺钉（顶块）、放气阀等。其中，放气阀是制动系统的必备部件，用于排除制动管路中混入的空气。制动分泵位置示意图如图 5-18 所示。制动分泵实物图如图 5-19 所示。

图 5-18　制动分泵位置示意图　　　图 5-19　制动分泵实物图　　　微课 5-11　制动分泵工作情况

4. 制动器

制动器是产生制动力矩的部件。制动器根据结构可分为鼓式制动器和盘式制动器；根据安装位置可分为车轮制动器和中央制动器。车轮制动器可用于行车制动和驻车制动。中央制动器只用于驻车制动和缓速制动。

1）鼓式制动器

鼓式制动器的旋转元件是制动鼓，固定元件是制动蹄。制动时，制动蹄在制动蹄促动装置作用下向外旋转，其外表面的摩擦片压靠在制动鼓的内圆柱面上，对制动鼓产生制动摩擦力矩。对制动蹄加力使制动蹄转动的装置统称为制动蹄促动装置，包括分泵、凸轮和楔。

以液压制动分泵为制动蹄促动装置的制动器称为分泵式制动器（图 5-20）；以凸轮为制动蹄促动装置的制动器称为凸轮式制动器（图 5-21）；用楔作为制动蹄促动装置的制动器称为楔式制动器。

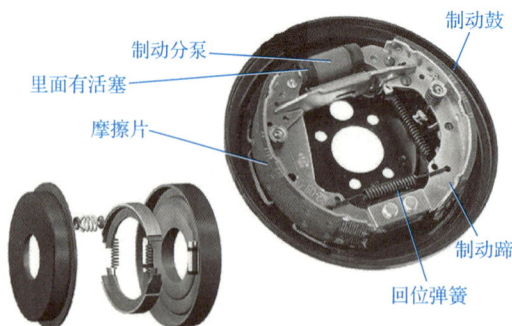

图 5-20　分泵式制动器　　　　　　　图 5-21　凸轮式制动器

目前，应用较为广泛的鼓式制动器是领从蹄式制动器，其两个制动蹄各有一个支点：一个制动蹄在分泵促动力作用下张开时的旋转方向与制动鼓的旋转方向一致，称为领蹄；另一个制动蹄张开时的旋转方向与制动鼓的旋转方向相反，称为从蹄。

在摩擦力的作用下，领蹄和制动鼓之间的正压力较大，制动作用较强；从蹄和制动鼓之间的正压力较小，制动作用较弱。

由于两个制动蹄受到的分泵促动力相等，因此领从蹄式制动器又称等促动力制动器。由于领从蹄式制动器的两个制动蹄作用在制动鼓上的法向反力大小不等，因此这种制动器属于非平衡式制动器。领从蹄式制动器受力示意图如图 5-22 所示。

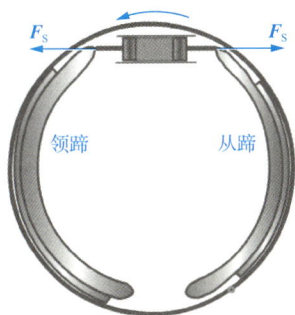

图 5-22 领从蹄式制动器受力示意图

微课 5-12 领从蹄式制动器

桑塔纳轿车后轮制动采用的就是领从蹄式制动器，制动蹄下端的支承部件采用浮式支承，具有间隙自调机构。因为该制动器同时作为驻车制动器，所以还配有一套驻车制动的操纵机构。领从蹄式制动器分解图如图 5-23 所示。领从蹄式制动器实物图如图 5-24 所示。

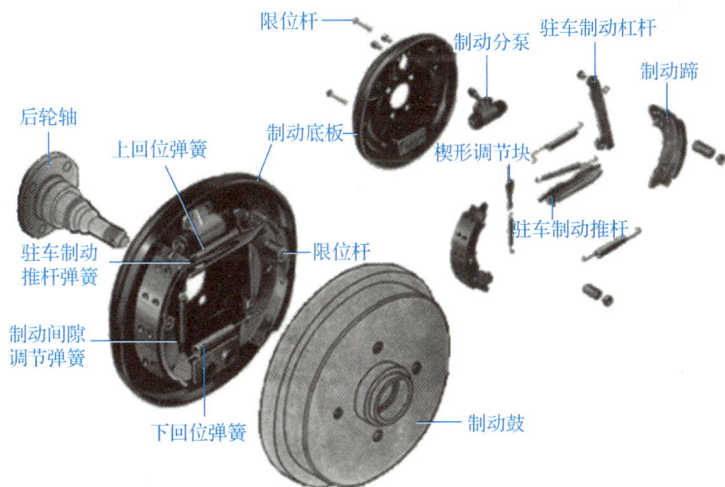

图 5-23 领从蹄式制动器分解图

图 5-24 领从蹄式制动器实物图

🔲 思考

下图为液压制动系统结构图，该系统采用的分泵式制动器类型较多，除了领从蹄式制动器还有哪些？它们的工作方式是怎样的？

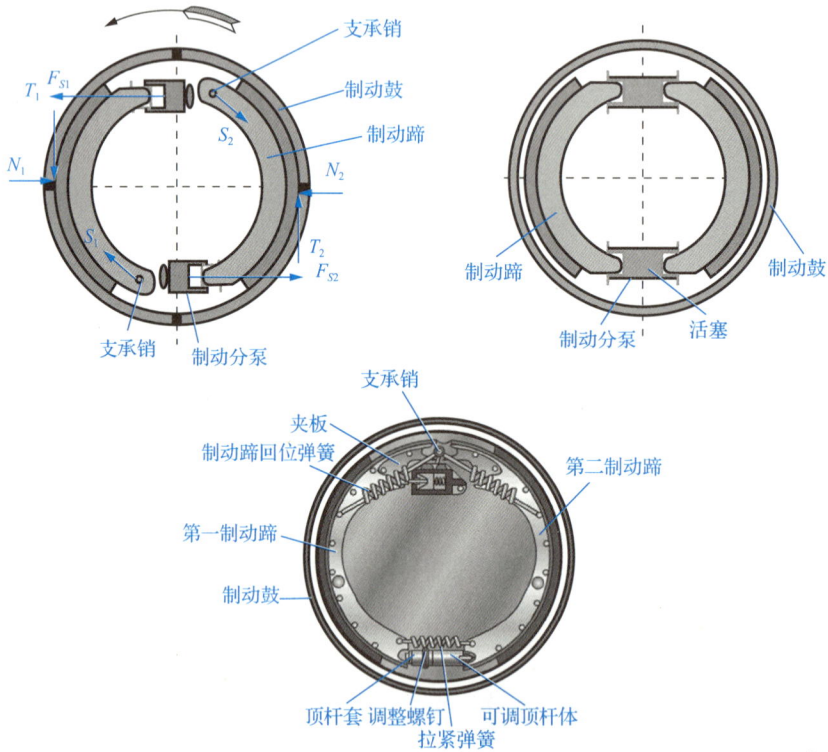

2）盘式制动器

盘式制动器主要分为钳盘式制动器和全盘式制动器两种，其中钳盘式制动器较为常用。

钳盘式制动器的旋转元件是工作面为端面的金属圆盘，称为制动盘，固定元件是工作面积不大的摩擦块与其金属背板组成的制动片。每个钳盘式制动器中有 2～4 个制动片，这些制动片及其促动装置都安装在横跨制动盘两侧的夹钳形支架中，它们总称为制动钳。制动盘和制动钳共同构成了钳盘式制动器。钳盘式制动器根据制动钳的结构形式可分为定钳盘式制动器和浮钳盘式制动器两种，它们的结构示意图分别如图 5-25 和图 5-26 所示。

微课 5-13 盘式制动器

图 5-25 定钳盘式制动器的结构示意图

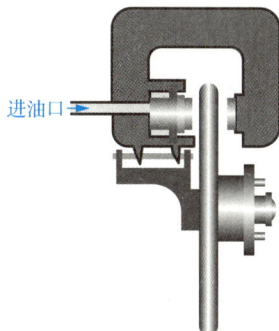

图 5-26 浮钳盘式制动器的结构示意图

（1）定钳盘式制动器。定钳盘式制动器的制动钳固定安装在车桥上，既不能旋转，也不能沿制动盘轴线方向移动，因而必须在制动盘两侧都装设制动片促动装置（相当于制动分泵的液压缸），以便分别将两侧的制动片压向制动盘。

由于定钳盘式制动器中液压缸的结构和制造工艺都与一般制动分泵的液压缸相近，故定钳盘式制动器在 20 世纪 50 年代中期问世时即采用了与制动分泵类似的结构，直到 20 世纪 60 年代末，这种结构的定钳盘式制动器仍然盛行。但这种结构的定钳盘式制动器存在诸多缺点：液压缸数量较多，制动钳结构复杂；液压缸分置于制动盘两侧，必须用跨越制动盘的钳内油道或外部油管连通。这导致制动钳的尺寸过大，难以安装在现代化轿车的轮辋内；当热负荷较大时，液压缸（特别是外侧液压缸）和跨越制动盘的外部油管或油道中的制动液容易受热汽化。定钳盘式制动器若要兼用于驻车制动，则必须加装一个机械促动的驻车制动钳。

这些缺点使定钳盘式制动器难以适应现代汽车的使用要求，故自 20 世纪 70 年代以来，定钳盘式制动器逐渐被浮钳盘式制动器取代。定钳盘式制动器的组成如图 5-27 所示。

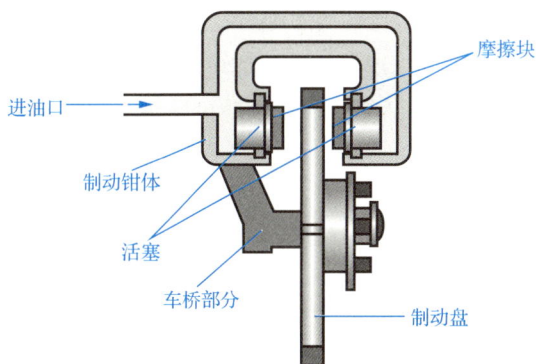

图 5-27 定钳盘式制动器的组成

微课 5-14 定钳盘式制动器的工作原理

（2）浮钳盘式制动器。浮钳盘式制动器的制动钳一般可以相对制动盘进行轴向滑动。浮钳盘式制动器只在制动盘的内侧设置液压缸，外侧的制动片附装在钳体上。浮钳盘式制动器工作原理图如图 5-28 所示。浮钳盘式制动器分解图如图 5-29 所示。

微课 5-15　浮钳盘式制动器

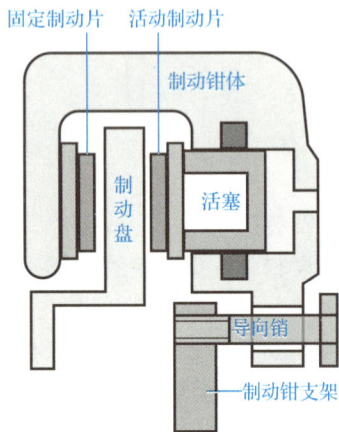

图 5-28　浮钳盘式制动器工作原理图

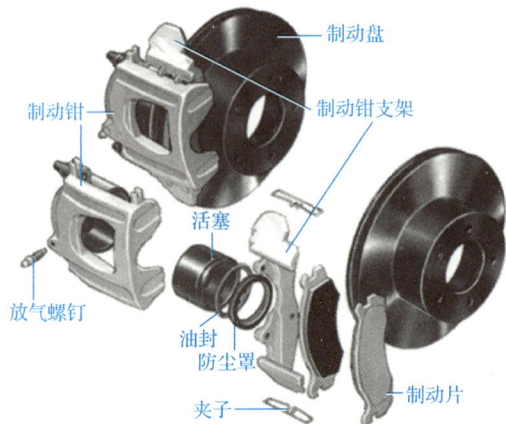

图 5-29　浮钳盘式制动器分解图

制动钳支架固定在万向节上，制动钳体与制动钳支架可沿导向销轴向滑动。在进行制动时，活塞在液压力 p_1 的作用下，将活动制动片（带摩擦块磨损报警装置）推向制动盘；同时，作用在制动钳体上的反作用力 p_2 推动制动钳体沿导向销轴向滑动，使固定在制动钳体上的固定制动片压靠到制动盘上。于是，制动盘两侧的制动片在 p_1 和 p_2 的作用下夹紧制动盘，制动片在制动盘上产生与汽车行驶方向相反的制动力矩，促使汽车制动。

与定钳盘式制动器不同，浮钳盘式制动器的单侧液压缸不需要跨越制动盘的油道，轴向尺寸和径向尺寸均较小，可以布置得更接近车轮轮毂,而且制动液受热汽化的机会较少。此外，浮钳盘式制动器在同时作为行车制动器和驻车制动器的情况下，不用加设驻车制动钳，只需要在行车制动钳液压缸附近加装一定数量用于推动液压缸活塞的驻车制动机械传动零件。

5.制动片

在汽车的制动系统中，制动片是最关键的安全部件。制动片决定了汽车制动效果的好坏。制动片一般由钢板、隔热层和摩擦块构成。其中，隔热层是由不传导热量的材料组成的，用于隔热。摩擦块是由摩擦材料、黏合剂组成的，制动时被压靠在制动盘和制动鼓上从而产生摩擦力，达到对汽车减速制动的目的。汽车制动片实物图如图 5-30 所示。

图 5-30 汽车制动片实物图

微课 5-16 制动片

在线测试十五

课程内容学习完毕后，在相关教学平台推送 10 道在线测试题。

教师根据测试情况，实时点评和分析。

1. 鼓式制动器的制动效果比盘式制动器的好。（单选）

    A. 说法正确   B. 说法不正确   C. 看情况

2. 液压制动系统有哪些主要组成部分？（多选）

    A. 制动储能装置   B. 真空助力器

    C. 串列双腔制动总泵   D. 制动分泵

    E. 车轮制动器

3. 汽车真空助力器安装在制动主泵附近，该装置有两个腔体，每个腔体都形成真空。（单选）

    A. 说法正确   B. 说法不正确   C. 看情况

4. 制动分泵主要有单活塞和双活塞之分，以下哪些是其基本组成部分？（多选）

    A. 泵体   B. 分离轴承   C. 活塞

    D. 调整螺钉（顶块）和放气阀

5. 关于鼓式制动器以下哪个是不正确的？（单选）

    A. 领从蹄式制动器   B. 双领蹄式制动器

    C. 双从蹄式制动器   D. 非领非从式制动器

6. 定钳盘式制动器有哪些缺点？（多选）

    A. 液压缸较多，制动钳结构复杂

    B. 制动钳的尺寸过大，难以安装在现代化轿车的轮辋内

    C. 热负荷大时，液压缸（特别是外侧液压缸）和跨越制动盘的油管或油道中的制动液容易受热汽化

    D. 制动效果很差

E. 失效保护功能不到位

7. 下列哪些是离合器打滑可能的原因？（多选）

A. 离合器压紧弹簧张紧过度　　　　　　B. 离合器自由行程过小

C. 离合器螺栓松脱　　　　　　　　　　D. 离合器压盘打滑

E. 离合器摩擦片磨损变薄

8. 以下属于盘式制动器的是？（多选）

A. 定钳盘式制动器　　　　　　　　　　B. 浮钳盘式制动器

C. 双功能盘式制动器　　　　　　　　　D. 辅助增力式制动器

9. 制动片一般由钢板、隔热层和摩擦块构成，其中隔热层由不传热的材料组成。（单选）

A. 说法正确　　　　　B. 说法不正确　　　　　C. 看情况

10. 制动主泵不工作时，前压力室活塞被推靠在限位螺钉上，以保证前压力室活塞处于正确的起始位置。（单选）

A. 说法正确　　　　　B. 说法不正确　　　　　C. 看情况

任务实施

一、更换制动片

制动片的摩擦块与旋转的制动盘相互挤压产生制动力，从而使汽车减速。在汽车制动系统中，制动片是最关键的安全部件。汽车的刹车性能直接影响到乘车人的行车安全，而制动片则对汽车的制动效果起着决定性作用。因此，要经常检查制动片，以保证行车安全。

1. 判断制动片是否需要更换

制动片是否需要更换可以从以下几方面做出判断。

（1）检查周期。由于驾驶员驾驶习惯和驾驶环境存在差异，因此建议每行驶 1×10^5 km 或每隔 6 个月检查一次制动片。

（2）更换周期。在正常情况下，建议前制动片在汽车行驶里程为（3～5）$\times 10^5$ km 时更换；后制动片在汽车行驶里程为（4～6）$\times 10^5$ km 时更换。此外，不同的车况、路况和制动片自身的质量也会对制动片的使用寿命产生影响。例如，长期行驶在山路上的汽车比长期行驶在平路上的汽车要更频繁地更换制动片。可见，更换制动片的周期并没有确切的标准，需要视具体情况而定。

（3）检查磨损极限。不同厂家制动片的磨损极限有所不同。通常制动片磨损极限为 2mm，具体应根据汽车检查结果，在制动片达到磨损极限前及时更换。

（4）观察制动警示灯。通常情况下，汽车仪表板会装有制动警示灯，当制动警示灯亮起时，表示制动片需要进行更换。但有的汽车是在制动片完全磨损后才会亮起制动警示灯。因此，驾驶员不能完全依靠制动警示灯，而要定期进行常规检查，以确认制动片的厚度及使用效果。

2. 制动片的更换步骤

如果制动片已经严重磨损或性能受损，则需要进行更换，具体更换步骤如下。

步骤 1　拆卸轮胎。由于制动片位于轮胎内侧，因此在更换制动片之前需要拆卸轮胎。先用专业扳手将轮胎紧固螺栓拧下，然后用千斤顶将车轮顶起，把轮胎卸下后放在地上。注意不要将钢圈漆面划损。拆卸轮胎如图 5-31 所示。

步骤 2　检查制动相关部件。检查制动盘磨损程度。检查制动片油管是否老化、漏油。目测制动钳及制动支架等制动相关部件是否存在故障。若存在故障，则进一步检查及更换。

步骤 3　拆除前盘卡簧。前盘卡簧实际是一根形状不规则的金属丝，用于固定外侧制动片与制动钳。用专用工具将前盘卡簧两端从制动钳中拔出，从而将前盘卡簧拆除。

步骤 4　卸下制动钳。由于位于轮胎内侧的制动片通过固定卡槽固定在制动钳的活塞上，因此需要将制动钳卸下后才能将其取出并进行更换。制动钳用两个内角螺栓固定，用内角螺钉旋具拧下内角螺钉后，才能卸下制动钳，如图 5-32 所示。

步骤 5　卸下旧制动片。将制动钳卸下后，由于失去了前盘卡簧的固定，因此位于外侧的制动片会随之掉落。位于内侧的制动片固定在活塞上，需要人工拔出。卸下制动片后，需要把制动钳暂时放在一个平稳的地方。由于制动钳上的制动片油管并没有摘下，因此在摆放制动钳时需要特别注意。拆卸制动片如图 5-33 所示。

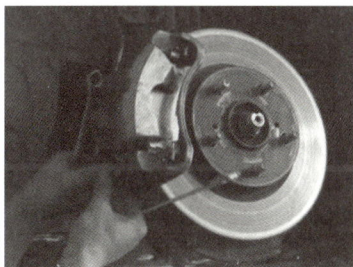

图 5-31　拆卸轮胎　　　　图 5-32　拆卸制动钳　　　　图 5-33　拆卸制动片

步骤 6　检查旧制动片磨损厚度。拆下的旧制动片需要进行仔细检查，主要检查内外两块制动片磨损是否均匀，有无偏磨情况。如果出现偏磨状况，则需要对制动钳支架等部位进行及时调整；否则会造成制动力不均，以及缩短制动盘、制动片的使用寿命等问题。

步骤 7　清洗制动盘。由于制动盘、制动片通过挤压摩擦产生制动力，因此会产生许多摩擦碎屑，而制动盘上也会残留一定的摩擦碎屑。应用制动盘清洗剂对制动盘进行清洁，避免制动片与制动盘间存在的碎屑造成制动片过度及不规则磨损。

步骤 8　打磨出倒角。这里仅更换制动片，原制动盘将继续使用。由于制动盘使用一段时间后，两侧边缘已经出现沟纹，在更换新制动片时需要用工具对制动片两侧进行一定的打磨，使制动片更好地贴合原制动盘。

步骤 9　安装制动片。安装制动片的顺序与拆卸制动片的顺序相反。

步骤 10　完成制动片的安装。把制动钳内角螺钉拧紧，再用前盘卡簧把外侧制动片固定好，完成制动片的安装。

步骤 11　踩制动踏板。安装好制动片后，需要进入车内踩 3 ～ 5 次制动踏板，目的是通过制动踏板带动分泵活塞，从而挤压制动片，使分泵活塞复位。由于新制动片的厚度比旧制动片有所增加，有可能导致制动液罐内的制动液液面上升。因此，在更换完制动片后，要及时对制动液罐内液面高度进行检查，过多的制动液要及时吸出，以免对制动造成负担。

微课 5-17　鼓式制动器拆装　　微课 5-18　盘式制动器的拆装　　微课 5-19　制动器主要零部件检测

二、制动踏板的调整

制动踏板的调整包括踏板自由高度的调整、自由行程的调整等。

1. 制动踏板自由高度的调整

制动踏板的自由高度为解除制动时踏板的高度，其测量基准为去除驾驶室内地毯等覆盖物后的车厢地板。具体步骤如下。

步骤 1　揭开制动踏板下的地板覆盖物，测量制动踏板自由高度，如图 5-34 所示。若制动踏板自由高度与该车型的原设计规定不符，则进行调整。

步骤 2　拆下制动灯导线，拧松制动灯开关锁紧螺母，根据调整要求将制动灯开关旋进或旋出。

步骤 3　用直尺测量制动踏板自由高度，直到调整至规定值。

步骤 4　锁紧制动灯开关锁紧螺母，如图 5-35 所示。

步骤 5　检查制动灯开关与制动踏板的接触情况，确保制动灯能准确熄灭。

调整好制动踏板自由高度后，必须按下述步骤调整制动踏板的自由行程，因为制动踏板位置改变后，推杆的长度没有改变，这会使制动踏板自由行程发生变化。

2. 制动踏板自由行程的调整

步骤 1　在发动机不工作的状态下，反复踩制动踏板，将真空助力器内的残余真空释放。

步骤 2　用手轻推制动踏板，直至感到阻力，此时制动踏板位置与制动踏板自由高度之差即制动踏板自由行程。若制动踏板自由行程超过规定值，则可拧松推杆的锁紧螺母，调整推杆，使其符合规定。拧紧推杆的锁紧螺母，再次检查制动踏板的自由行程是否正确。

步骤 3　再次检查制动踏板的自由高度，并检查制动灯是否能正常工作。

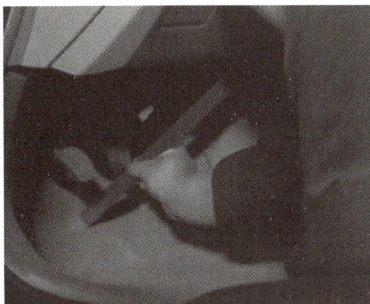

图 5-34 测量制动踏板自由高度

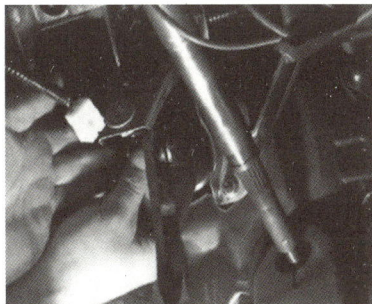

图 5-35 锁紧制动灯开关锁紧螺母

微课 5-20 制动踏板自由行程的检查调整

三、制动总泵和制动分泵的检查与装配

1. 制动总泵和制动分泵的检查

（1）制动总泵和制动分泵总成解体时，应注意制动总泵泵体外部有无渗漏。若制动总泵泵体有裂纹或气孔，则应进行更换。图 5-36 所示为制动总泵的拆卸。图 5-37 所示为制动分泵的拆卸。

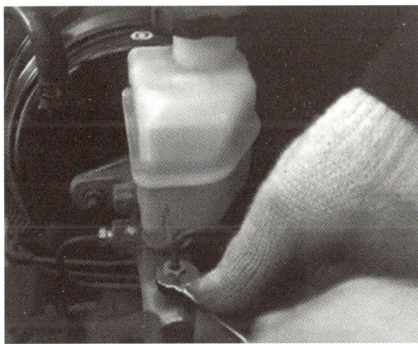

图 5-36 制动总泵的拆卸

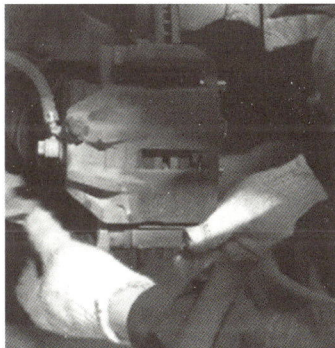

图 5-37 制动分泵的拆卸

（2）检查泵筒内表面，允许内表面有轻微变色。若有划痕、阶梯形磨损或锈蚀，则应进行更换。当制动总泵的圆柱度误差值超过 0.02mm，制动总泵与活塞的配合间隙大于 0.15mm 时，应更换大尺寸的活塞或更换壳体。图 5-38 所示为制动总泵的完全拆解。

（3）回位弹簧的弹力必须符合该车型的使用要求，否则应进行更换。图 5-39 所示为制动总泵回位弹簧的检查。

（4）在进行大修时，必须更换活塞和所有橡胶密封件。

2. 制动总泵和制动分泵的装配

步骤 1 认真清洗泵体，制动总泵的补偿孔和回油孔一定要保持畅通。

步骤 2　在进行装配时，在泵筒内表面及活塞总成表面涂抹一层干净的制动液。在安装活塞时，不得使用任何工具，以免划伤泵筒。安装活塞如图 5-40 所示。

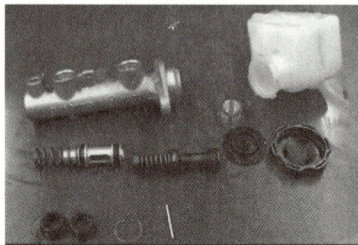

图 5-38　制动总泵的完全拆解　　图 5-39　制动总泵回位弹簧的检查　　图 5-40　安装活塞

步骤 3　装配完成后，用推杆推动活塞多次，检查活塞能否灵活回位。

微课 5-21　制动分泵的拆下、检修、装配和安装　　微课 5-22　制动总泵的拆下、检修、装配和安装

四、真空助力器的检查与维修

1. 真空助力器的检查

真空助力器的检查方法有就车检查法和仪表检查法两种。就车检查法作为一种定性检查方法，操作简便。仪表检查法则是一种定量检查方法，通过对不同真空度下各种踏板力对应的制动压力与原厂标准进行比较来确定真空助力器的性能。

下面介绍就车检查法。

（1）发动机熄火后，踩几次制动踏板，消除真空助力器内原有的真空。踩下制动踏板（处于工作行程范围），不起动发动机，此时制动踏板应能稍向下移动。

（2）发动机运转数分钟后熄火，用同样的力量踩制动踏板数次，制动踏板的剩余高度应一次比一次高。

（3）在发动机运转时，踩下制动踏板不动，将发动机熄火，在 30s 内，制动踏板高度不允许下降。

2. 真空助力器的维修

目前轿车采用的真空助力器有可拆卸式及不可拆卸式两种。国产桑塔纳轿车、一汽奥迪轿车及北京切诺基越野车采用的都是不可拆卸式真空助力器。

不可拆卸式真空助力器应在专门台架上进行总成的性能检测，在损坏时应进行更换。

任务三　驻车制动器的调整

学习目标

（1）熟悉常见驻车制动器的类型及工作原理。
（2）能正确进行驻车制动器的检查与调整。
（3）发扬专注执着、精益求精的工匠精神。

内容引入

教师在相关教学平台推送一个汽车制动系统视频，请学生们在线观看。针对视频请学生参与以下内容的在线投票，选出哪些描述是正确的：
（1）汽车制动包括行车制动、驻车制动、紧急制动、辅助制动和后备制动等。
（2）汽车的驻车制动器多采用中央制动器。
（3）所有汽车的驻车制动都采用驻车制动操纵杆拉起方式。
（4）驻车制动器工作后，汽车就无法移动或开动了。
教师根据投票情况，实时点评和分析。

相关知识

一、驻车制动器的作用及类型

机械制动系统目前主要用于驻车制动，因为驻车制动系统必须可靠地保证汽车在原地停驻，并在任何情况下均可保证汽车不自动滑行，而只有用机械锁止方法才能实现这种功能。

驻车制动器根据在汽车上安装位置的不同，可分为中央驻车制动器和车轮驻车制动器两类。中央驻车制动器安装在传动轴上。车轮驻车制动器和行车制动器共用一套制动器，结构简单、紧凑，已在轿车上得到普遍应用。驻车制动器根据结构不同还可分为鼓式复合驻车制动器和盘式复合驻车制动器。

驻车制动器分解图如图 5-41 所示。驻车制动器结构示意图如图 5-42 所示。

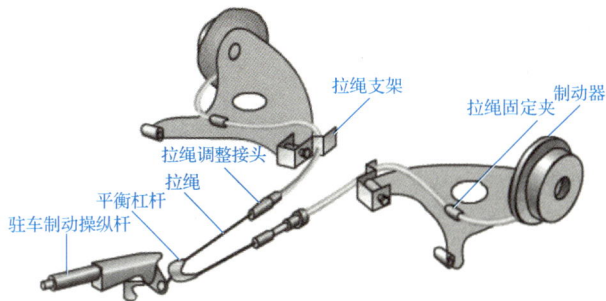

图 5-41　驻车制动器分解图　　图 5-42　驻车制动器结构示意图　　微课 5-23　驻车制动

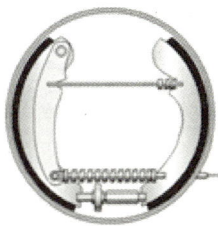

二、常见驻车制动器

1. 中央制动器

在进行驻车制动时，将驾驶室中的驻车制动操纵杆拉到制动位置，经一系列杠杆和拉绳传动，制动杠杆的下端向前移动并绕平头销转动，其中间支点推动制动推杆，制动推杆将前制动蹄推向制动鼓。当前制动蹄压靠到制动鼓上后，制动推杆停止移动，此时制动杠杆绕其中间支点继续转动。于是制动杠杆的上端向右移动，使后制动蹄压靠到制动鼓上，从而实现驻车制动。

在解除制动时，将驾驶室中的驻车制动操纵杆推到不制动的位置，制动杠杆在卷绕在拉绳上的回位弹簧的作用下回位，同时制动蹄回位弹簧将两制动蹄拉拢。

2. 鼓式复合驻车制动器

很多国产轿车的后轮鼓式制动器都兼作驻车制动器，即鼓式复合驻车制动器。在进行驻车制动时，向上拉驻车制动操纵杆，经拉绳传动，制动杠杆绕其支点转动，推动压板，使两制动蹄向两边张开与制动鼓接触，产生制动力，实现驻车制动。

3. 盘式复合驻车制动器

盘式复合驻车制动器的浮式制动钳如图 5-43 所示。在进行驻车制动时，在制动杠杆凸轮的推动下，自调螺杆连同自调螺母左移，直到自调螺母接触活塞底部。此时，由于受到螺母扭簧的阻碍，自调螺母无法倒转而相对螺杆向右移动，于是轴向推力通过活塞传递到制动片上，从而实现制动。在解除驻车制动时，自调螺杆在膜片弹簧的作用下，随着制动杠杆复位。电子手刹执行装置如图 5-44 所示。

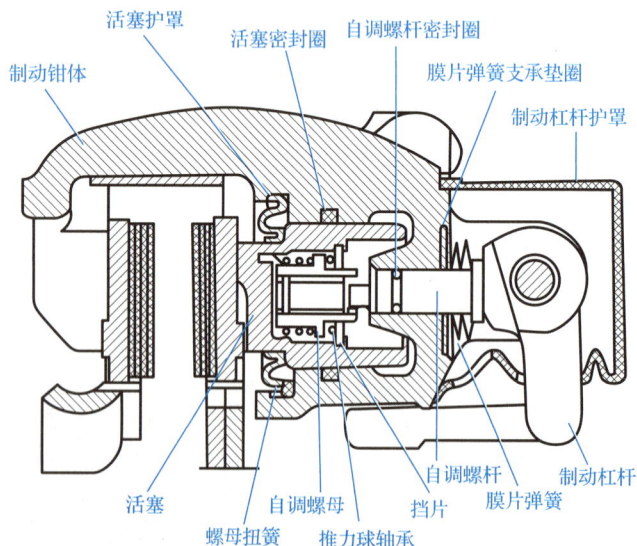

图 5-43 盘式复合驻车制动器的浮式制动钳

图 5-44 电子手刹执行装置

驻车制动器的检查与调整

1. 驻车制动器的检查

步骤 1　检查驻车制动操纵杆的拉起行程是否符合要求。

步骤 2　拉起驻车制动操纵杆 2～3 个齿，转动后轮检查制动效果（图 5-45），应无明显阻力且不抖动。驻车制动操纵杆拉起行程的检查如图 5-46 所示。

步骤 3　将驻车制动操纵杆推回原位，再次转动后轮检查制动是否回位。

步骤 4　举升汽车，检查驻车制动拉索是否破损，连接是否正常。

步骤 5　拉动驻车制动操纵杆，检查驻车制动拉索是否灵活。

图 5-45　转动后轮检查制动效果

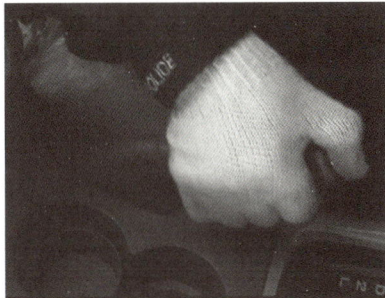

图 5-46　驻车制动操纵杆拉起行程的检查

2. 驻车制动器的调整

步骤 1　打开副驾驶座椅中间的中央储物箱盖（图 5-47），用工具撬开底板并取出。

步骤 2　放下驻车制动操纵杆，用呆扳手拧动调整螺母（图 5-48）对其进行调整。

步骤 3　调整好驻车制动操纵杆后，拉起驻车制动操纵杆，检查其拉起行程是否符合要求。

步骤 4　再次检查驻车制动效果及回位情况。

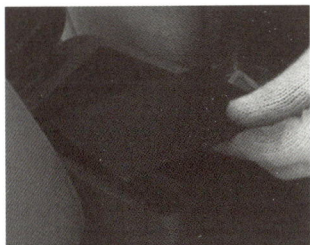

图 5-47　中央储物箱盖

图 5-48　调整螺母

微课 5-24　驻车制动器的检查与调整

任务四　制动系统典型故障的排除

学习目标

（1）掌握制动系统常见故障的检修方法。
（2）能正确诊断制动系统制动不灵、制动失效、制动跑偏、制动拖滞等故障现象。
（3）强化全局思维、创新思维，提高分析问题和解决问题的能力。

任务实施

一、制动系统制动不灵的诊断

1. 故障现象

汽车在进行制动时，驾驶员感到减速度不足。汽车在进行紧急制动时，制动距离太长。

2. 故障原因

（1）制动总泵、制动分泵、管路或管接头漏油。
（2）制动液罐内制动液不足或没有制动液。
（3）制动液变质（变稀或变稠）或管路内壁积垢太厚。
（4）制动液中有空气。
（5）制动主泵、制动分泵皮碗、活塞或泵筒过度磨损。
（6）制动主泵进油孔、补偿孔或制动液罐通气孔堵塞。
（7）制动主泵出油阀、回油阀不密封。活塞回位弹簧预紧力太小。活塞前端贯通小孔堵塞或制动主泵皮碗发黏、发胀。
（8）制动分泵皮碗发黏、发胀。
（9）增压器或真空助力器效能不佳或失效。
（10）油管凹瘪或软管内孔不通畅。
（11）制动踏板自由行程太大。
（12）制动蹄摩擦片与制动鼓（盘）贴合面不佳或制动间隙调整不当。
（13）制动蹄摩擦片质量欠佳或表面硬化、烧焦、沾污、铆钉头露出。
（14）制动鼓过度磨损或制动时变形。
（15）制动油管工作时胀大。

3. 诊断方法

（1）踩下制动踏板，若踏板位置太低，则连续多次踩下制动踏板；若其高度随之升高且制动效能好转，则应检查制动踏板自由行程及制动间隙。

（2）维持制动时制动踏板的高度，若制动踏板缓慢或迅速下降，则说明制动管路某处破裂、接头密封不良、制动分泵皮碗密封不良或制动主泵皮碗（或皮圈）密封不良等。可首先踩下制动踏板，观察有无制动液渗漏部位。若外部正常，则应检修制动主泵。

（3）当连续多次进行制动时，若踏板高度仍过低，并且在第一次制动后，制动主泵活塞未回位，踩下制动踏板即有制动主泵推杆与活塞碰击声，则故障原因可能是制动主泵皮碗破裂或其回位弹簧太软。

（4）当连续多次进行制动时，若制动踏板高度稍有升高，并有自动升高的趋势，则说明制动管路中渗入空气。

（5）当连续多次进行制动时，若制动踏板均被踩到底，并且制动踏板毫无反作用力，则说明制动液罐内制动液严重亏缺。

（6）当连续多次进行制动时，若制动踏板高度低，并且制动踏板反作用力很小，那么故障原因是制动主泵进油孔或制动液罐螺塞通气孔堵塞。

（7）当进行一次或两次制动时，制动踏板高度适当，但其反作用力很大且制动效能不良。此时应首先检查真空助力器的工作性能；其次检查油管是否老化、凹瘪，制动液是否过于黏稠；最后检查制动器各摩擦片驱动端与制动鼓的间隙是否正常，若间隙正常，则需要检查制动鼓与摩擦片表面状况。

二、制动系统制动失效的诊断

1. 故障现象

踩下制动踏板，汽车不减速，即使连续多次制动也无明显减速作用。

2. 故障原因

（1）制动液罐内无制动液。
（2）制动主泵皮碗严重破裂或制动系统有严重泄漏部分。
（3）制动软管或金属管断裂。
（4）制动踏板至制动主泵的连接部分脱开。

3. 诊断方法

首先检查制动液罐内制动液是否充足。若不足，则观察泄漏之处；若制动主泵推杆防尘套处的制动液泄漏严重，则故障原因多是制动主泵皮碗踩翻或严重损坏；若车轮制动鼓边缘有大量制动液，则说明相应制动分泵皮碗压翻或严重破损。

三、制动系统制动跑偏的诊断

1. 故障现象

在进行制动时，汽车行驶方向发生偏斜。

2. 故障原因

汽车制动跑偏的根本原因是左右制动力不等，具体表现在如下方面。

（1）左右车轮制动蹄摩擦片材料不同或新旧程度不同。

（2）左右车轮制动蹄摩擦片与制动鼓（盘）的接触面积、位置不一样或制动间隙不等。

（3）左右车轮制动分泵的技术状况不同，从而起作用时间或张开力大小不等。

（4）左右车轮制动蹄回位弹簧拉力不等。

（5）左右车轮轮胎气压、直径、花纹或花纹深度不同。

（6）左右车轮制动鼓的厚度、直径、工作中的变形程度和工作面的粗糙度不同。

（7）单边制动管凹瘪、阻塞或漏油。单边制动管路或制动分泵内有气阻。

（8）单边制动蹄与支承销配合过紧或锈蚀。

（9）车架车桥在水平面内弯曲，车架两边的轴距不等或前钢板弹簧刚度不等。

3. 诊断方法

汽车路试制动，根据轮胎印迹情况查明制动效能不良的车轮。可先检查该轮制动管路是否漏液、轮胎气压是否充足，若正常，则检查制动蹄与制动鼓的间隙是否符合规定，不符合规定时予以调整。若进行完上述检修后仍无效，则可检查制动分泵内是否渗入空气。若没有渗入空气，则应拆下制动鼓，根据故障情况逐一检查制动器各零部件。

若各轮拖印基本符合要求，但汽车在制动时仍跑偏，则说明制动系统没有故障，此时应检查车架和前轴的技术状况。

四、制动系统制动拖滞的诊断

1. 故障现象

抬起制动踏板后，个别或全部车轮的制动作用不能立即完全解除，汽车加速行驶或滑行。

2. 故障原因

（1）制动踏板无自由行程。

（2）制动踏板与其轴的配合部位缺油、锈蚀，或者制动踏板回位弹簧脱落、拉断及拉力太小等。

（3）制动主泵活塞回位弹簧折断或顶紧力太小。制动主泵皮碗太长或皮碗发胀、发黏。制动主泵补偿孔被污物堵塞。

（4）制动分泵皮碗发胀、发黏或活塞卡顿。

（5）制动蹄回位弹簧脱落、折断或弹力下降。

（6）制动蹄与支承销锈蚀。

（7）制动蹄与制动鼓（盘）的间隙调整不当，制动放松后仍局部摩擦。

（8）通往各制动分泵的油管凹瘪或堵塞。

（9）不制动时，增压器辅助缸活塞中心孔打不开。

（10）轮毂轴承松旷。

3. 诊断方法

先判断故障是在制动主泵还是车轮制动器。当汽车在行驶过程中出现拖滞时，若所有制动鼓均过热，则表明制动主泵有故障；若个别制动鼓过热，则表明车轮制动器工作不良。若维修作业后仍出现制动拖滞，则可将汽车举升，将变速器置于空挡并放下驻车制动操纵杆，然后转动各车轮，再踩下制动踏板。若制动踏板抬起后，各车轮均难以立即转动，则表明故障位于制动主泵；若个别车轮不能立即转动，则说明车轮制动器有故障。

（1）当故障位于制动主泵时，应先检查制动踏板自由行程。若制动踏板自由行程正常，则可拆下制动液罐盖，踩下制动踏板，观察回油情况。若不回油，则故障为回油孔堵塞；若回油缓慢，则可检查制动液是否太脏、黏度太大。若制动液清澈，则应拆检制动主泵。

（2）当个别车轮制动器拖滞时，可架起该车轮，旋松其制动分泵放气螺钉，若制动液随之急速喷出且车轮即刻旋转自如，则说明车轮制动管路堵塞，制动分泵未能回油。若旋转车轮仍拖滞，则可检查制动间隙。若上述检测结果均正常，则检修制动分泵。

参 考 文 献

陈德阳，王林超，2007. 自动变速器图册 [M]. 北京：人民交通出版社.

陈家瑞，2010. 汽车构造：下册 [M]. 3 版. 北京：机械工业出版社.

韩东，2010. 汽车传动系统检修 [M]. 北京：北京理工大学出版社.

金加龙，2016. 汽车底盘构造与维修 [M]. 4 版. 北京：电子工业出版社.

黎亚洲，2009. 汽车底盘构造与维修图解 [M]. 北京：电子工业出版社.

沈沉，张丽丽，2012. 汽车底盘机械系统检修 [M]. 上海：复旦大学出版社.

谭本忠，2010. 汽车底盘构造与维修 [M]. 济南：山东科学技术出版社.

谭本忠，2011. 自动变速器原理与维修 [M]. 济南：山东科学技术出版社.

谭本忠，2014. 看图学修汽车自动变速器 [M]. 北京：机械工业出版社.

汤定国，忻芸，张昆晓，2010. 汽车自动变速器教学图册 [M]. 北京：人民交通出版社.

陶青，2019. 汽车底盘机械系统实训工单（AR 版）[M]. 北京：人民邮电出版社.

徐家顺，2009. 彩图汽车自动变速器原理及传动路线 [M]. 广州：广东科技出版社.

许炳照，2019. 汽车底盘机械系统检修 [M]. 3 版. 北京：人民交通出版社.

杨智勇，施文龙，2019. 汽车底盘机械系统检修（AR 版）[M]. 北京：人民邮电出版社.

张明，杨定峰，2016. 汽车底盘机械系统检修（O2O 在线教育图解微课教程）[M]. 北京：人民邮电出版社.

张月相，赵英君，王雪艳，2007. 汽车自动变速器油路分析 [M]. 哈尔滨：黑龙江科学技术出版社.